경제학자의 인문학 서재

경제학자의 인문학 서재

초판 발행 · 2020년 2월 10일
초판 5쇄 발행 · 2024년 8월 26일

지은이 · 박정호
발행인 · 이종원
발행처 · (주)도서출판 길벗
브랜드 · 더퀘스트
출판사 등록일 · 1990년 12월 24일
주소 · 서울시 마포구 월드컵로 10길 56(서교동)
대표전화 · 02)332-0931 | **팩스** · 02)322-0586
홈페이지 · www.gilbut.co.kr | **이메일** · gilbut@gilbut.co.kr

편집 · 유예진 (jasmine@gilbut.co.kr), 송은경, 오수영 | **제작** · 이준호, 손일순, 이진혁
마케팅 · 정경원, 김선영, 정지연, 이지원, 이지현 | **유통혁신팀** · 한준희
영업관리 · 김명자 | **독자지원** · 윤정아

디자인 · studio 213ho | **교정** · 최진 | **CTP 출력 및 인쇄** · 예림인쇄 | **제본** · 예림인쇄

©박정호, 2020
ISBN 979-11-6521-038-0 (03320)
(길벗 도서번호 090165)

정가 : 18,500원

독자의 1초까지 아껴주는 길벗출판사

(주)도서출판 길벗 | IT교육서, IT단행본, 경제경영, 교양, 성인어학, 자녀교육, 취미실용 www.gilbut.co.kr
길벗스쿨 | 국어학습, 수학학습, 어린이교양, 주니어 어학학습, 학습단행본 www.gilbutschool.co.kr

경제학은 세상과 어떻게 연결되는가

경제학자의
인문학 서재

박정호 지음

일러두기
이 책은 《경제학자의 인문학 서재 1》(2012년)과 《경제학자의 인문학 서재 2》(2013년)의 통합 개정판입니다.

세상을 이해하는
가장 유용한 프레임, 경제학

체중이 자꾸 불어 운동을 해야겠다고 마음먹은 어느 날이었다. 마침 동네에 새로 헬스장이 생겨 들어가봤다. 사장님은 중학교 체육교사 출신으로 24년 동안 재직하다 은퇴하신 분이었다. 회원권을 등록하려고 등록비를 물었더니, 시원시원한 목소리로 월 8만 원이라고 알려주었다. 그렇게 헬스장에 등록하고 여느 사람처럼 처음엔 열심히 다니다 얼마 지나지 않아 운동가는 횟수가 점점 뜸해졌고, 결국 마지막에는 거의 나가지 않았다.

몇 달이 지나 다시 운동하기로 결심하고 일전에 등록한 헬스장에 찾아갔다. 그런데 이번엔 가격표가 달라졌다. 오전은 6만 원, 오후는 8만 원, 저녁 시간은 10만 원이었다. 사장님께 이유를 물었더니, 자신의 소소한 성찰을 늘어놓기 시작했다. 오전과 저녁 시간에 헬스장을 이용하는 고객층이 다르다는 사실을 발견했다는 것이다. 오전에는 남편 출근과 자녀들 등교를 챙긴 주부들이 주 고객이었다. 가격 민감도가 높은 주부들을 헬스장으로 유도하기 위해 기존 가격보다 할인된 가격인 6만 원으로 오전 이용가격을 설정한 것이다. 반대로 저녁 시간에 헬스장을 찾는 고객들은 주로 직장인들이었다. 일을 하고 지친 몸으로 오는 이들에게 헬스장은 선택이 아닌 필수의 성격이 강할 것이다. 그리고 이들은 일정한 수입도 있다. 따라서 저녁 시간 이용고객들에게는 기존 가격보다 비싼 가격을 제시해도 좀처럼 손님이 줄지 않는다는 사실을 확인한 것이다. 위의 사례 속에는 '가격차별'이라는 경제원리가 숨겨져 있다. 경제학 비전공자인 헬스장 주인은 반 년 정도의 시행착오 끝에 나름의 경제적 지혜를 깨달은 것이다.

배워본 적 없지만 활용할 수 있는 경제학 지식

우리는 경제학에서 제시하는 많은 개념들을 교과서를 통해 배우지 않고도 생활 속에서 자연스럽게 활용하고 있다. 강의 중에 만난 한 벤처기업 사장은 경제학 수업이라고는 단 한 번도 들어본 적이 없다고 말했지만 그와 대화를 나누면서 나는 그가 이미 경제학에서 제시하는 '이윤극대화의 조건'을 활용하고 있다는 사실을 알게 됐다.

또 다른 수업에서는 중견기업 관계자 한 분이 회사에서 출시한 신제품을 소개하며 이것이 요즘 시장상황에 부합하는 제품인지를 물었다. 제품 콘셉트를 설명하는 그의 말 속에는 수요곡선이 이동하는 다양한 요인들이 고려되어 있었고, 신제품에 영향을 줄 수 있는 대체재와 보완재의 특성들도 정확히 담겨 있었다. 이 사람 역시 산업디자인을 전공한 분으로, 경제학에 대한 지식이 없었기에 내 수업에 들어온 터였다.

그뿐인가? 여의도에서 강의를 끝내고 나오는 길에 허기진 배를 달래려고 들르는 분식점의 아주머니 역시 떡볶이 값을 결정하는 경제학적 메커니즘을 알고 있었다. 그분이 경제학적인 용어를 사용해 세련된 말들로 그 메커니즘을 설명할 수는 없지만, 경제학을 몸으로 체득해 정확히 알고 있다는 사실만은 분명했다. 심지어 유치원에 다니는 조카조차 그렇다. 아이는 자신의 장난감 중에서 무엇을 친구의 장난감과 맞바꿔야 하는지 계산하며 친구와의 거래를 통해 자신이 이익을 보았는지 손해를 보았는지를 판단할 줄 알았다. 이처럼 많은 사람들이 경제학 이론을 체계적으로 배우지 않았음에도 이미 실생활 속에서 경제학적으로 사고하고 행동하고 있다.

경제학과 인문학과의 만남

경제학을 사회과학의 울타리 속에 가두는 것에 의구심을 갖게 된 이유가 바로 여기에 있다. 법학이나 행정학, 신문방송학에서 다루는 많은 이론들과는 달리 경제학적 담론의 대상이 되는 것은 우리의 행동 속에 내재되어 있다. 어떤 의미에서는 노벨상 수상자들을 비롯한 경제학 분야의 대가들이 세운 여러 이론들은 이전에 없던 것을 발명했다기보다는 인간이 오래전부터 전개해왔던 행태들을 규명해낸 '발견'에 가까운 것일지도 모른다.

경제학 담론의 대상 중 많은 부분이 인간의 특성을 확인해가는 과정이라고도 볼 수 있다. 이러한 측면을 생각해볼 때, 경제학은 사람의 본질에 대해 이야기하는 학문, 그것도 태어나면서부터 주어진 고유의 본성을 다루는 학문일지도 모른다. 즉, 경제학은 사회과학일 뿐만 아니라 자연과학의 한 분과나 인문학에 가까운 면이 아주 많다.

경제학에서 다루는 많은 내용들이 인간의 본성과 관련되어 있다면, 경제학이 태동하기 전부터 그러한 내용들이 목격되어야 할 것이다. 여기에 《경제학자의 인문학 서재》를 쓰게 된 첫 번째 이유가 있다. 인문학은 인류가 오랫동안 축적해온 사상과 문화 등을 대상으로 한 학문 영역이다. 그 속에는 인류가 그간 걸어온 발자취가 담겨 있다. 경제학의 개념들이 인간 스스로 자연스럽게 체득하는 것들이라면, 그 자취는 우리 자신의 모습을 엿볼 수 있는 신화, 역사, 문학, 문화, 철학 등 인문학 속에 고스란히 담겨 있을 것이라 생각했다. 이것이 인문학적 내용을 다시 들춰보면서 경제학을 생각하게 된 첫 번째 이유이다.

경제학을 한 번도 접해보지 못한 사람들에게 경제학을 설명하려면 그에 앞서 경제학 공부가 왜 유용한지 납득시키고, 어려워만 보이는 경제학에 흥미를 갖도록 유발해야 한다.《경제학자의 인문학 서재》를 쓴 두 번째 이유는 여기에 있다. 인문학을 통해 경제학의 여러 개념들을 제시할 경우 독자들은 우리 생활 곳곳에 경제학적인 개념들이 오래전부터 사용되고 있었다는 사실을 쉽게 알 수 있다. 그것도 우리가 경제학 용어들을 사용해 정의내리기 이전부터 말이다.

이 책의 독자들은 단군신화 속에도 백성들의 경제 문제를 해결하기 위한 고민들이 숨어 있다는 사실을 알게 될 것이다. 또한 인류의 거의 모든 지역에서 신분제가 태동하게 된 것 역시 정치사회적인 이유보다 경제학적인 이유가 우선이었다. 오늘날의 주식회사와 같은 제도가 로마 시대부터 존재했다는 사실에서는 인류가 변화된 경제환경에 적응하는 방식이 보편성을 띤다는 점을 확인할 수 있을 것이다.

예술이나 문화에서도 마찬가지이다. 푸치니의 오페라가 연중 공연되어 언제든지 관람할 수 있는 이유에도 경제학적인 원리가 숨어 있으며, 세계적인 명화들의 크기나 색깔 등은 작가의 예술혼 못지않게 경제적 논리에 의해 좌우되어왔다.

우리 선조들의 삶 속에서도 경제 마인드는 곳곳에 묻어 있다. 공유지의 비극을 극복할 수 있는 대안을 밝혀낸 공로로 2009년 노벨경제학상을 수상한 엘리너 오스트롬Elinor Ostrom 교수의 방법론을 조선시대의 사람들은 이미 실생활에 활용하고 있었으며, 애덤 스미스Adam Smith가 경제학적 시각을 제시하려던 그 시절, 정약용 또한 만만치 않은 경제학적 시각을 사용해 조선 사회를 조망했다.

사람들에게 쉽게 경제학을 알리기 위해

경제학이 어렵다고 생각하는 이유는 복잡한 수식이 등장하기 때문이다. 수요공급의 법칙, 가격 변화 등 경제학 원론에 등장하는 이론과 수식을 그대로 제시하기보다는 역사, 문학, 예술, 심리 등 좀 더 유연한 상황을 예시를 제시하면 경제학 개념에 쉽게 접근할 수 있다. 경제학이 당장 먹고 사는 문제를 해결하기 위한 합리적 판단의 근거가 되는 학문이라고 생가한다면 이전보다 쉽게 경제학에 다가갈 수 있을 것이다.

오랜 시간 동안 나의 경제학 공부는 대학과 연구실 속에서 이루어졌다. 어느 정도 학문을 쌓은 후에는 그동안 공부한 것들을 많은 사람들에게 말과 글의 형태로 전달해나갔다. 그러면서 내가 배운 것들의 세계가 더 확장되는 것을 발견했다. 변하는 시대적 흐름에 떠내려가지 않고 사리분별을 해가면서 스스로 판단하는 사람이라면 경제학은 꼭 알아야 할 지식이다. 이 책을 통해 그런 지식에 좀 더 쉽게 다가가면 좋겠다.

차례

제2장 경제학적 통찰로 역사를 읽는다

제3장　예술을 이해하는 데도 경제학은 유용한 도구다

제4장 사람은 왜 그렇게 행동하는가

제5장 사회 변화는 경제적으로 움직인다

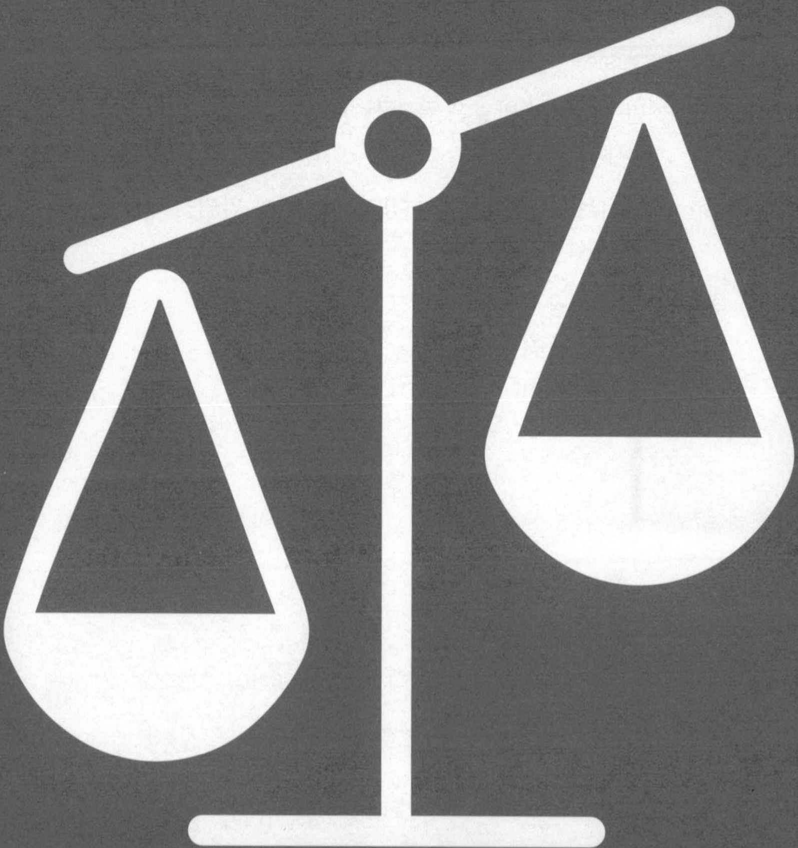

제 1 장

돈은 세상을
어떻게
변화시키는가

태초부터 경제 문제는
중요한 이슈였다

— 건국신화에 깃든 먹고사는 문제 —

다른 학문과 달리 경제학은 현대인으로 살아가는 데 반드시 필요한 지식을 제공한다. 어느 누구도 생산, 소비, 지출 등 경제적 활동을 수행하지 않고는 살아갈 수 없기 때문이다. 사회 전반에 걸친 다양한 의사결정의 과정에서 경제적인 부분이 가장 중요하다고 해도 과언이 아니다. 그렇기에 경제지식은 이제 선택이 아닌 필수가 되었다. 경제지식에 대한 사회적인 관심과 수요가 늘어나는 것에 부응하기 위해 경제학자를 비롯한 많은 사람들이 매일 같이 새로운 경제지식들을 다양한 방식으로 쏟아내고 있다.

이러한 현상 때문에 많은 사람들이 오해를 하곤 한다. 경제 문제는 오늘날에 와서야 인류에게 중요한 문제로 부각되었다든가, 경제 관련 이론이나 모델이 정립되지 못했던 과거에는 경제적 의사결정을 합리적으로 내리기 어려웠을 것이라는 착각이다. 하지만 생산,

소비, 지출이라는 기초적인 경제활동은 인류 초기부터 매우 중요한 문제였다. 그리고 이는 각 국가의 건국신화에 고스란히 담겨 있다.

저명한 신화학자이자 시카고대학 교수인 웬디 도니거^{Wendy Doniger}는 그의 저서*에서 신화는 현미경 기능과 망원경 기능을 갖고 있다고 말한다. 망원경 기능이란 신화의 내용이 일상을 초월한 초자연적인 내용과 세계관을 토대로 구성되었다는 사실에 주목하여 신화를 통해 당시 사람들의 철학관, 세계관, 자연관 등을 엿볼 수 있다는 의미다. 이와 달리 현미경 기능이란 신화의 내용이 고대의 소소한 일상을 엿볼 수 있게 해준다는 것을 뜻한다. 우리가 신화를 통해서 고대인의 경제 문제를 이해할 수 있다는 점은 바로 이 현미경 기능에 근거한 것이다.

건국신화에 깃든 먹고사는 문제에 대한 고민

각 나라의 건국신화를 살펴보면 나라마다 문화적, 지역적, 환경적 특성을 지녀서 서로 다른 내용들이 펼쳐지지만 공통적으로 반드시 담고 있는 메시지가 있다. 그것은 바로 건국신화의 주인공인 왕이 왜 해당 지역을 다스려야 하는지에 대한 정당성을 부여하는 내용

---

*   Wendy Doniger, 《The Implied Spider》, Columbia Univ Press, 2010.

이다. 건국신화는 지배계층이 자신들의 통치를 합리화하기 위해 사용한 주요 수단 중 하나였다. 지배계층은 특별한 존재로 자신들을 포장해, 일반인을 지배할 수 있는 권력을 갖고 그들에게 이를 당연한 것으로 받아들이게 만들어야 했다. 이렇듯 지배계층의 권력을 강화하기 위해 태동한 개념이 건국신화이다.

고대국가는 여러 부족을 통합하는 과정에서 형성되었다. 따라서 건국신화는 이질적인 부족민들에게 새로운 통치자는 하늘에서 인정한 왕이며 그러한 왕의 통치를 용인하는 것이 본인들에게도 많은 이득이 된다는 사실을 제시함으로써 공고한 통치 수단이 되어주었다. 지배계층의 집권이 그들 자신의 이익이 아닌 피지배계층의 번영을 위해서라는 점이 설득력 있게 받아들여질 때 그들의 권력은 더욱 힘을 얻게 된다. 이러한 이유로 다양한 국가의 건국신화에는 한 나라가 세워진 과정 등의 내용과 함께 왕이 그 나라를 다스릴 수밖에 없는 필연적인 이유가 담겨 있다.

여기서 주목해야 할 점이 있다. 왕의 통치 이유로 제시하는 부분이 바로 경제적인 측면이라는 사실이다. 우리의 건국신화인 단군신화에 대한 내용은 《삼국유사》에 기재되어 있는데 내용의 일부분을 발췌하면 다음과 같다.

환웅이 무려 3,000명을 거느리고 태백산 꼭대기에 있는 신단수 밑에 내려와 신시라 이름 붙이니 그가 환웅천왕이었다. 그는 풍백, 우사, 운사를 거느리고 곡식과 수명과 역병과

형벌과 선악을 주관하여 무릇 인간의 360여 가지 일을 관리
하며 세상을 다스리고 교화했다.

단군의 아버지 환웅이 세상에 내려오는 장면이다. 환웅은 혼자
가 아니라 풍백, 우사, 운사라는 세 사람을 거느리고 온다. 풍백은 바
람을 주관하는 주술사이고 우사는 비를 주관하는 주술사, 운사는 구
름을 주관하는 주술사로 모두 날씨를 관장한다. 이들은 당시 가장 중
요한 경제활동이자 산업이라 할 수 있었던 농업의 생산성을 좌우하
는 주된 요소들을 의미한다. 즉, 나라의 가장 높은 어른이 가장 중요
하게 여겨 함께 데려온 사람들이 모두 농사의 생산성을 좌우하는 날
씨를 관장하는 사람들이었던 것이다. 지배계층인 단군은 하늘의 아
들인 동시에 농사를 번성시키기 위해 온 사람이라고 할 수 있다.
동양의 다른 나라들은 어떨까? 중국의 고대 신화라 할 수 있는
삼황오제에서도 농업 생산성을 중시하는 내용을 엿볼 수 있다. 삼황오
제 중에서 삼황은 보편적으로 복희, 여와, 신농을 가리킨다. 《사기史記》
에 기록된 중국의 고대 신화 내용을 보면 복희는 8괘라는 글자를 만
들었으며 어업과 가축 등을 기르는 일을 관장했던 신으로 나온다. 또
한 신농은 나무를 잘라서 쟁기를 만들고 사람들에게 농사짓는 방법
을 가르쳤으며 100가지 나물을 맛보아 의약을 발견하고 시장을 열어
서 물물교환의 이로움을 전달한 사람으로 기록되어 있다. 일본의 건국
신화에서도 아마테라스天照大御神가 그의 후손을 시켜 인간에게 벼를 가
져다주고 농사짓는 법을 가르치게 했다는 내용이 수록되어 있다.

이집트의 고대 신화 속에 등장하는 여러 신들 중에서 최고의 신으로 추앙받고 있는 오시리스Osiris 역시 경제활동과 관련된 인물이다. 오시리스는 자연의 신으로 추앙받고 있는데, 식물의 수확기에 죽었다가 새싹이 돋을 때 되살아난다고 하여 '죽은 자의 신'이라고도 불린다. 이는 다른 의미에서는 생명을 관장하는 신임을 의미한다. 이집트신화에서는 오시리스가 여동생 이시스Isis와 결혼하고 난 뒤에 이시스를 통해서 여자들에겐 곡식을 빻는 법과 삼으로 실을 만들어 옷감 짜는 법을 가르쳤고, 남자들에겐 병을 치료하는 방법과 가정생활에 관해 가르쳤다고 전하고 있다.

이처럼 여러 나라의 건국신화를 통해 태초부터 경제 문제는 중요한 이슈였다는 사실을 알 수 있다. 그리고 경제활동의 합리성을 추구하는 인류의 모습 또한 아주 오래전부터 시작되었음을 확인할 수 있다.

경제가 진화하면서 신분제도가 태동하다

인류 역사에서 경제활동을 처음 목격할 수 있었던 시기는 신석기 시대이다. 신석기 시대에는 인류가 한곳에 모여 농사를 짓기 시작했다. 농업의 발명 이전에는 생산활동을 하는 데 있어 계획을 세우거나 효율성을 도모하기가 어려웠다. 사냥이나 채집활동은 하루하루가 어떻게 될지 모르는 일이었기 때문이다. 하지만 농사를 짓기 시작하면서부터는 계획이 가능해졌고, 사냥하는 사람과 농사짓는 사람, 가축 키우는 사람 등으로 분야가 나누어졌다. 분업이 발생한 것이다.

애덤 스미스는 《국부론》에서 핀 공장의 예시를 통해 분업에 대해 언급했다. 그는 핀 공장에서 철사를 펴는 일만 하는 사람과 철사를 붙이는 일만 하는 사람 등으로 일이 분업화되어 있어 생산성이 늘었다고 묘사한다. 스미스의 묘사처럼 분업은 생산활동에서 효율성을 높여주는 주요한 수단 중 하나이다.

신석기 시대에 인류는 이미 분업이 생산성을 높인다는 사실을 깨달았고, 이런 과정이 진전되면서 분업의 형태가 더 세분화되고 고착화되어 최초의 직업들로 자리매김하게 되었다. 신석기 시대 초기에는 사냥꾼, 농부 등 생산활동과 관련 있는 직업들만 존재했었다. 하지만 분업과 농사기술이 발달하면서 잉여생산물이 생겼고, 그로 인해 생산활동과는 관계없는 직업인 주술사, 추장 등의 직업도 등장하게 되었다. 즉, 인류 역사의 발전단계에 있어서 가장 중요한 사회제도 중 하나인 신분제는 생산성이 올라가 잉여생산물이 생기면서 나타나게 된 것이다.

청동기 시대에 해당하는 단군신화 역시 바로 이런 맥락 속에서 이해해야 한다. 단군신화 속에 등장한 풍백, 우사, 운사의 이야기에서 당시가 생산활동과 관련 없는 직업군이 형성된 단계였다는 사실을 확인할 수 있다. 또한 이는 우리 선조들이 고조선 시대부터 분업이라는 가장 고전적인 생산성 향상 수단을 생각해냈다는 사실을 알려 준다. 분업으로 생산성이 향상되면서 단군이라 칭하는 지배계층은 자신들이 직접 생산활동에 참여하지 않게 되었다. 그러면서 권력 형성의 근본 원인이 되는 농업 생산성을 유지하는 데 지배계층은 지대한 관심을 가질 수밖에 없었고, 바로 이런 모습이 풍백, 우사, 운사로 투영된 것이다.

이는 오늘날 선거에서 많은 정치인들이 경제 관련 공약을 내걸고 유권자들에게 지지를 호소하는 모습과 일면 비슷해 보인다. 지배계층이 피지배계층에게 현재의 경제 문제를 해결해줄 수 있다고 설득하는 노력은 기원전부터 현대에 이르기까지 계속 이어져온 셈이다.

남북전쟁의 발발은
노예 문제 때문이 아니었다

— 지역간 경제구조의 차이 —

남북전쟁은 미국 역사상 가장 치열한 전쟁으로 기록되어 있다. 1861년부터 5년간 지속된 남북전쟁은 당시 미국 백인 인구의 6명 중 1명이 참전하여 그 가운데 3명 중 1명이 사망한 처절한 전쟁이었다.

그런데 대부분의 사람들은 남북전쟁을 '노예 해방을 위해 미국의 남부와 북부가 치른 전쟁'으로 알고 있다. 이와 함께 노예들의 인권 유린을 막기 위한 링컨 대통령의 노력을 떠올리는 사람들이 많다. 지금도 많은 초등학생들이 존경하는 위인으로 링컨 대통령을 꼽는데 사회적 약자인 노예의 인권문제를 위해 헌신한 대통령이기 때문이라고 대답하는 경우가 대다수다. 이뿐만 아니라 미국을 흑인 인권문제를 놓고 전쟁까지 감수했던 나라라고 인식하는 사람들도 있다.

정말 미국인들은 흑인 노예들의 인권을 위해 치열하게 싸운 것일까? 우리나라로 치면 외국인 근로자들의 인권문제를 위해 경상도와 전라도가 치열하게 전쟁을 한 셈인데, 과연 그럴까? 이 전쟁이 일어나게 된 근본적인 이유는 사실 따로 있다.

서로 다른 남부와 북부의 경제구조

남북전쟁에서 노예 인권문제에 대한 인식이 전혀 없었던 것은 아니다. 하지만 남북선생이 촉발된 근본적인 원인은 남부와 북부가 상이한 경제구조를 갖고 있어서 노예라는 노동력에 대해 서로 다른 평가를 내렸기 때문이다.

미국 남부와 북부의 인구구조는 이주민이 정착하던 초기부터 서로 매우 달랐다. 유럽에서 미국 남부 지역으로 이주했던 사람들은 영국의 스코틀랜드와 북잉글랜드 출신들이었고, 북부는 동부 잉글랜드 출신들이 주축을 이루었다. 이주민들은 비록 본국을 버리고 미국에 이주해오긴 했지만 유럽에서부터 지니고 있던 자신들의 문화적 전통과 정체성은 고수하고 있었다. 다만 남부와 북부의 사람들은 직접적으로 만날 기회가 적었고 그래서 둘 사이의 갈등은 초기에는 불거지지 않았다. 하지만 북부는 빠르게 산업화가 진행되고 남부는 농업 중심으로 발달하면서 점차 상이한 경제구조를 갖게 되었다. 그리고 시간이 갈수록 남부와 북부는 더욱 큰 차이를 보이기 시작했다.

이처럼 남부와 북부가 서로 다른 경제구조로 발전되기 시작한 때는 식민지 시절부터였다. 남부는 당시 영국 귀족층을 중심으로 흡

미국에서 사용되었던 노예계약서

연 문화가 크게 확산되면서 담배 생산을 통해 막대한 수익을 얻었다. 그리고 조면기繰綿機(목화의 씨를 빼거나 솜을 트는 기계)가 발명된 후에는 목화 생산을 통해 큰돈을 벌게 되었다. 이러한 목화와 담배의 생산에 있어서 가장 중요한 생산요소가 바로 노예였다.

사실 남부 지방 사람들이 처음부터 흑인 노예를 활용하고자 혈안이 되어 있던 것은 아니다. 처음에는 백인 노동자를 고용하려 했었다. 하지만 남부는 준열대성 기후라서 백인 노동자들이 일하길 꺼렸으며, 광활한 미국 대륙에 땅이 남아도는데 새로 분양을 받으면 받았지 다른 백인 밑에서 일하려고 하지 않았다.

그래서 대안으로 등장한 것이 계약 하인이었다. 계약 하인은 두 부류였다. 하나는 미국으로 이주할 비용이 없는 사람을 이주시켜주는 대신 일정 기간 동안 하인으로 일하게 하는 것이었고, 다른 하나는 범죄자들로 하여금 일정 기간 동안 하인으로 일하도록 해 죄를 사면해주는 것이었다. 그런데 계약 하인을 쓸 때 문제가 있었으니, 일정 기간이 지나면 이들이 다시 자유인이 되기 때문에 연속성이 떨어진다는 점이었다.

이러한 이유로 남부 지방의 대농장주들은 점점 더 흑인 노예를 선호하게 되었다. 그래서 흑인 노예는 그들의 경제활동에 있어서 가장 중요한 생산요소로 자리매김하게 된다. 반면 상공업 중심으로 발달한 북부에서는 노예의 역할이 크지 않았다. 그래서 노예를 기반으로 커다란 부를 축적한 남부인들을 윤리적인 차원에서 비판하기도 했다.

제이 조약으로 심화된 남부와 북부의 갈등

1789년 영국과 프랑스가 전쟁을 시작하자 미국은 큰 타격을 받는다. 자국의 상품을 수출하기 어려워졌기 때문이다. 그때까지 미국 경제는 유럽 수출에 크게 의존하던 상황이었기에 이는 심각한 문제였다. 당시 미국 정부는 활로를 찾기 위해 영국과 '제이 조약Jay's Treaty'을 체결하는데 이 일은 남부와 북부의 갈등을 더욱 고조시키게 된다.

미국은 제이 조약을 체결하면서 영국에 몇 가지 사항을 양보했는데, 그중에는 영국 상인이 미국에 진 부채를 탕감해주는 내용이 있었다. 문제는 영국 상인이 갚지 않고 있던 부채의 대부분은 남부 지방 사람들에게 진 빚이라는 점이었다. 당연히 남부 지방 사람들은 이 조약에 크게 반발했다.

내부적으로도 남부와 북부의 경제구조는 점점 더 상이한 형태로 진화해갔다. 북부는 산업화가 더욱 가속화되면서 나날이 발전해가고 있었으며 그 때문에 국가의 부가 북부로 점점 치우치는 현상이 전개되었다.

그 결과 북부 지방에는 많은 이민자가 유입되었고 인구 증가에 따라 북부의 하원의원 수는 점점 더 늘어났다. 그동안 남부 지방은 노예를 기반으로 한 목화재배의 경쟁이 더욱 치열해졌다. 목화재배가 가능한 토지가 점점 줄어들 뿐만 아니라 목화 가격까지 하락했기 때문이다. 게다가 남부 사람들 중 상당수가 새로운 기회의 땅인 서부로 이주하면서 남부의 입지는 더욱더 약화되기 시작한다.

상이한 경제구조로 인한 갈등은 관세 문제에서 극에 달했다. 관세는 남북전쟁이 발발하기 직전까지 노예 문제와 함께 미국의 가장 근본적인 문제였다. 북부는 관세를 높여야 유리했고 남부는 관세를 낮춰야 유리한 경제구조를 갖고 있었기 때문이다.

북부 지방의 이익을 대변하던 해밀턴 정부는 관세를 높여 외국 상품의 유입을 막고 국내 제조업을 활성화하고자 했다. 하지만 남부 지방 사람들은 농산물을 제외한 다른 모든 상품을 영국으로부터의 수입에 의존하고 있었고 면화 수출이 주 수입원이었다. 그런데 미국 정부가 관세를 올리면 상대국에서도 보복 관세를 부과할 것이 뻔하므로 면화 수출에 타격을 입을 수도 있는 상황이었다.

승리의 전략으로 이용된 노예 해방 선언

링컨은 이와 같은 미국 경제구조의 문제를 누구보다 명확히 인식하고 있었다. 그는 노예제도가 전국적인 문제로 확대된 시점인 1856년 노예제도에 반대하는 입장을 취하고 있던 공화당에 입당하여 정계에 복귀한다. 그리고 1860년 미국 대통령 선거에 공화당 대통령 후보로 선출된다.

링컨이 대통령 후보로 선출될 수 있었던 배경은 그가 급진적인 노예 해방론자가 아니었기 때문이다. 링컨은 남부 지역의 노예를 무조건적으로 즉시 해방시킬 생각은 추호도 없다고 여러 차례 언급했다.

1861년 3월 대통령 취임식 연설에서도 "나의 가장 큰 관심은 하나의 연방으로 미국을 유지하는 것이지, 노예제도 문제가 아니다."라고 역설한 바 있다. 당시 노예 해방주의자는 곧 북부의 경제구조를 옹호하는 인물로 치부되던 시절이었다. 링컨은 자신의 당선으로 남부 지역이 동요할 것을 염려해 1862년 농무부를 창설했으며 그 이름을 '국민의 부처People's Department'라고 지었다. 즉, 남부 지방의 경제야말로 미국의 근간을 이루고 있다는 사실을 천명한 것이다.

전쟁터를 방문한 링컨 대통령

　　이처럼 링컨은 노예 해방 문제를 단순히 인권 문제에 국한시켜
생각하지 않고 미국의 남부와 북부가 직면한 경제구조 속에서 풀어
가려고 했다. 링컨은 1862년에 노예 해방을 선언했는데, 장기간에
걸친 남북전쟁이 막바지로 치달았을 때였다. 그는 이때 노예 해방을
선언함으로써 수세에 몰린 남부 지방의 경제적 근간을 일시에 뒤흔
들었다. 오랜 전쟁에 지친 북부 지방 사람들의 지속적인 협조와 해
외 여론의 우호적인 분위기를 고조시키기 위한 의도도 다분히 포함
되어 있었다. 실제로 노예 해방 선언으로 인해 전황은 더욱 급속히
북부에 유리한 방향으로 전개되었다.

　　이처럼 남북전쟁은 인류가 수행한 여타의 수많은 전쟁들과 마

찬가지로 이권 내지는 경제 문제로 인해 촉발된 전쟁 중 하나이지, 노예 해방이라는 인권 수호를 위한 선의의 전쟁이라고만 볼 수는 없다. 미국의 남북전쟁은 상이한 이해관계와 경제구조가 어떻게 전쟁이라는 극단적인 상황을 만들어낼 수 있는지 잘 보여주는 역사적 교훈 중 하나일 것이다.

세계 최고 갑부의
특별한 사업 수완

— 자유재와 경제재 —

세계 최고의 갑부 중 한 사람, 천재 프로그래머, IT 시대를 연 개척자, 세계 최대의 기부재단 설립자. 이와 같은 수식어들이 누구를 가리키는지 떠올리는 건 어렵지 않다. 바로 빌 게이츠^{Bill Gates}이다. 수식어만으로도 누구인지 쉽게 알아맞힐 수 있다는 점에서 빌 게이츠는 거의 모든 사람들이 알고 있는 인물이라고 해도 과언이 아니다. 하지만 실상 빌 게이츠에 대해 정확히 아는 사람은 거의 없는 듯하다. 아직도 빌 게이츠가 프로그램을 개발해 돈을 벌었다고 생각하는 사람들이 많기 때문이다. 그런데 정확히 말하자면 빌 게이츠는 프로그램을 개발해 돈을 번 것이 아니라 '자유재'를 '경제재'로 바꾸어 돈을 번 인물이다.

자유재와 경제재

경제학에서는 자원의 희소성을 기준으로 재화를 자유재와 경제 재로 구분한다. 희소성이란 인간의 욕망은 무한한 데 비해 이를 충족시켜줄 재화나 서비스가 제한되어 있는 상태를 의미한다. 희소성은 자원의 절대적인 양에도 영향을 받지만 부존량에 비해 해당 자원을 사용하고자 하는 욕구가 얼마나 더 많은지에 따라 결정된다.

자유재는 희소성에 제한을 받지 않는 재화를 의미한다. 해당 재화의 부존량이 너무 많아서 누구나 공짜로 사용할 수 있는 재화가 이에 해당한다. 반면 경제재는 우리가 원하는 수준에 비해 부존량이 부족하기 때문에 해당 재화를 효율적으로 사용하기 위해서는 합리적인 의사결정 과정을 거칠 필요가 있다. 즉, 대가를 지불해야만 얻을 수 있는 것이 경제재이다.

이러한 자유재와 경제재는 고정된 개념이 아니다. 상황에 따라 자유재가 경제재로 혹은 경제재가 자유재로 바뀌기도 한다. 자유재에서 경제재로 바뀐 대표적인 재화는 물이다. 과거에는 맑은 물이 자유재였다. 필요할 때 마을의 우물이나 개울 등에서 얼마든지 물을 얻을 수 있었다. 하지만 1960년대부터 정부 문서에 물은 '수자원'으로 표현되기 시작했다. 도시화와 산업화 과정에서 우리가 원하는 깨끗한 물이 부족해지면서 관리해야 할 자원으로 분류된 것이다. 오늘날 마시는 물은 당연히 돈을 주고 구매해야 하는 재화가 되었다.

반대로 특정 재화가 경제재에서 자유재로 바뀌는 경우도 있다.

경제재에서 자유재로 바뀌기 위해서는 해당 재화에 대한 욕구보다 해당 재화의 부존량이 더 많아져야 한다. 그러나 실제로는 부존량이 더 많아져서 바뀌는 경우보다는 재화를 이용하는 제약조건들이 제거되어 자유재로 바뀌는 경우가 더 많다. 대표적으로 특허권이 소멸된 기술들이 여기에 해당한다. 특허의 경우 출원일로부터 20년간 특허권이 유지된다. 하지만 그 이후에는 특허권이 소멸되어 누구나 자유롭게 해당 기술을 사용할 수 있다. 책과 같은 저작물의 경우에도 저작자의 사후 70년까지는 저작물을 보호하지만 그 이후에는 대가들의 저서들을 얼마든지 활용할 수 있다. 즉, 보호 기간이 만료된 지식재산들은 아무 제한 없이 원하는 만큼 활용가능한 자유재로 바뀌는 것이다.

컴퓨터 프로그램은 공짜였다

지금은 당연히 돈을 주고 구매해야 하는 컴퓨터 프로그램들이 예전에는 자유재로 취급되었다. 단순히 수학적 논리체계로 구성된 컴퓨터 프로그램은 돈을 주고 구매하는 대상이 아니라는 인식이 팽배했기 때문이다. 빌 게이츠가 하버드대학을 중퇴하고 친구 폴 앨린Paul Allen과 소프트웨어를 개발해 판매하기 시작할 무렵에도 마찬가지였다.

1975년 MITS에서 만든 알테어Altair 8800이라는 세계 최초의 개인용 조립식 컴퓨터가 개발되자 두 사람은 이를 기반으로 한 컴퓨터 프로그램의 수요가 일어날 것으로 예상하고 이 컴퓨터에 탑재할 베이직BASIC 프로그램을 개발했다. 그러나 이들은 큰 수익을 거두지 못했다. 당시 알테어 8800은 매달 1,000여 대 가까이 판매되었지만 해당 컴퓨터에 들어갈 베이직 프로그램의 판매실적은 몇 백 개 수준에 그쳤다. 컴퓨터를 사용하는 많은 사람들이 소프트웨어를 구매하지 않고 복제하여 사용했기 때문이다. 심지어 알테어 8800을 개발한 회사마저도 이를 문제삼지 않았다.

결국 빌 게이츠는 1976년 2월, 그 유명한 '컴퓨터 애호가들에게 보내는 공개편지Open Letter to Hobbyists'를 통해 컴퓨터 소프트웨어도 대가를 지불해야 하는 재화임을 역설했다. 당시 이 편지는 여러 컴퓨터 관련 매체에 게재되었는데 편지 내용에 따르면 빌 게이츠는 베이직 프로그램을 개발하면서 거의 60일 동안 화장실에 갈 틈도 없이 일했으며 개발이 완료된 후에도 프로그램의 오류를 수정하는 데 1년여의 시간이 더 걸렸다고 한다. 그는 노동 시간 대비 얻은 수익을 계산해보면 시간당 2달러도 안 되는 임금 수준이라고 밝혔다.

빌 게이츠는 우리가 좋은 소프트웨어를 지속적으로 사용하기 위해서는 소프트웨어를 개발하는 사람들에게 적절한 보상을 해야 한다고 주장했다. 그러면서 아무런 대가도 없이 오랜 시간과 노력을 투여해 소프트웨어를 개발하고자 하는 사람은 결코 없을 것이라고 단언했다.

소프트웨어도 대가를 지불해야 하는 재화라는 빌 게이츠의 주장에 업계는 냉담한 반응을 보였다. 수학적 논리체계로 만들어진 소프트웨어는 거래의 대상이 될 수 없다며 빌 게이츠를 비판했고, 되려 소프트웨어를 사용한 사람들을 도둑 취급했다며 명예훼손 소송을 걸겠다고 위협하는 사람마저 있었다.

그러나 빌 게이츠는 이에 굴하지 않았다. 그는 1976년 4월 또다시 공개서한을 작성한다. 이번에는 컴퓨터 애호가들의 비난을 의식해서인지 첫 번째 편지의 내용을 언급하며 그는 불법복제 문제가 소프트웨어 발전에 악영향을 미친다는 사실을 지적하고자 했을 뿐이며 컴퓨터 애호가들을 비난할 생각은 전혀 없었다고 한 걸음 물러서는 듯 보였다. 그러나 빌 게이츠는 얼마 전 소프트웨어를 개발하고자 시도하는 한 작은 회사로부터 프로그램 개발의 수지타산과 관련해 묻는 편지를 받았다는 사실을 밝힌다. 그러면서 이러한 기업들에게 적절한 보상을 제공하지 않으면 대대적인 소프트웨어 개발은 이루어질 수 없을 것이라고 다시 한 번 항변했다.

프로그램의 시장가치를 높인 빌 게이츠

빌 게이츠의 노력이 시발점이 되어 당시까지 사고파는 물건이 아니었던 '수학적 논리체계'가 드디어 돈을 주고 구매해야 하는 어엿한 제품으로 탈바꿈하게 되었다. 당시에는 빌 게이츠 이외에도 리눅스 운영체제를 만든 리누스 토발즈Linus Torvalds나 소프트웨어의 저작권과 독점에 반대하는 리처드 스톨먼$^{Richard\ Stallman}$ 등과 같은 전설적인 프로그래머도 있었다. 이들이 자신의 기술적 역량을 바탕으로 컴퓨터 프로그램을 개선시키는 데 관심을 두었다면, 빌 게이츠는 자신이 개발한 프로그램의 시장가치를 높이는 데 관심을 보인 것이다.

빌 게이츠의 공개편지 이후 프로그램 불법복제가 처벌받을 수 있다는 사실이 알려지기 시작할 무렵, 그가 설립한 마이크로소프트는 커다란 기회를 얻게 된다. 1981년 당시 세계 최대의 컴퓨터 회사인 IBM으로부터 개인용 컴퓨터에 탑재할 운영체제를 개발해달라는 의뢰가 들어온 것이다. 오늘날의 빌 게이츠와 마이크로소프트를 만든 MS-DOS는 이렇게 탄생했다.

일부 컴퓨터 전문가들은 MS-DOS를 두고 빌 게이츠와 폴 앨런이 새로 만든 것이 아니라 빌 게이츠와 같은 대학 출신인 몬트 데이비도프$^{Monte\ Davidoff}$가 이전에 개발한 Q-BASIC을 차용한 것일 뿐이라고 평가하기도 한다. 하지만 특허 관련 법규는 개인의 창작물을 보호하는 기능뿐만 아니라 다양한 창작물의 태동을 막아서는 안 된다는 취지도 함께 갖고 있다. 이 두 목적은 상반되지만 특허법에서 함께 추구해야 할 중요한 지향점들이다. 빌 게이츠가 개발한 MS-DOS의 경우 이전에 개발된 Q-BASIC과 유사한 면이 있지만, 빌 게이츠와 폴 앨런의 노력에 의해 고객들이 돈을 주고 지불할 만큼 새로워진 것은 사실이다.

어찌 보면 컴퓨터공학자들이나 프로그램 개발자들은 다른 프로그래머가 다져놓은 기틀 위에서 단순히 개선하는 역할만 하고 돈은

혼자 다 벌어간 빌 게이츠의 모습이 얄미울 수도 있을 것이다. 그러
나 대가 없이 사고팔던 자유재를 돈을 주고 사고파는 경제재로 바꾼
그의 사업 수완은 결과적으로 성공했다. 이를 경제학자의 시각에서
본다면 그는 세계 최고의 부자가 될 자격이 충분해 보인다.

함무라비 법전에 담긴
4,000년 전의 가격통제

— 최고가격제와 최저가격제 —

함무라비Hammurabi는 고대 바빌로니아 왕국의 제6대 왕이다. 바빌로니아라는 이름은 수도 바빌론에서 유래하는데, 초창기 바빌로니아 왕국은 바빌론을 중심으로 한 작은 도시국가에 지나지 않았다. 그러나 함무라비가 즉위한 이후 이신과 라르사 등 주변 도시들을 점령하면서 메소포타미아 전역을 장악하기에 이른다.

대제국을 건립한 함무라비는 운하를 건설하고 관료제를 정비하며 제국의 기틀을 다졌다. 뿐만 아니라 달력과 언어를 통일하고 도시마다 달랐던 최고의 신을 마르두크Marduk 신 하나로 정함으로써 문화적으로도 통일을 이루어냈다. 함무라비의 업적은 이 밖에도 많지만 그의 이름을 역사에 길이 남게 한 가장 큰 업적은 함무라비 법전Code of Hammurabi의 제정이라고 할 수 있다.

1901년 프랑스 탐험대에 의해 발견된 함무라비 법전은 높이

2.25미터의 검은 돌비석에 새겨져 있다.* 함무라비 법전은 한때 세계에서 가장 오래된 법전으로 알려졌으나 기원전 21세기경에 만들어진 우르 제3왕조의 우르-남무 법전Code of Ur-Nammu과 함무라비 법전보다 150년 이상 앞선 것으로 추정되는 리피트-이쉬타르 법전Code of Lipit-Ishtar이 발견되면서 세계 최고最古 법전의 자리를 넘겨주었다.

함무라비 법전의 경제 조항들

가장 오래된 법전은 아니지만 함무라비 법전이 가지는 역사적 가치는 여전히 크다. 아름다운 문자로 새긴 282개의 조항들은 고대 바빌로니아 사회의 규범을 알 수 있게 해주는 매우 귀중한 자료임에 틀림없다. 함무라비 법전은 후세 다른 사회의 법체계 형성에도 지대한 영향을 끼쳤다.

사람들은 흔히 '눈에는 눈, 이에는 이'라는 조항으로 함무라비 법전을 기억한다. 물론 법전이 범죄의 처벌과 관련된 여러 조항들을 담고 있기는 하지만 그것이 전부는 아니다. 함무라비 법전은 행정, 군복무, 세금제도, 상업, 무역 등 폭넓은 분야를 다루고 있다. 이 중에서도 경제와 관련된 조항은 전체 조항의 거의 절반을 차지한다.

---

* 함무라비 법전은 현재 프랑스 루브르 박물관에 소장되어 있다.

경제 관련 조항이 많았다는 것은 곧 경제에 대한 국가의 개입도가 높았음을 의미한다. 이들 조항 중 특히 눈여겨볼 만한 부분은 엄격하고도 복잡한 가격통제 규정들이다. 몇 톤짜리 배를 하루 동안 빌릴 때는 얼마의 은을 지불해야 한다든지, 목동을 고용하려면 그에게 연간 얼마의 곡식을 주어야 한다든지 등 이 규정들은 매우 구체적이다. 그중 몇 가지를 예로 들면 다음과 같다.

제257조 밭에서 일하는 사람의 1년 임금은 곡식 8구르이다.

제258조 목동의 1년 임금은 곡식 6구르이다.

제271조 우마차와 차부의 하루 임금은 곡식 180카이다.

제273조 농부를 고용하면 1월부터 5월까지 하루에
은 6그레인을 줘야 하고, 6월부터 12월까지는 하루에
은 5그레인을 줘야 한다.

제277조 60톤짜리 배를 하루 빌리는 대가는 1/6셰켈이다.

함무라비 법전의 위와 같은 조항들은 4,000년 전부터 정부의 가격통제가 존재했다는 것을 증명한다. 경제학 이론에서는 자원배분을 자유시장에 맡기는 것이 가장 효율적이라고 이야기하지만, 현실에서는 고대부터 현재에 이르기까지 정부가 특정 목적을 달성하기 위해 경제에 개입하는 것이 일반적이다.

좋은 의도가 항상 좋은 결과를 낳지는 않는다

조세 부과와 보조금 지급은 정부가 시장의 수요 및 공급에 영향을 미쳐 간접적으로 균형가격과 거래량을 조절하는 방법이다. 이에 반해 가격통제는 정부가 시장기구의 정상적인 작동 자체를 막으면서 가격과 거래량에 영향을 미치는 직접적인 규제이다. 인위적인 가격통제를 통해 정부는 소기의 목적을 달성할 수 있을지 몰라도 경제 전체적으로는 자원배분의 왜곡을 가져와 부정적인 결과를 낳는 경우가 많다.

바빌로니아 역시 이런 부정적 효과에서 자유로울 수 없었다. 역사가들의 기록에 따르면 함무라비 시절부터 엄격한 가격통제로 인해 바빌로니아의 상업과 무역이 위축되기 시작했다고 한다. 이는 수세기 동안 경제 발전이 더뎌지는 결과를 낳았다. 함무라비는 정복활동을 통해 대제국을 세우고 법치주의를 확립했지만 경제 문제에서는 실패하고 만 것이다.

가격통제의 부정적인 효과는 이론적으로도 증명할 수 있다. 가격통제는 **최고가격제**와 **최저가격제**로 구분할 수 있는데, 우선 최고가격제의 효과부터 살펴보도록 하자.

최고가격제는 정부가 상한가격 maximum price 또는 최고가격price ceiling 이라 불리는 가격의 상한선을 정하고 그 상한 수준 이상에서 거래하는 것을 법으

> **최고가격제**
> 정부가 상한가격 또는 최고가격이라 불리는 가격의 상한선을 정하여 그 수준 이상에서의 거래를 법으로 금지하는 것

• 빵 시장에서의 최고가격제 시행

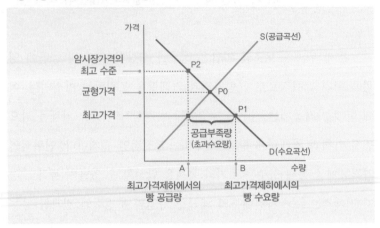

로 금지하는 방식이다.

일부 사람들은 최고가격이라 하면 균형가격보다 높은 수준에서 설정되는 가격이라고 생각할지도 모른다. 그러나 최고가격은 시장에서 자율적으로 형성되는 가격 수준이 너무 높다고 판단되어 정부가 설정하는 가격이다. 그래서 최고가격은 시장의 균형가격보다 낮은 수준에서 결정된다. 만약 최고가격이 균형가격보다 높게 설정된다면 최고가격제는 실효성이 없어지고 시장에서의 가격은 수요와 공급의 원리에 따라 원래의 균형에서 형성될 것이다.

과거 사회주의 계획경제를 채택한 소련에서는 빵 등과 같은 생필품에 대해 최고가격제를 시행했다. 빵의 균형가격이 위의 그림에서와 같이 P0일 때 정부가 최고가격을 균형가격보다 낮은 P1 수준으로 규제했다고 가정해보자. P1의 가격수준에서는 빵의 수요량(B)이 공급량(A)을 초과하여 B-A만큼의 공급부족량(초과수요량)이 나타나고 소비자들은 원하는 양만큼을 구입할 수가 없다. 이러한 물자부족 현상을 해결하기 위해 구소련에서는 선착순 방식과 배급제를 실시했다. 그래서 소비자들은 상품을 구입하기 위해 줄을 서서 오랜 시간을 기다려야 했다.

어떤 상품의 품귀현상이 일어나면 소비자들은 최고가격보다 높은 가격을 지불해서라도 부족한 상품을 구입하려고 한다. 이 때문에 암시장이 형성되기도 한다. 수요곡선은 각 수량을 구입할 때 소비자가 지불할 용의가 있는 최대가격을 표시한다. A만큼의 빵을 구입하기 위해 소비자들이 최대로 지불할 용의가 있는 가격은 P2이다. 따라서 P2는 이론적으로 설명할 수 있는 암시장가격의 최고 수준이 된다. 상품을 배급받을 때의 시간이 낭비된다는 것과 암시장이 형성된다는 것 등은 최고가격제가 소비자들의 생활을 더 나아지게 하지 못하는 이유를 설명해준다.

자본주의 시장경제에서 최고가격제는 지속적으로 시행되기보다는 전쟁이나 자연재해 같은 특수상황에서 시행되는 것이 일반적이다. 이는 가격의 급격한 상승을 억제해 소비자들을 보호하기 위함이다. 하지만 계획경제처럼 일부 품목에 대해서는 최고가격제를 지속적으로 실시하기도 한다. 미국 뉴욕과 같은 선진국의 대도시에서는 무주택 서민의 주거생활을 안정시킨다는 의도에서 서민주택의 임대료를 계속 규제해오고 있다. 좋은 의도에서 출발한 제도이기는 하지만 임대료 규제로 인해 서민주택의 공급이 줄어 많은 대도시들이 만성적인 주택난에 시달리고 있다.

• 노동시장에서의 최저임금제 시행

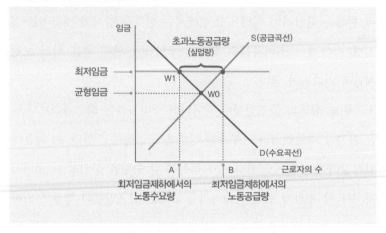

반면 최저가격제는 최고가격제와는 반대로 정부가 하한가격price floor 또는 최저가격minimum price을 설정하여 그 이하로 가격이 내려가지 못하도록 통제하는 제도이다. 최저가격제는 공급자를 보호하기 위한 목적으로 시행되며, 최저가격은 균형가격보다 높은 수준에서 결정된다. 최저가격제의 대표적 예로는 농민 보호를 위한 농산물가격 보장제도와 근로자권익 보호를 위한 최저임금제 등

> 최저가격제
> 정부가 하한가격 또는 최저가격을 설정하여 그 이하로 가격이 내려가지 못하도록 통제하는 것

을 들 수 있다. 최저가격제하에서는 공급량이 수요량을 초과하여 초과공급 현상이 발생한다.

만약 노동시장에서 위의 그림과 같이 균형임금이 W0일 때 정부가 최저임금을 W1으로 설정한다면 노동수요량은 A만큼 되고 노동공급량은 B만큼 되어 B-A만큼의 초과노동공급, 즉 실업이 발생한다.

1992년 노벨경제학상 수상자인 게리 베커Gary Becker는 최저임금의 급격한 인상은 사람들을 일자리에서 쫓아내는 행위라고 비판한 바 있다.《맨큐의 경제학》으로 널리 알려진 하버드대학 교수 그레고리 맨큐Gregory Mankiw 역시 2001년 하버드대 학생들이 행정건물을 점거하고 학내 노동자들의 최저임금에 대해 시위를 벌일 때 〈보스턴 글로브〉에 장문의 칼럼을 실어 임금은 시장원리에 의해 결정돼야 한다고 호소하기도 했다. 하지만 현실에서는 최저임금이 극빈층에 많은 도움이 되고 있다고 주장하며 최저임금제를 옹호하는 경제학자들 또한 존재하고 있는 것이 사실이다.

스위스는 어떻게
제2차 세계대전을 피할 수 있었나

— 기축통화 —

유럽은 아시아와 유럽 대륙에 걸친 국가까지 포함해서 50개국으로 구성되어 있다. 이 많은 국가 중에서 기억나는 순서대로 나라 이름을 대보라고 하면 아마 스위스를 빼놓는 경우는 거의 없을 것이다. 스위스는 정치적, 군사적 영향력도 크지 않고 인구가 고작 860만 명 정도인 무척 자그마한 국가인데도 말이다.

그럼에도 이 나라가 많은 사람들의 뇌리에 깊이 남아 있는 건 아마도 뛰어난 자연 경관을 품고 있는 세계적인 관광지라는 점 때문이 아닌가 싶다. 하지만 아름다운 자연 경관과는 달리, 스위스는 세계 어느 나라보다도 굴곡진 역사를 갖고 있다.

강대국의 틈바구니에서 살아남기 위한 전략

스위스의 직접적인 조상은 켈트족의 일족인 헬베티아인들이다. 그들은 기원전 15세기경에 독일 남부 지역에서 내려와 스위스 중부 고원지대에 거주하기 시작하면서 뿌리를 내렸다. 하지만 헬베티아인들은 기원전 58년부터 서기 400년 무렵까지 로마제국의 속국으로 지배를 받아야 했다. 그 후 서기 455년에 게르만 민족이 대이동을 하면서 헬베티아인 이외의 다양한 인종이 이 지역으로 들어왔다. 알레마니족은 스위스 북부에, 로마화된 부르군트족은 서부에, 랑고바르트족은 남부에 각각 정착했다. 오늘날 스위스가 독일어, 프랑스어, 이탈리아어를 공용어로 사용하게 된 이유는 바로 이 때문이다.

이후에도 스위스는 계속해서 침략에 시달렸다. 6세기에는 프랑크 제국에 다시 흡수되었고 9~12세기에는 신성로마제국의 통치하에 있었으며 그 후에는 합스부르크 왕가의 지배를 받게 된다.

스위스가 많은 나라로부터 점령의 대상이 된 이유는 바로 교통의 요충지에 위치하기 때문이다. 이탈리아 반도에서 유럽 대륙으로 올라갈 때도, 독일에서 유럽 남부로 내려갈 때도 반드시 스위스를 지나야 한다. 따라서 스위스 지역을 장악한다는 것은 당시 교역에 있어 커다란 힘을 갖게 된다는 것을 의미했다. 물론 최근에는 유럽의 주요 무역이 남북 방향이 아니라 동서 방향으로 전개되면서 그 기능이 위축된 것도 사실이다. 그러나 스위스는 여전히 유럽 대륙의 중심에 위치한다는 지리적 이점 때문에 EU 회원국 사이에서 육로

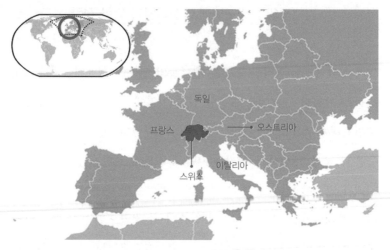

강대국 사이에 위치한 스위스. 동쪽으로는 오스트리아, 리히텐슈타인, 서쪽으로는 프랑스, 남쪽으로는 이탈리아, 북쪽으로는 독일과 국경을 접한다.

수송의 요충지 역할을 담당하고 있다.

오랫동안 외세의 침략에 시달려야 했던 스위스인들은 영세중립국*이라는 방식으로 불리한 환경 요인을 극복하기 시작했다. 1648년 베스트팔렌 조약을 통해 신성로마제국으로부터 해방된 스위스는 나폴레옹 전쟁 이후 유럽이 재편되는 과정에서 독립을 확인받았다. 그리고 1815년 비엔나 회의를 통해 국제사회로부터 영세중립국임을 승인받음으로써 국가의 안위를 지킬 수 있게 되었다.

스위스는 제2차 세계대전 당시에도 영세중립국 지위를 유지하

---

*　다른 국가 간의 전쟁에 참여하지 않는 의무를 가진 국가를 뜻한다. 대신 다른 국가들도 영세중립국을 침공하지 않는다.

면서 전쟁의 포화를 피해갔다. 당시 네덜란드와 벨기에도 중립을 선언했지만 이들 국가는 결국 독일의 침공을 받고 국토가 점령당하는 수모를 겪었다. 조약에만 의지하는 중립국의 지위가 그만큼 취약하기 때문에 얼마든지 다른 나라의 침공 대상이 될 수 있었던 것이다. 그렇다면 독일과 이탈리아 사이에서 전략적 요충지가 될 수밖에 없었던 스위스는 어떻게 제2차 세계대전의 소용돌이를 피해갈 수 있었을까?

그 누구도 기축통화를 건드릴 수는 없었다

그 이유는 바로 당시 스위스의 화폐인 스위스프랑이 **기축통화** 역할을 했기 때문이다. 기축통화란 국제 간 거래에 사용되는 통화를 말한다. 수많은 국가들이 자체적으로 화폐를 발행해 사용하고 있지만 모든 화폐가 세계적으로 통용될 수 있는 것은 아니다.

국제화폐로 사용되려면 화폐 본연의 기능인 교환의 매개 수단, 가치의 저장 수단, 가치의 측정 단위 등의 역할을 국가 간 무역과 국제 금융시장에서도 수행할 수 있어야 한다.

> **기축통화**
> 국제시장에서 거래 또는 결제의 수단으로 사용되는 통화를 뜻한다. 특정 국가가 발행한 화폐가 기축통화로 사용되기 위해서는 그 국가가 다양한 재화나 서비스를 생산하고 통화가치가 안정적이어야 한다. 또한 고도로 발달한 외환시장과 금융·자본시장을 갖고 있어야 한다.

그런데 제2차 세계대전 당시에는 주요 국가 통화의 화폐 안정성이 위협받고 있어서 스위스프랑이 기축통화의 역할을 담당했던 것이다.

제2차 세계대전 당시 독일은 전쟁을 치르기 위해 철광석, 석탄, 석유, 고무 등의 자원이 절실히 필요했다. 독일 본토와 점령지에서 확보한 자원만으로는 방대한 군사력을 유지할 수 없었기 때문이다. 독일은 이러한 자원들을 전쟁과 관련 없는 지역인 제3국으로부터 조달받고자 했다. 그런데 큰 문제가 있었으니, 바로 결제 방법이었다.

대표적인 예로 당시 독일은 석유를 중동 지역에서 수입하고 있었다. 그런데 중동 국가들은 독일 화폐는 물론이고 당시 기축통화 역할을 하고 있던 미국이나 영국 화폐로 결제하기를 원하지 않았다. 전쟁의 당사자인 독일, 미국, 영국의 화폐는 전쟁의 결과에 따라 언제든지 휴지조각으로 변할 수 있었기 때문이다. 즉, 이들 국가가 발행한 화폐는 가치의 저장 수단이라는 기능이 위협받고 있었기 때문에 교환의 매개 역할을 수행할 수 없었던 것이다.

고민 끝에 독일이 생각해낸 해결책은 전쟁에 참여하지 않는 영세중립국인 스위스의 화폐로 결제하는 방법이었다. 독일은 스위스에 금괴를 팔고 스위스프랑을 얻어서 전쟁에 필요한 물품을 구매하는 결제 수단으로 사용했다. 따라서 독일 입장에선 스위스프랑의 화폐가치 안정성이 무엇보다 중요해졌다. 정확히 말하자면 독일은 스위스를 침공하지 않은 것이 아니라 침공할 수 없게 된 것이다. 결국 스위스가 제2차 세계대전에 휩쓸리지 않을 수 있었던 이유는 자국의 화폐가 전쟁 참여국들의 결제 수단으로 이용되면서 기축통화 역할을 수행했기 때문이다.

물론 스위스를 넘보지 못한 이유는 이 밖에도 몇 가지가 있다. 스위스는 만약 독일이 침공하면 스위스와 이탈리아를 잇는 알프스의 모든 통로를 파괴하겠다고 선언했다. 그 경우 독일과 이탈리아 간 물자와 병력의 수송이 더욱 어려워질 수 있디는 점을 이용한 것이다. 또한 스위스는 알프스의 험한 지형에서 장기간의 게릴라전을 각오해야 할 것이라고 위협하기도 했다.

하지만 무엇보다도 자국의 통화를 기축통화로 사용하도록 허락함으로써 국가 안위를 보장받은 스위스인의 경제관이 한몫한 건 분명한 사실이다.

기축통화의 지위가 흔들리고 있는 달러화

현재 미국 달러는 기축통화로서의 위상을 위협받고 있는 실정이다. 만성적인 경상수지 적자의 늪에서 아직 헤어나오지 못하고 있는 데다 달러화의 가치는 계속 하락하고 있기 때문이다. 최근 유로화 역시 사정이 다르지 않다. 유로존 회원국 간의 경제상황이 서로 달라서 기축통화의 가장 중요한 요건인 통화의 안정성이 위협받고 있다. 일본 엔화 또한 장기 침체와 낙후된 금융시장으로 인해서 기축통화로서 기능하기에는 한계가 있다고 평가받는다.

최근에는 중국이 자국 화폐인 위안화를 기축통화로 만들기 위해 부단히 노력하고 있으며, 기축통화를 둘러싼 세계 각국의 논쟁은 치열하게 전개되고 있다. 특히 이러한 모습은 최근 미중간의 무역 갈등이 심화되는 과정에서 중국이 전개하는 행보를 살펴보면 더욱 가속화되고 있는 추세다.

가장 주목할 것은 금융 관련 국제기구에서 중국의 위상을 나날이 높여가고 있다는 점이다. 중국은 2011년까지 30년 간 연평균 10퍼센트 이상의 고공성장을 하면서 전 세계에서 가장 많은 외환보유고를 축적한 국가가 되었다. 이로 인해 국제통화기금IMF 지분에서 미국, 일본의 뒤를 이어 독일, 영국, 프랑스 등 유럽 국가들보다 많은 3위의 지분을 확보하기에 이르렀다. IMF는 구성통화로 달러, 유로, 파운드, 엔화에 이어 위안화를 포함시켰다.

중국은 IMF와 같은 기존의 국제기구에서 자신들의 비중을 높이는 한편 자신들이 중심이 된 새로운 국제 금융시스템을 확보하기 위해 노력하고 있다. 기축통화가 필요한 대표적인 교역품은 원유이다. 원유를 사기 위해 세계 각국은 일정 수준 이상의 기축통화가 반드시 필요하다. 이러한 상황에서 2018년 상하이선물거래소는 위안화로 표시한 원유선물를 개시했다. 원유를 달러가 아닌 위안화로 거래할 수 있는 경로를 만든 것이다. 뿐만 아니라 중국은 러시아, 사우디 아라비아 등과 원유 결제를 위안화로 하는 협상을 지속하고 있으며, 상대국은 이를 무작정 거부하기 어려운 상황이다.

이러한 상황은 통계에서도 고스란히 확인된다. 국제 은행 간 통신협회^{SWIFT} 자료에 따르면, 2017년 기준으로 자국 내 거래를 포함한 국제 거래 시 금융결제 비중은 미국 달러화가 39.85퍼센트로 가장 높고, 유로화가 35.66퍼센트를 차지해 뒤를 이었다. 이어 영국 파운드화는 7.07퍼센트, 엔화는 2.96퍼센트, 중국 위안화는 1.61퍼센트에 불과하다. 하지만 국제 금융결제 청산시스템을 경유하지 않은 통화 거래를 보면, 위안화-달러 거래가 거래액 면에서는 97.06퍼센트, 거래량 면에서는 84.14퍼센트로 압도적이다. 이는 위안화가 아직까지 국제 금융시스템상에서 공식적인 거래 수단으로 활용되는 비중은 낮지만 국제화가 진전될 경우 그 파급효과가 극단적으로 커질 것이라고 짐작할 수 있다.

지금도 세계 주요국은 자국 통화를 기축통화로 만들기 위해 노력하고 있다. 제2차 세계대전 당시 스위스의 기축통화 역할을 돌이켜보면, 이와 같은 '화폐전쟁' 아닌 전쟁이 왜 벌어지는지 이해할 수 있을 것이다.

물리학자가 월스트리트로
몰려가게 된 사연

— 금융공학의 발달 —

오늘날 금융산업에서는 물리학이나 전기공학 못지않게 수학적 방법론이 널리 쓰인다. 예를 들어 통계학을 이용해 각종 경제·금융 데이터를 가공하고 이를 근거로 어디에 투자할지 결정하거나, 정교한 수학적 방법론을 이용해 새로운 금융상품을 만들기도 한다.

이러한 분야의 응용학문을 **금융공학**이라고 하며 금융공학 전문가를 퀀트^{quant}라고 부른다. 더 정확히 말하면 퀀트란 정량적 금융이라는 뜻의 신조어로, 수학적 공식을 활용하거나 물리학에서 차용한 모델을 활용해 증권의 가치를 평가하는 금융전문가들을 지칭하기도 한다.

> **금융공학**
> 1980년대 이후 빠르게 발전한 첨단 금융기법은 대부분 금융공학을 기반으로 하고 있다. 하지만 금융공학에 대한 맹신과 투기 현상은 2008년 글로벌 금융위기의 한 원인으로 지목되기도 한다.

억대 연봉을 자랑하는 퀀트는 어떻게 시작됐나

일반적으로 퀀트 중에는 물리학이나 수학, 컴퓨터공학 등을 전공한 사람들이 많다. 그러나 이들이 퀀트가 되면 수학을 대하는 태도가 이전과 조금 달라진다. 그들도 대학에서 수학, 물리학과 같은 기초학문 분야를 연구하던 시절이 있었을 것이다. 그때는 보다 엄정한 결과를 도출하기 위해 다소 시간이 걸리더라도 해당 문제에 대해 반복해서 고민하는 태도가 필요했다.

하지만 급변하는 금융시장에서는 그럴 시간 여유가 없다. 대학에서는 단 1퍼센트의 정확도를 높이기 위해서라도 충분한 시간을 투여하는 것이 가치 있는 일이지만 금융권에서는 적시성 없는 결과는 무의미하다. 다소 정확도가 떨어지더라도 제때 결과를 도출해야 한다. 그러니까 고도의 수리적 능력과 빠른 정보처리 능력을 겸비해야 퀀트가 될 수 있다는 말이다.

이처럼 고도의 능력을 겸비해야 하는 퀀트는 금융업계에서 가장 많은 연봉을 받는 직종 가운데 하나다. 그들의 연봉에 대한 정확한 통계는 없지만 일반적으로 대리급 퀀트의 경우 인센티브를 포함해 1억 원 수준의 연봉을 받고 그 위 직급은 2억 원 이상의 연봉을 받는다고 전해진다. 그 정도 직급이 대략 30대 초반의 나이임을 감안한다면 결코 적지 않은 연봉이라 할 수 있다.

하지만 오늘날 금융계에서 수학적 방법론이 각광받게 된 계기가 구조적 실업에 있다는 사실을 아는 이는 드물다. 구조적 실업은 산업구조가 변하면서 사양산업에 종사하던 이들이 일자리를 잃는 현상을 뜻한다. 음악시장을 예로 들어보면 소비 방식이 CD에서 MP3로 바뀌면서 LP나 CD를 제작하던 업체가 차츰 문을 닫고 관련 직종의 사람들이 일자리를 잃었다. LP와 CD를 만들고 판매하던 많은 사람들이 MP3 음원 관리업체에서 새로 일자리를 얻기란 쉽지 않았기 때문이다. 마찬가지로 오늘날 금융 분야에서 수학적 방법론의 도입은 수학이나 물리학을 전공한 사람들이 일자리를 찾지 못하면서 시작됐다.

일자리를 잃은 수학 전공자들

20세기 중반 미국 정부는 물리학자와 수학자들을 적극적으로 육성하고 이들에게 다양한 연구 과제를 맡겼다. 주로 군사적인 이유에서였다. 제2차 세계대전 동안 미국 정부에 고용된 물리학자와 수학자들은 군수물자 관리, 암호 해독, 레이더와 원자폭탄 개발 등 다양한 분야에 참여해 성과를 냈다. 미국 정부는 종전 이후에도 군사 및 우주 기술 개발을 위해 거액의 자금을 투입해 연구를 수행했다. 특히 소련이 먼저 인공위성을 발사하면서 '스푸트니크 쇼크Sputnik Shock'라 일컬어질 정도로 큰 충격을 받은 미국 정부는 예산 지원액을 늘렸다. 이 과정에서 대학과 연구소들은 물리학자와 수학자들을 위한 많은 일자리를 창출해냈다.

뉴욕 월스트리트에 있는 증권 거래소

하지만 1970년대에 접어들면서 호시절은 끝났다. 미국 정부는 1973년 군대를 철수할 때까지 10여 년 동안 계속된 북베트남과의 전쟁으로 재정적자에 시달렸다. 게다가 오일 쇼크 이후 미국 경제도 침체의 늪에 빠졌다. 소련과의 긴장 관계가 풀리고 냉전 분위기까지 완화되자 미국 정부는 대학과 연구소에 대한 지출을 줄이게 된다. 더 이상 물리학자와 수학자가 대규모로 필요하지 않게 된 것이다.

결국 1950~1960년대에 박사학위를 딴 많은 물리학자와 수학자들은 일자리를 찾아 여기저기 떠돌아다니는 처지로 내몰리게 됐다. 이들은 대학이든 연구소든 자리가 나는 곳이면 어디서든 단기간의 임시 직책이라도 맡아 일하기 시작했다. 그나마 일자리라도 얻으면 다행이었다. 학계에서 급료도 낮고 고용도 불안정한 자리조차 차지하지 못한 이들은 다른 분야로 눈길을 돌려야 했다. 그리고 이들을 받아준 곳이 바로 월스트리트 즉, 금융권이었다.

금융계의 난제를 해결한 사람들

1973년 오일 쇼크로 인해 석유 가격은 폭등하고 금리는 치솟았다. 인플레이션에 대한 두려움으로 금값이 삽시간에 온스당 800달러를 넘었다. 금융시장은 그 어느 때보다 앞날을 예측하기 어려운 상황이었다. 가장 안정적인 금융자산으로 간주되던 채권이 하루아침에 위험천만한 금융자산으로 전락할 정도였다. 그래서 금리와 주가 예측을 비롯해 위험 관리와 분산이 새롭게 떠오르는 화두가 됐다.

이처럼 금융계에 닥친 난제들을 해결해준 사람이 바로 물리학자와 수학자들이었다. 물리학은 시간에 따라 사물이 어떻게 변화하는지 살펴보는, 동학動學 내지는 역학에 대한 학문이다. 이러한 방법론은 그대로 금융시장에 적용돼 주가의 움직임이 어떻게 변화하는지 예측하는 데 쓰였다. 수학자들 역시 마찬가지다. 그들은 금융상품들이 얼마나 수익을 거둘 수 있을지, 또 그 과정에서 어느 정도의 위험성이 있는지 계산해냈다. 정교한 금융기법이 절실했던 금융회사들의 필요와 물리학자와 수학자들이 안정된 일자리를 찾아 떠돌아다니게 된 시대 상황이 맞물리면서 현재의 금융공학이 탄생하게 된 것이다.

현재 월스트리트에서 가장 높은 대우를 받는 퀀트들이 실업자신세를 면하기 위해 다른 분야까지 눈을 돌려야 했던 물리학자와 수학자들로부터 탄생했다는 사실은 참으로 아이러니가 아닐 수 없다.

구조적 실업, 어떻게 풀 것인가

구조적 실업 이외에도 실업의 원인에는 여러 가지가 있다. 실업은 크게 자발적 실업과 비자발적 실업으로 구분된다. 자발적 실업이란 현재 임금 수준에서 일할 수 있지만 더 나은 임금이나 근로 여건을 찾거나 적성에 더 잘 맞는 직장을 찾기 위해 다른 직장을 알아보는 과정에서 발생하는 실업이다. 이를 마찰적 실업 또는 탐색적 실업이라고도 한다.

이에 반해 비자발적 실업은 일할 의사가 있는데도 본인의 의사와는 달리 일자리를 얻지 못하는 상태를 말한다. 이러한 비자발적 실업은 그 원인에 따라 구조적 실업과 경기적 실업으로 다시 나뉜다. 경기적 실업은 경기가 좋고 나쁨에 따라 유발되는 실업을 의미한다. 앞에서 말한 마찰적 실업과 구조적 실업은 경제 전체의 미시적 원인에 의해 발생한다. 반면 경기적 실업은 경제 전체의 상황에서 발생하기 때문에 거시 경제적인 정책으로 풀어야 할 문제로 간주된다.

구조적 실업은 위에서 열거한 여러 실업의 형태 가운데 가장 장기적이며 만성적인 실업의 형태에 해당한다. 사회구조와 경제구조의 변화로부터 야기된 실업이기 때문이다. 우리는 구조적 실업을 막기 위해 사회의 변화를 중단하거나 성장과 발전을 거부할 수는 없다. 다만 1970년대와 1980년대 물리학자와 수학자들처럼 시도해볼 수는 있다. 즉, 자신들이 가진 지식이 새로운 분야에 활용될 수 있는지 그 방법을 모색해내는 적극적인 자세가 유효한 해답이 될 수 있을 것이다.

화폐의 등장은 인류에
어떤 영향을 끼쳤는가

— 화폐의 세 가지 기능 —

우리가 하는 모든 거래 행위에는 화폐가 사용된다. 물건을 구입할 때는 반드시 가격에 맞는 돈을 지급해야 하고, 반대로 물건을 판매할 때도 그에 상응하는 돈을 수령하게 된다. 재화와 서비스 거래뿐만 아니라 노동력이나 토지 등과 같은 생산요소를 거래할 때도 화폐를 주고받는다.

이처럼 오늘날 일상의 경제행위에 흔히 사용되는 화폐는 경제활동을 편리하게 하고 활성화시켜 인류 발전에 크게 기여했다. 이런 직접적인 영향뿐만 아니라 다양한 측면에서 화폐는 많은 영향을 끼쳤다. 그렇다면 화폐가 등장함으로써 무엇이 어떻게 달라졌을까? 이를 이해하기 위해서는 먼저 화폐가 경제활동에서 어떤 기능들을 담당하는지 알아야 한다.

화폐의 세 가지 기능

화폐는 크게 세 가지 기능을 담당한다. 첫 번째로 교환의 매개 수단이다. 화폐가 등장하기 이전인 원시 시대에는 어떻게 거래를 했을까? 원시사회에서 거래는 상품과 상품을 맞바꾸는 물물교환 형태로 이뤄졌다. 그런데 물물교환이 이루어지기 위해서는 서로 맞바꾸기를 원하는 물건이 일치해야 한다. 예를 들어 생선은 풍족한데 과일이 필요한 사람이 물물교환으로 과일을 구하려면 생선을 원하는 사람을 찾아야 한다. 생선이 상하기 전까지 과일과 생선을 교환하고자 하는 사람을 발견하지 못하면 생선이라는 재산적 가치를 잃어버린다. 원시인들은 조금만 시간이 지나면 재산적 가치를 상실하는 생선 같은 물건으로는 거래를 쉽게 성사시키기가 어려웠다. 그래서 물건을 얻어내기 위한 약탈과 전쟁도 서슴지 않았다.

두 번째로 화폐는 가치의 척도 역할을 한다. 이 역시 분쟁의 소지를 막는 중요한 요소이다. 앞의 예를 계속해서 살펴보자. 물물교환으로 거래가 이루어지던 시절, 서로 바꾸길 원하는 물건이 동일한 사람을 어렵사리 찾았다고 가정해보자. 그렇다고 쉽게 교환이 성사되지는 않는다. 상대방의 물건에 부여하는 가치가 서로 다르기 때문이다. 즉, 생선과 과일을 교환하고 싶어 하는 두 사람이 만났더라도 한 사람은 생선 한 마리와 과일 하나씩을 교환하길 원하지만, 다른 사람은 생선 한 마리에 과일 두 개를 교환하길 원할 수도 있다. 이 경우 두 사람이 상대방의 물건에 부여하는 가치가 다르기 때문에 결국 거래는 성사되지 못할 것이다. 또한 교환하고자 하는 물건 개수에 대해서는 합의를 하더라도 생선 상태나 과일 신선도에 따라 다른 가치가 부여될 수 있기 때문에 물물교환으로 거래가 성사되기는 정말 어려운 일이었다. 따라서 화폐로 객관적인 가치 측정이 이루어지지 않았던 그 시절에 약탈과 전쟁으로 서로가 원하는 것을 얻으려는 행태는 빈번히 일어날 수밖에 없었다.

세 번째, 화폐는 가치의 저장 수단으로 기능한다. 이를 위해 화폐는 초창기부터 내구성이 좋고 가치가 상실되지 않는 금이나 은, 청동과 같은 금속으로 제작되었다. 또한 화폐가 가치를 저장하는 유용한 수단으로 등장하면서 이는 신분제사회, 계급사회를 더욱 공고히 만들어주었다. 금속화폐의 등장 배경을 유추해보면 쉽게 이해되는 내용이다.

화폐가 등장하기 이전에는 지배계층이 피지배계층으로부터 과일이나 곡식, 생선 등과 같은 식품들로 세금을 거두었을 것이다. 그러나 식품은 어느 정도 시간이 지나면 경제적 가치가 전혀 없는 형태로 변질되었기에 지속적으로 부를 축적하고 이를 통해 자신의 지배력을 높이기는 어려웠다. 이런 사실을 깨달은 지배계층은 점차 경제적 가치가 쉽게 바뀌지 않는 동물의 가죽이나, 토기, 화살 등으로 세금을 징수하기 시작했다. 그러다 결국 내구성이 길고, 대체성이 있고, 쉽게 소지가 가능한 주화 등을 떠올리게 된 것이다.

실제로 중국 대륙을 최초로 통일한 진시황제 역시 청동주화를 도입하여 세금을 원활하게 징수할 수 있는 환경을 조성했다고 한다.

알렉산드로스 대왕이 새겨진 이집트 최초의 주조 화폐,
프톨레마이우스 1세 때 발행됐다.

동서고금을 막론하고 강력한 군주가 등장할 때마다 화폐를 주조하
여 세입의 원천으로 삼은 예는 아주 많다.

인류 역사를 지배계층과 피지배계층으로 구분하여 바라보길 좋
아했던 마르크스 역시 그의 저서 《자본론》에서 이렇게 말했다.

"화폐는 노동력을 상품화하며, 정당한 노동에서 생긴 잉여는
자본 축적을 향한 자본가 계급의 탐욕스러운 욕망을 위해 전유되고
물화된다."

이 말의 옳고 그름을 떠나 화폐가 가치를 저장하는 중요한 수
단임을 인식한 대목이라고 할 수 있다.

화폐가 공황의 원인이 되다

경제활동의 활성화를 위해 탄생한 화폐는 때로 경제활동을 불확실하게 만드는 경기변동, 심지어 공황을 일으키는 요인 중 하나가 되기도 했다. 사실 오늘날에는 실제로 화폐를 교환하지 않고 외상으로 거래하는 경우가 많다. 앞으로 언제 돈을 지불하겠다고 약속하는 어음이나 수표 등을 주고받으면서 거래가 이루어지는데, 이를 흔히 신용화폐라고 한다. 신용화폐가 일상에서 빈번히 사용되면서 **신용공황**을 불러오기도 한다.

예를 들어 살펴보자. 의류 수출업자가 의류 생산업자에게 의류를 제작해달라고 의뢰하면서 1억 원을 추후 지급하기로 약속하고 그 증서로써 어음을 주었다. 1억 원의 어음을 받은 의류 생산업자는 직물 생산업자에게 다시 그 1억 원의 어음을 주고 직물을 구입할 것이고, 직물 생산업자는 다시 방적업자에게 그 1억 원을 주

> **신용공황**
> 자본주의 사회에서 신용의 동요로 신용 체계가 붕괴되는 현상. 금융기관의 파산을 불러오는 금융공황의 요인이 된다.

었을 것이다. 그런데 만약 의류 수출업자가 도산해 약속했던 1억 원을 지불하지 못한다면 어떻게 될까? 의류 생산업자, 직물 생산업자, 방적업자 모두 현금을 못 받았다고 아우성을 칠 것이다.

뿐만 아니라 이 의류 관련 업체들이 함께 모여 있던 동네의 은행은 대출금을 회수하지 못할까 두려워 신규 대출을 꺼리게 된다. 어음이 부도나기 전에는 의류산업 단지 주변에서 공장 근로자들을

대상으로 장사를 하던 사람들도 공장이 원활하게 돌아가는 것을 보고 경기가 순조로울 것이라고 예측하여 식당을 늘리는 등의 신규 투자를 감행했을 것이다. 하지만 갑작스런 의류회사의 도산으로 예상만큼 장사가 되지 않아 빌린 돈을 갚지 못하는 상황에 처한다. 이들로 인해 은행은 더욱더 신규 대출을 줄인다. 바로 이러한 과정을 통해 경기변동이 발생하며, 심지어 공황도 일어나는 것이다. 결국 신용화폐의 등장은 경제활동을 활발히 하는 데 기여하기도 했지만 반대로 불안한 경제상황을 불러오는 원인이 되기도 했다.

화폐의 등장은 약탈과 전쟁이 줄어드는 요인이 되기도 했지만 화폐를 얻기 위해 벌어진 수많은 범죄 또한 양산해냈다. 화폐를 통해서 쉽게 가치를 저장할 수 있게 되었지만 이는 인류 역사에서 오랫동안 계급사회를 공고히 하는 데 기여하기도 했다.

또한 현대에 들어 신용화폐 형태로 변화되어 경제활동을 더욱 활성화하는 데 도움을 준 반면 경기변동과 신용공황을 발생시켜 많은 사람들을 실업자로 만드는 불행을 가져오기도 했다. 현대사회에서 없어서는 안 될 중요한 도구인 화폐는 인류 역사에 있어서 긍정적인 역할뿐 아니라 부정적인 역할도 해온 것이다.

세금을 활용해
지중해를 장악한 로마인들

— 조세피난처의 등장 —

작은 도시국가로 시작한 로마가 유럽 대륙을 장악할 수 있었던 요인에 대해서는 여러 설명이 존재한다. 점령지역의 사람들에게 로마사회에 참여할 수 있는 기회를 주었던 평등정책과 정치력에서 그 원인을 찾는 사람이 있는가 하면, 도로 등을 정비해 점령지의 모든 지역과 네트워크를 강화한 데서 원인을 찾는 사람들도 있다. 하지만 경제학자의 관점에서 꼽은 가장 큰 요인은 바로 시칠리아 지역을 조세피난처로 삼은 데 있다.

막대한 금액의 세금을 줄이는 방법

조세피난처는 세금이 전혀 없거나 아주 낮은 세율(통상적으로 발생 소득의 15퍼센트 이하)을 적용하는 지역이나 국가를 말한다. 오늘날에는 세제상의 혜택에만 국한되지 않고 외환 거래나 회사 설립 등의 절차 또한 함께 완화해 기업 활동의 각종 장애요인을 줄여준 지역이나 국가도 포함된다. 많은 기업들이 세금 절감과 자유로운 기업 활동을 위해 이러한 조세피난처를 활용한다. 경우에 따라서는 자금 세탁이나 본국의 세금 징수를 회피하기 위해 서류상으로만 존재하는 페이퍼 컴퍼니paper company 등을 설립하는 방법으로 조세피난처를 이용하기도 한다.

세금 좀 적게 내려고 페이퍼 컴퍼니를 설립하는 번거로움을 감수할 필요가 있을까 생각하는 사람도 있을 것이다. 하지만 여기 세금 감면 효과가 개인에게 얼마나 커다란 혜택이 될 수 있는지 알려주는 재밌는 사례가 있다.

세계적인 록 밴드 롤링스톤스의 멤버 중 론 우드를 제외한 나머지 세 명은 지난 20여 년의 활동기간 동안 음반과 공연 등을 통해 4억 5,000만 달러(약 5,200억 원)를 벌어들였다. 그런데 이처럼 어마어마한 수익을 얻고도 이들이 낸 세금은 고작 720만 달러(약 84억 원)에 불과했다. 세율로 따지면 채 2퍼센트도 안 되는 수준이다. 개인 소득세의 경우 누진세율이 적용되어 소득이 높아질수록 높은 세율이 적용된다는 사실을 고려할 때 경이로울 정도로 낮은 세율이라고 할 수 있다.

이들이 이렇게 낮은 세율을 적용받을 수 있었던 이유는 바로 조세피난처 덕분이다. 롤링스톤스의 멤버들은 '세금 천국'인 네덜란드에 설립한 재단을 통해 수입을 관리했던 것이다. 만약 이들이 영국에 제대로 세금을 납부했다면 수입의 약 40퍼센트인 1억 8,000만 달러(약 2,100억 원)를 세금으로 냈어야 했다. 이들은 조세피난처를 통해 세금을 무려 2,000억 원 가까이 줄인 것이다.

낮은 세율로 민심을 돌려세우다

기원전 2세기 무렵 로마는 이탈리아 반도를 통일하고 지중해 지역으로의 진출을 꾀한다. 이를 위해서는 이탈리아 반도와 아프리카 사이에 위치해 해상 교역의 교두보 역할을 하고 있던 시칠리아 섬을 장악해야 했다. 하지만 당시 이 지역은 지중해 지역의 패권을 장악하고 있던 카르타고를 비롯해 메시나, 시라쿠사 등 세 개의 국가가 나누어 지배하고 있었다. 그런데 마침 기원전 265년, 시라쿠사가 메시나를 침략하자 메시나의 왕은 로마에 도움을 요청한다. 로마는 만약 요청을 거절해 카르타고가 시칠리아 섬 전체를 장악하게 된다면 지중해 해상 무역의 패권이 완전히 카르타고로 넘어간다고 판단해 메시나로 지원군을 파견한다. 이것이 제1차 포에니 전쟁이다. 이 전쟁은 결국 로마의 승리로 귀결되었고, 로마는 시칠리아 섬의 서쪽 일부 지역을 제외한 대부분의 지역을 차지하기에 이른다.

로마는 보통 전쟁을 통해 새로 확보한 도시국가에 자치권을 부여해 로마연합의 일원으로 편입시키는 방식을 채택해왔다. 그러나 지중해 해상 패권의 절대적인 위치에 놓인 시칠리아 섬 지역은 강력

시칠리아 섬

시칠리아 섬은 이탈리아 반도 맨 끝에 위치해 있으며 지중해 최대의 섬이다.

한 권한을 행사하기 위해 로마의 속주로 편입시킨다. 로마인들은 이 과정에서 발생할 수 있는 마찰을 우려했다. 원래 이 지역에서 활동하고 있던 시라쿠사와 메시나 두 나라가 자신들보다는 옛 그리스에 가까운 독립국가였기 때문이다. 또한 아직도 시칠리아 섬의 서쪽 지역에는 카르타고라는 무시할 수 없는 국가가 버티고 있었다. 따라서 로마인들은 이 지역의 민심이 카르타고로 돌아설 것을 우려했다.

로마는 이러한 우려를 불식시키기 위해 시칠리아 지역을 조세 피난 지역으로 삼는다. 당시 카르타고 본국은 25~50퍼센트에 가까운 높은 세율을 부과하고 있었다. 그러나 로마는 시칠리아 섬 지역에 대해서 10퍼센트의 세금만을 부과하기로 결정한다. 이러한 정책은 기존에 시칠리아 섬에서 활동하고 있는 사람들이 카르타고가 아니라 로마의 점령지를 더욱 선호하게 만든 주요 요인이 됐다. 그 후 카르타고의 영토였던 시칠리아 섬의 서쪽 지역마저 로마로 편입되면서 로마는 지중해 해상권을 장악하기에 이른다.

합법적 절세인가, 불법적 탈세인가

오늘날 조세피난처의 형태는 그 지역의 특수성과 필요에 따라 더욱 다양한 모습으로 분화되고 있는데 다음과 같이 크게 세 가지 형태로 분류할 수 있다.

1. 택스 파라다이스tax paradise

조세를 거의 부과하지 않는 나라나 지역을 뜻하는데 주로 바하마, 버뮤다, 케이맨제도가 여기에 해당한다.

2. 택스 쉘터tax shelter

외국에서 들여온 소득에 대해서만 과세하지 않거나 극히 낮은 세율을 부과하는 형태로 홍콩, 라이베리아, 파나마 등의 지역이 여기에 해당한다.

3. 택스 리조트 tax resort

특정 사업 활동이나 기업에 국한해 세금 혜택을 부여하는 형태로 룩셈부르크, 네덜란드, 스위스 등이 이러한 방식을 활용하고 있다.

대표적인 조세피난처인 케이맨제도는 원래 해양스포츠의 천국이자 세계적인 휴양지로 알려진 작은 섬들이 모여 있는 지역이다. 이런 곳에 우리나라를 비롯해 세계 각국의 은행과 보험회사, 자산운용사 등 8만여 개의 현지법인이 설립돼 운영되고 있다.

말레이시아의 라부안이라는 섬은 제주도의 20분의 1도 안 되는 작은 섬이다. 하지만 한국의 많은 기업들이 이 섬을 조세피난처로 활용하고 있어서 국내에도 널리 알려져 있다. 관세청은 800여 개의 국내 기업이 1,000여 개의 현지법인 또는 지사를 라부안 섬에 설립해 운영 중이라고 발표한 바 있다.

현재 전 세계 조세피난처에 대한 정확한 통계와 파악은 이루어지지 않고 있다. 조세피난처에 대한 대응이 개별 국가 차원에서 전개되고 있기 때문이다. 하지만 맥킨지의 조사 결과에 따르면 지난 1970년부터 2010년까지 40여 년 동안 조세피난처로 흘러들어간 자금 규모는 21조 달러(약 2경 4,000조 원)에 달한다. 이는 현재 미국(19조 달러)과 일본(4조 8,720억 달러)의 국내총생산 GDP을 합한 금액과 맞먹는 금액이다. 맥킨지의 보고서에 따르면 우리나라도 조세피난처로 빠져나간 금액이 이 기간 동안 무려 7,790억 달러에 이른다. 이 외에도 국제협력개발기구 OECD 국가가 조세피난처에 예치한 자금은 7조 달러가 넘을 것이라고 추산한 바 있다.

그동안 이처럼 막대한 자금이 세금을 피하려고 조세피난처로 흘러들어갔지만 각 국가들은 이에 대해 적극적으로 대응하지 않았다. 하지만 글로벌 금융위기 이후 재정적자를 줄이고 추가 세원을 확보하기 위해 많은 국가가 조세피난처로 흘러들어가는 자금을 막으려 하고 있다.

특히 최근에는 여러 다국적 IT 기업들이 세금 절감을 위해 조세피난처 내지 법인세율이 낮은 국가들을 적극 활용하는 추세가 늘고 있다. IT 플랫폼 기업들은 수익이 특허와 같은 지식재산권에 기반한 경우가 대부분이다. 일정 기간 동안 자신들이 벌어들인 수익 중 무형자산 관련 수익은 법인세율이 낮은 국가에 자회사를 차린 후 해당 회사의 매출로 분류해 세금을 절감하는 것이다. 일례로 구글의 경우, 지난 2017년 유럽에서 벌어들인 소득 중 일부인 227억 달러(약 25조 5,000억 원)의 수익을 네덜란드에 설립한 자회사를 통해 법인세가 없는 '버뮤다' 지역으로 이전했다.

국제사회 역시 이러한 추세에 주목하여 대안을 모색하고 있다. 그 대안 중 대표적인 것이 OECD에서 신설하려고 하는 디지털세이다. 디지털세는 다국적 IT 기업이 전 세계에서 벌어들이는 전체 소득을 집계한 후 이를 실질적으로 각 국가에서 얼마나 매출을 올렸는지를 파악한 뒤 이에 따라 각 국가별 과세표준에 다시 포함시키는 방식이다. 이전까지 기업이 내놓는 수익·비용 자료를 바탕으로 개별 국가가 과세표준을 집계하다보니 기업이 일부 소득을 조세피난처나 저세율 국가로 이전, 절세하는 편법이 가능했다는 점을 보완한 것이다.

　우리나라 또한 관세청, 금융감독원, 금융정보분석원 등이 합심해 '역외금융협의체'를 설립하고 조세피난처를 이용한 탈세를 차단하기 위해 적극 노력하고 있다.

　많은 경제주체들이 조세피난처가 사회적 문제를 일으킨다는 사실을 알고 있다. 또한 자신의 거점 지역과 상당한 거리에 현지법인을 설립해야 하는 어려움도 따른다. 그럼에도 조세피난처를 이용하는 이유는 단 하나, 바로 세금 때문이다. 조세피난처를 지칭할 때 '쉘터'나 '파라다이스'라고 표현한다는 사실만 보더라도 경제주체들이 얼마나 세금을 피하고자 하는지 알 수 있다.

　놀라운 것은 로마인들이 이미 기원전 2세기에 이러한 경제원리를 간파해 세금을 부과하지 않거나 세율을 낮춤으로써 많은 경제주체들을 유인했다는 점이다. 로마인들은 이를 활용해 지중해 해상의 패권을 장악하고 유럽을 지배하는 교두보로 삼았다.

선물거래의 시작은
안정적인 쌀 공급 때문이었다

— 선물거래와 선도거래 —

금융시장이 발달한 나라를 꼽으라면 미국이나 영국 등 선진국을 떠올리는 사람들이 많다. 그런데 우리나라도 의외로 강한 금융 분야가 있다. 바로 파생상품 시장이다. 2000~2011년까지 국제파생상품협회FIA에서 거래량을 기준으로 집계한 바에 따르면 국내 파생상품 시장은 상당기간 1위를 차지했다. 같은 기간 동안 국내 주식시장 규모가 세계 10위권 수준이었다는 사실을 비교해 보면 쉽게 이해될 것이다.*

파생상품이란 해당 상품의 가치가 다른 무언가의 가치에 근거하여 결정되는 상품을 말한다. 예를 들어 채권이나 외환의 가치가

---

* 물론 최근에는 국내 파생상품 시장 역시 여러 규제로 인해 다소 순위가 떨어졌지만, 여전히 10위권 내에 포함되어 있는 수준이다.

선물거래와 선도거래
규격이 표준화된 상품이나 금
융자산을 미래의 특정 시점
(만기일)에 약속된 가격으로
인수 또는 인도할 것을 약정
하는 거래를 말한다. 거래 당
사자 간에 자유롭게 거래를
체결하는 선도거래와 달리 선
물거래는 거래 방식이 규격화
되어 있다는 특징을 지닌다.

달라지면 그에 파생하여 함께 가치가 변하는 금융상품을 파생상품이라고 한다. 파생상품은 미래에 있을 가격 변화로 인한 손실을 막기 위해 도입되었다. 대표적인 파생상품인 **선물거래**future trading와 **선도거래**forward contract는 미래나 앞날 등을 의미하는 단어를 사용해 가각 '미래에 대한 계약'이라는 내용을 담고 있다.

안전한 거래를 위해 파생상품이 탄생하다

한 상인이 현재 10만 원 하는 쌀 한 가마가, 6개월 뒤에 15만 원으로 인상될 것이라 예상한다고 하자. 이 상인은 6개월 뒤에 쌀 한 가마를 11만 원에 구입하는 내용의 계약을 누군가와 체결한다. 6개월 뒤에 상인의 예상대로 쌀 가격이 15만 원으로 오른다면 그는 자신이 구매한 선물상품으로 인해 시세보다 4만 원 싼 가격(11만 원)에 쌀을 구입하게 되는 셈이다. 많은 사람들이 선물거래나 선도거래와 같은 '미래에 대한 계약'에 관심을 갖는 이유가 여기에 있다.

미래 상황에 대한 계약은 상품 가격이 떨어져 발생할 수 있는 손해를 막는 데도 유용하다. 예를 들어 쌀 가격의 하락이 예상될 때 쌀 한 가마를 6개월 뒤 8만 원에 판매하는 선물계약을 체결했다고 하자.

• 선물계약에 의한 이득 예시

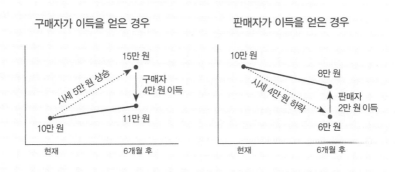

만약 6개월 뒤에 가격이 6만 원으로 하락한다면 상인은 시세보다 2만 원 비싼 가격(8만 원)에 쌀을 판매할 수 있어 가격 하락으로 인한 손실을 줄일 수 있다.

실제로 파생상품은 농산물 가격의 변동으로 인한 손실 위험을 줄이기 위해 등장했다. 19세기 미국 시카고는 중서부 지역에서 생산한 옥수수, 콩, 밀 등이 모여 거래되는 농산물 교역의 중심지였다. 수확기가 되면 한꺼번에 많은 곡물들이 이 지역으로 몰려들었는데 시카고에는 이를 충분히 수용할 만한 창고가 없었다. 겨울철에는 운하가 얼어 아예 운송조차 못하는 경우도 많았다. 문제는 운송되지 못한 곡물들은 헐값에 거래되지만 운송만 되면 매우 비싼 가격에 거래된다는 점이었다. 이런 폐해를 막기 위해 1948년 설립된 기관이 바로 시카고 상품거래소Chicago Board of Trade, CBOT이다. 미국에서 가장 오래된, 세계 제일 규모의 선물거래소는 이렇듯 곡물을 안정적으로 거래하려는 취지에서 탄생했다.

선물거래와 선도거래의 차이

가장 보편적인 파생상품으로 선도거래와 선물거래가 있다. 이 두 거래의 본질은 사실 동일하다. 앞서 설명한 쌀 거래와 마찬가지로 미래에 있을 화폐 내지 재화의 거래를 현 시점에서 계약하는 것이다. 하지만 이 둘은 계약 방식에서 큰 차이가 있다.

먼저 선도거래는 거래의 내용과 방식을 거래 당사자끼리 만나 일대일로 직접 결정한다. 일견 당사자끼리 자유롭게 자신들의 욕구를 충족시켜줄 수 있는 방식으로 거래를 하기 때문에 거래가 더 원활히 진행될 것 같지만 실상은 그렇지 않다. 상대방이 거래를 제대로 이행하리라는 보장이 없기 때문이다. 지금 당장 실행해야 하는 거래를 체결할 때도 상대방이 거래 내용을 성실히 이행하리라는 보장은 없다. 하물며 미래 시점에 이행해야 할 계약을 체결할 때 거래 당사자들이 느끼는 위험은 더욱 클 것이다. 계약 내용을 이행해야 할 미래 시점이 도래했을 때 손실을 입을 것이 확실한 당사자가 거래를 이행하지 않을 가능성이 적지 않은 것이다. 선도거래는 거래 당사자가 이러한 위험을 직접 대비해야 하는 불편함이 있다.

선물거래는 이러한 불편함을 해소하기 위해 등장했다. 선물거래는 공인된 시장에서 거래의 세부사항을 표준화하고 이행 과정 중에 발생할 수 있는 위험 요인에 대한 다양한 보완책을 제공한다. 표준화된 거래이기에 누구나 해당 거래의 내용과 성격을 사전에 명확히 이해할 수 있고, 또 쉽게 거래에 참여할 수 있다. 이와 같은 특성 때문에 선물거래는 불특정 다수가 참여하는 거래로 발전할 수 있었고, 선도거래와 달리 거래의 횟수와 규모가 비약적으로 증가하여 오늘날 대표적인 금융방식으로 자리매김하게 되었다.

<u>선물거래는 일본 에도 시대에 최조로 시작됐다</u>

시카고 상품거래소는 미국 최초의 선물거래소인데 그렇다면 세계 최초는 어디일까? 바로 일본이다. 17세기 일본 에도 시대에 이미 선물거래 방식이 도입된 바 있다.

도쿠가와 이에야스德川家康는 일본을 통일하고 지금의 도쿄인 에도를 거점으로 삼았다. 그는 지방 영주인 다이묘大名를 어떻게 통제할 것인가 하는 고민을 갖고 있었다. 이들이 독립해 군벌이 되면 또다시 전국 시대 시기처럼 혼란이 발생할 것이기 때문이다. 그래서 도쿠가와는 일본을 통일한 이후 각 지역 다이묘들에게 충성 서약을 받아낸다. 하지만 서약만으로는 다이묘들을 믿을 수 없었다. 고민 끝에 그는 다이묘들을 견제하기 위한 또 다른 방법으로 그들의 경제권을 박탈하기로 한다.

당시 쌀은 일종의 화폐처럼 쓰였고 다이묘가 가진 힘은 대개 영지에서 쌀이 몇 만 석 생산되느냐로 측정되었다. 도쿠가와는 바로 이 점에 주목했다. 그는 전국에서 세금으로 거둬들인 쌀을 도쿄와 오사카로 일단 모았다가 다시 분배하는 방식을 도입했다. 그 과정에서 통제력을 갖고자 했던 것이다.

그렇게 각 지방의 다이묘들에게 세금으로 거둔 쌀은 오사카의 나카노시마에 있는 창고로 모여들기 시작했다. 전국 각지에서 동시에 쌀이 모여들다 보니 상인들은 다양한 관리 방식을 모색할 수밖에 없었는데, 선물거래도 이 과정에서 채택됐다.

당시 일본은 격년 주기로 흉년이 들었다. 쌀 공급이 일정하지 않다 보니 상인들이 많은 혼란을 겪었고, 결국 오사카 상인들은 미리 돈을 주고 필요한 쌀의 수요를 맞추기 시작했다. 쌀이 갑자기 필요할 때를 대비해서 미리 10석 단위로 현금과 같은 선납 수표를 발행하는 방식이 도입된 것이다. 상인이 선납 수표를 제시하면 그 액수에 해당하는 만큼의 쌀을 언제, 어느 때라도 내주는 방식이었다. 즉, 선물거래를 시작한 것이다.

쌀을 파는 입장에서는 일정한 값을 받고 미리 쌀을 팔 수 있어 만족스러웠고, 상인들 역시 언제든지 자신들이 원하는 만큼의 쌀을 가져갈 수 있기 때문에 이러한 방식의 거래를 선호했다.

이 방식이 널리 통용될 수 있었던 또 다른 이유는 쌀 운송 과정에서 발생하는 여러 비용들 때문이었다. 각 지역의 다이묘들은 자신들이 낸 세금인 쌀을 오사카로 올려 보내는 과정에서 발생하는 운반과 보관 등의 비용을 지불한다. 그래서 오사카로 보낸 쌀이 헐값에 팔리면 큰 낭패를 보기 십상이었다. 하지만 선납 수표를 통한 선물거래 방식이 도입되면서 다이묘들은 이러한 불안감에서 벗어날 수 있었다. 선납 수표를 이용하면 쌀값의 오르내림에 상관없이 항상 정해진 금액을 받을 수 있기 때문이었다. 특히 지방의 다이묘들이 일본의 중앙 정부로부터 재산 몰수 등의 명을 받거나 파산하더라도 선납 수표는 재산회수 품목에서 제외되었기에 그들의 선물거래 참여도는 더욱 높아질 수 있었다.

선납 수표가 활발히 거래되면서 쌀의 유통성도 높아졌을 뿐만 아니라 수표 자체가 화폐로서의 기능도 갖게 되었다. 그래서 선납 수표는 유용한 자산 보유 형태로 받아들여졌고, 나중에는 쌀을 취급하지 않는 상인들까지도 선납 수표를 빈번히 사고팔게 되었다. 결국 오사카에는 선납 수표만을 전문적으로 거래하는 환전 상인까지 등장하기에 이른다. 이렇게 해서 에도막부 시대에 아시아 최초의 선물 거래소가 탄생하게 된 것이다.

엄정한 회계로
무역을 장악한 개성상인

— 복식부기의 원리 —

우리는 특정 기업이 어떤 상황인지 파악해야 할 때가 종종 있다. 예를 들어 투자자들은 여러 회사들 가운데 어디가 더 나은지 비교한 후에야 투자 대상을 결정할 수 있다. 경영자는 회사의 올해 경영성과가 전년도와 비교해 어떠한지 판단한 후 이를 바탕으로 회사 운영 계획을 수립할 수 있다. 정부 역시 각 경제주체들에 세금을 부과할 때 일정한 기준이 필요하다. 그래야 적정한 세금을 부과할 수 있고 납세자들도 자신이 낼 세금에 수긍할 수 있기 때문이다.

이처럼 각 경제주체들이 저마다의 이유로 특정 기업의 경영활동을 파악해야 할 때가 있다. 이때 기초자료가 되는 것이 바로 회계 정보이다.

지구 최대의 언어, 회계

회계의 역사는 경제활동의 역사와 그 맥을 같이 한다. 회계는 경영활동과 관련된 정보를 일정한 기호와 방식으로 표현한 것이기에 인류사에서 경제활동이 나타난 후로 꾸준히 발달해왔다. 고대 그리스에서는 국가에서 상거래활동 현황을 파악하기 위해 기록을 했다고 전해진다. 로마 시대에는 주인을 대신해 재산을 관리해주는 노예가 있었는데, 주인은 이들 노예에게 재산관리를 위임하고 필요할 때만 보고를 받았다는 기록도 있다. 노예는 주인의 재산을 정리하고 이를 보고하기 위해 회계정보를 가공해야 했을 것이다. 이러한 역사적 자료들은 로마 시대에서도 원시적이나마 회계정보가 이용되고 있었음을 보여준다.

회계란 쉽게 말해 '기업의 가계부'라고 할 수 있다. 우리가 지출한 생활비와 남은 잔액을 확인하고 예산을 세우기 위해 가계부를 쓰듯이 기업도 경영활동을 통해 이루어진 여러 거래를 화폐 단위로 측정해 정리한다. 그리고 이러한 회계정보는 기업과 관계된 많은 이들에게 제공하려는 목적으로 활용된다. 집안 살림이야 가족들의 관심사일 뿐이지만 기업의 경영활동은 주주, 경영자, 채권자, 은행, 소비자, 정부 등 여러 경제주체가 직·간접적으로 연관되기 때문에 수많은 사람들이 관심을 갖는다.

회계정보의 대부분은 **재무제표**에 투영된다. 재무제표란 기업이 돈을 쓰고 버는 과정에서 발생한 여러 회계정보들을 구체적으로 기록한 결과물이라고 할 수 있다. 회계가 회사의 경영성과에 성적을 매기는 방법이라면, 재무제표는 회사의 성적이 표기된 성적표인 셈이다. 따라서 오늘날 기업 내부 관계자는 물론이고 기업 외부 관계자들도 특정 기업의 경영 성과나 상태를 파악하기 위해 가장 먼저 재무제표를 확인한다.

조선 시대의 재무제표, 사개치부법

일찍이 조선 시대를 대표하는 상인이었던 개성상인들 역시 자신들의 경영 성과를 파악하기 위해 재무제표의 필요성을 인식하고 있었다. 개성상인은 전국을 연결하는 송방松房이라는 유통 시스템을 갖추고, 조선 팔도의 상권은 물론 중국과 일본 무역까지 장악했다. 통신과 교통수단이 발달하지 못한 당시에 한반도를 넘어 중국과 일본을 무대로 활동할 수 있었던 비결은 무엇이었을까? 그중 하나는 다름 아닌 자신들의 경영 실태를 확인하기 위해 고안해낸 일종의 재무제표, 즉 사개치부법四介治簿法이 있었기 때문이다.

개성상인들의 활발한 활동은 사업 품목과 사업 지역의 확대로 이어졌다. 거래규모와 유통구조도 자연스레 커졌고 이를 효과적으로 처리하는 일은 더욱 어려워졌다. 그래서 거래내역을 제대로 파악하기 위해 정확하고 효율적으로 장부를 기록할 필요성을 느끼기 시작했다. 그 결과 개성상인들은 오늘날과 비교해도 손색이 없을 정도로 엄정한 회계처리 방식인 사개치부법, 일명 개성부기를 만들어 사용하게 된다.

사개치부법은 그 뜻 그대로 자본이나 상품이 들어오고 나가는 거래내역을 네 가지로 나누어 장부에 기록하는 방법을 말한다. 이 회계처리 방식에 따르면 모든 상품 거래와 자본의 흐름은 채권, 채무, 매입, 매각으로 구분되어 장부에 기록된다. 사개치부법에 따라 기록한 장부는 크게 일기와 장책^{帳冊} 그리고 기타 보조문서로 구성된다. 일기는 상품과 자본의 입출 내역을 육하원칙에 따라 기록한 것이고, 장책은 거래처나 손님과의 거래내역을 적어놓은 것이다.

사개치부법를 통해 개성상인이 확인하고자 했던 사항들은 오늘날 재무제표에서 현금흐름표를 통해 우리가 확인하고자 하는 내용과 매우 유사하다.

재무제표는 재무상태표, 손익계산서, 자본변동표, 현금흐름표 등으로 구성된다. 먼저 재무상태표란 일정 시점에서 기업의 재무상태가 어떠한지를 나타내는 표이다. 여기에는 영업활동을 위해 보유하고 있는 자산이 자신의 돈인지, 아니면 남의 돈을 빌린 것인지를 자본과 부채로 구분해서 표시한다.

손익계산서란 경영활동의 여러 결과들을 기록한 것이다. 기업은 자산을 가지고 영업활동을 하는 과정에서 여러 비용을 투여해 제품을 생산하고 판매를 통해 수익을 거두게 된다. 그리고 이러한 활

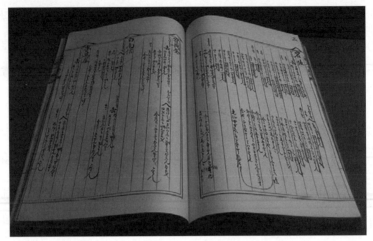
사개치부법에 따라 기록된 문서

동들을 손익계산서에 기록한다.

자본변동표는 주주들의 최대 관심사인 자본의 크기와 그 변동에 관한 정보를 제공한다. 회사에 자금을 투자한 투자자들은 자신이 투자한 금액의 변동내역을 알고 싶어 한다. 또한 회사가 경영활동을 통해 이익을 창출했을 때 그 이익금을 어떻게 사용하는지에 대해서도 여기에 나타낸다.

마지막으로 현금흐름표란 일정 기간 동안 기업의 경영활동으로 발생한 현금흐름의 상황을 보여준다. 여기서 현금이란 실제 기업이 보유하고 있는 화폐뿐만 아니라 기업이 필요로 할 때 쉽게 현금화가 가능한 예금 및 만기 3개월 이내의 채권 등도 포함된다.

가끔 신문 지면에서 '흑자도산기업'이라는 표현을 볼 수 있다. 왜 흑자를 내는 기업이 망하는 걸까? 그 이유는 현금흐름을 적절히 관리하지 못했기 때문이다. 제품이 지속적으로 판매되고 있지만 거래가 대부분 외상으로 이뤄질 경우 분명 흑자 기업임에도 부도가 날 수 있다. 외상 금액을 제때 회수하지 못해 원료비나 은행 이자를 지불하지 못할 수도 있기 때문이다. 또한 뛰어난 기술력을 가진 회사라 할지라도 현금이 부족해 이를 제품화하지 못한다면 결국 이익을 창출하지 못할 수도 있다. 따라서 회사를 경영하는 사람들은 무엇보다 현금흐름을 명확히 파악하고 있어야 한다. 이러한 이유로 투자자들은 항상 기업이 보유하고 있는 현금이 얼마인지, 경영활동으로 전개된 현금흐름은 어떠한지 알고 싶어 한다. 이것이 바로 현금흐름표의 존재 이유다.

개성상인들 역시 현금흐름을 잘 관리하는 것이 사업을 지속하는 데 중요한 요인임을 알고 있었다. 그래서 그들은 현금흐름을 명확히 파악할 수 있는 체계적인 장부인 사개치부법을 만들어 활용했다.

복식부기의 원리를 차용한 개성상인들

우리가 사개치부법을 주목하는 이유는 그것이 단순히 현금흐름의 중요성을 반영하고 있기 때문만은 아니다. 그보다는 사개치부법이 현대적 회계 처리 방식인 복식부기의 원리를 차용했다는 데서 더 큰 의미를 찾을 수 있다.

복식부기는 일정한 기준에 따라 자금의 변동 내역을 구분하여

단식부기

용돈	100,000원
책 구입	14,000원
점심 값	10,000원
커피 값	6,000원
학자금 대출이자	80,000원

복식부기

용돈	100,000원	아르바이트	100,000원
책 구입	14,000원	현금	14,000원
점심 값	10,000원	현금	10,000원
커피 값	6,000원	현금	6,000원
학자금 대출이자	80,000원	현금	80,000원

기록하는 장부 작성법을 말한다. 단식부기와 비교해 설명하면, 단식부기는 단순히 거래가 발생한 순서에 따라서 일렬로 거래 내역을 기록하는 방법이다. 만약 매일매일 지출한 용돈 내역을 다이어리에 기록해본 경험이 있다면 그것이 바로 단식부기라고 이해해도 큰 무리가 없을 것이다. 다시 말해, 용돈을 어떤 용도로 지출했는지 별도의 원칙에 의해 구분하지 않고 먼저 지출된 금액을 먼저 기록하는 장부 작성법이 단식부기이다.

이에 반해 복식부기는 장부를 반으로 나눠 자금 변동의 특성에 따라 양쪽에 구분하여 기록한다. 반으로 나눠진 장부에서 왼쪽은 차변, 오른쪽은 대변이라고 하는데, 차변에는 자금의 사용내역을 기록하고 대변에는 자금의 조달 방법과 수입을 기록한다. 예를 들어 용돈을 어머니가 주셨는지, 아니면 아르바이트로 벌었는지 등의 용돈 조달 방법은 대변에 기록하고, 조달된 용돈을 어떻게 사용했는지는 차변에 기록한다고 이해하면 쉽다.

특정 거래의 결과를 양쪽에 동시에 기입하기 때문에 기록된 차변금액의 합계와 대변금액의 합계는 반드시 일치해야 하는데 이를 대차평균의 원리라고 한다. 복식부기의 가장 큰 장점은 바로 대차평균의 원리로 장부상의 누락이나 오류를 정확히 검증할 수 있다는 것이다. 수많은 거래를 수행하는 대기업이 장부상의 오류를 바로 찾아낼 수 있는 원리가 바로 여기에 있다.

개성상인들은 이러한 복식부기의 간편함을 깨닫고 자신들만의 회계장부인 사개치부법에 이를 활용해왔다. 이는 복식부기의 원리를 처음 생각해낸 이탈리아 베네치아 상인보다 200년이나 앞선 것이었다. 고려 시대부터 일제 강점기에 서양의 회계처리 방식이 전래되기 직전인 1910년 정도까지 근 1,000년간 사개치부법은 우리 민족의 상업활동을 기록하는 데 사용되었다. 이는 오늘날 재무회계 처리방법과 유사한 부분이 많다는 측면에서 우리 민족의 회계 역사나 기술이 서양의 그것에 비해 결코 짧지 않음을 알 수 있다.

주식은 위험 추구가 아닌
위험 분산을 위해 탄생했다

— 증권의 등장 —

주식에 관심이 많거나 실제로 투자하고 있는 사람을 보면 왠지 모르게 모험을 두려워하지 않고 높은 수익을 추구하는 사람처럼 느껴진다. 실제로 주식은 투자한 원금 자체를 잃어버릴 수도 있지만 만약 이익을 얻게 되면 통상적인 수준 이상의 높은 수익을 기대할 수 있는 투자 방식이다. 하지만 원래 주식은 지금처럼 투기나 투자의 수단으로서 발전해왔던 것이 아니라 위험을 회피하기 위한 수단으로 고안되었다.

함께 먹고 자며 신뢰를 쌓는 전략

오늘날에도 국제 거래에는 큰 위험이 따른다. 늘 알고 지냈던 사람보다 생전 처음 보는 사람과 거래를 하는 것이 더 위험하듯이 언어도, 거래 방식도 사뭇 다른 외국인과 거래하는 것은 분명 위험한 일이다. 해당 외국인이 누구인지, 그가 어떠한 방식으로 거래해 왔는지, 믿을 수 있는 사람인지, 상대방이 가져온다는 거래 물건은 제때 적합한 형태로 전달될 수 있는지 여부 등이 모두 불투명하기 때문이다.

국제 거래에 참여한 초창기 상인들은 이와 같은 위험을 회피하기 위해 거래 상대방과 신뢰를 형성할 수 있는 시간이 필요했다. 그래서 상대방을 탐색할 시간을 갖고자 숙식을 함께하며 그동안 거래에 필요한 제반 정보를 취득하곤 했다. 13~14세기경 벨기에의 상업도시 브뤼헤에서는 그런 상인들을 자주 목격할 수 있었다. 당시 브뤼헤는 유럽 금융 및 무역의 일대 거점으로 번영했으며 남부 유럽의 베네치아에 비길 만큼 교역도시로서 전성기를 누렸다.

이러한 방식은 부분적으로 위험 부담을 낮출 수는 있지만 한계도 있었다. 숙식을 통해서 신뢰를 형성하는 데는 상당한 시간이 소요된다. 그리고 그 과정에서 형성된 신뢰 자체도 완전히 믿기에는 제한적인 부분이 있었다. 이러한 상황에서 상인들은 위험을 회피하는 또 다른 수단으로 재산을 문서화하여 거래하는 방식을 사용하기 시작한다.

위험을 분산시키는 증권의 탄생

재산적 가치가 있는 내용을 증권화해서 위험을 회피하고자 했던 첫 시도는 바로 장거리 운송이었다. 당시 지중해를 넘어 아프리카, 인도, 중국 등지로부터 필요한 물품을 수입해오는 과정은 순탄치 않았다. 중간에 해당 물건이 유실될 가능성이 높았고, 해적이나 산적 등에게 물건을 빼앗길 수도 있었으며, 운송 과정에서 물건이 파손되거나 손상될 여지도 컸다. 그런 과정에서 귀중한 목숨을 잃기도 했다. 300명의 선원과 함께 네덜란드를 떠나 아시아에서 필요한 물품을 구해 다시 네덜란드로 돌아왔을 때 남은 선원이 고작 80명 내외인 경우도 허다했다고 당시의 서적은 전하고 있기도 하다.

이와 같은 장거리 운송의 위험을 특정 개인이 모두 부담할 경우 치명적인 손실을 고스란히 혼자 감내해야 한다. 이를 극복할 방법이 없을까? 상인들은 고심 끝에 묘안을 떠올렸다. 비슷한 거래를 하려는 사람들끼리 돈을 모아 공동으로 배를 소유해 위험을 낮추기로 한 것이다. 그 과정에서 본인들이 출자한 금액과 권리를 증명할 방법이 필요했는데, 그것이 바로 증권이었다.

이러한 방식을 통해 거래를 수행하면 위험을 분산할 수 있을 뿐만 아니라 거래가 무사히 성사되었을 경우 높은 이익을 기대할 수 있다. 또한 거래가 최종적으로 성사되기 전에 불안감을 느낀 사람들은 얼마든지 중간에 자신의 권리와 재산적 가치를 표현한 증서를 다른 사람에게 팔아 위험에서 벗어날 수도 있었다.

증권을 통한 국제 간 거래가 매우 편리하다는 사실을 깨달은 상인들은 이를 더욱 체계화하기 시작했다. 먼저 증권들을 거래할 수 있는 별도의 시장을 형성했다. 16세기 벨기에의 항구도시 앤트워프는 그런 점에서 초창기 증권거래소라 할 수 있다. 이곳은 상인들이 물건을 직접 들고 와서 거래하는 시장이 아니라 물건의 권리를 보증하는 증서들을 거래한 시장이기 때문이다.

증서를 거래하는 시장이 형성된 이후 증권거래는 비약적으로 발전했다. 특히 비슷한 형태의 상거래가 빈번한 상인들 사이에서 새로운 움직임이 보였다. 재산적 가치가 있는 문서나 어음을 거래하는 상인들 중에는 인도네시아 지역에서 향신료를 수입해서 판매하거나 아프리카 지역에서 원료를 수입하는 등 비슷한 품목을 비슷한 곳과 지속적으로 거래하는 사람들이 많았다. 그들은 비슷한 거래를 하는 사람들끼리 함께 투자하고 운송해 이익을 나누는 것이 훨씬 편리하다는 사실을 깨닫게 된다. 비슷한 거래를 앞으로도 계속할 사람들이 한 차례 거래하고 흩어졌다 다시 모이는 번거로움과 위험 부담을 굳이 지속할 필요가 없다는 데 상인들의 의견이 모아졌다. 이렇게 해서 등장한 것이 바로 그 유명한 동인도회사였다.

상인과 정부 모두 동인도회사가 필요했다

동인도회사는 네덜란드와 인도 간의 교역을 수행하는 상인들이 함께 투자해 설립한 회사이다. 그들은 문서를 통해 자신이 이 회사에 투자한 내용과 얼마만큼의 권리를 갖고 있는지를 표시했다. 이것이 바로 오늘날의 주식에 해당한다. 또한 그들은 자신이 보유한 주식을 관리하고 거래할 수 있는 별도의 회사를 설립했다. 암스테르담에 설립된 이 회사는 오늘날로 치면 초창기 증권회사라 할 수 있다.

동인도회사는 발전을 거듭해 네덜란드 정부로부터 인도까지 항해하고 교역할 수 있는 독점권마저 넘겨받게 된다. 이 과정에서 네덜란드 정부가 위험을 어떻게 회피하려고 했는지 확인할 수 있다. 네덜란드 정부는 해외 식민지를 개척하고 싶기는 했으나 그에 따른 위험 부담이 고민이었다. 원거리에 있는 식민지를 개발하고 운영하는 일은 만만치 않았기 때문이다. 그래서 동인도회사에 식민지 운영의 수익권을 나눠주게 된 것이다.

이처럼 초창기 주식은 상인 입장에서는 원거리 무역의 위험을 분산하기 위해, 정부 입장에서는 식민지 통치의 위험을 분산하기 위해 활용되었다. 하지만 당시의 주가는 인류 역사상 가장 큰 변동성을 보였다. 원거리 무역을 떠나는 특정 선박에 투자한 증서의 경우 해당 선박이 해적을 만났다든가, 태풍으로 인해 물건이 많이 유실되었다는 등의 소식이 전해지면 곧바로 가치가 폭락하곤 했기 때문이다. 반대로 동인도회사의 성과가 한참 좋을 때는 해당 주식의 가치가 몇 배씩 올라가기도 했다.

위험 회피에서 투기 광풍으로

주식 가격이 급변하자 투기 분위기가 형성되기 시작했다. 주식에 잘만 투자하면 일확천금을 얻을 수 있다는 인식이 확산된 것이다. 이러한 투기 분위기는 당시 주가의 변동폭을 더욱 높이는 원인이 되었다.

역사상 가장 큰 금융투기사건 중 하나였던 네덜란드의 튤립 파동 역시 이러한 맥락에서 발생되었다. 튤립은 16세기 터키로부터 들여와 처음 유럽에 소개되었는데, 특유의 아름다움 때문에 삽시간에 유럽 각 지역으로 퍼졌다. 투기 분위기가 만연했던 당시 유럽에서는 전혀 돈이 될 것 같지 않은 꽃 종자에까지 투기 열풍이 이어졌다. 특히 아직 금융 개념이 확립되지 않은 시절이었기에 주식과 달리 실물을 확인할 수 있는 튤립에 대한 투기는 기존에 주식투자에 관심이 없던 사람들에게까지 휘몰아쳤다. 튤립 투기는 3년 가까이 전개되다 튤립 꽃의 실제 가치를 깨닫게 되면서부터 폭락하기 시작했고 결국 수많은 사람들에게 엄청난 피해를 입힌 뒤에야 마무리되었다.

오늘날 많은 사람들이 높은 수익을 기대하며 주식투자에 열중하고 있다. 하지만 앞에서 살펴봤듯이 원래 주식은 위험을 줄이기 위한 목적으로 시작됐다. 때로는 주식이 위험을 줄이는 방편으로 활용될 수 있다는 사실을 다시 한 번 떠올려볼 때가 아닌가 생각한다.

유대인들은 어떻게
세계 금융을 지배했는가

— 금융업의 태동 —

국제 금융시장에서 가장 큰 영향력을 행사하는 금융인들은 대부분 유대인들이다. 미국의 중앙은행이자 달러에 대한 발권력을 갖고 있는 미국연방준비제도이사회^{FRB}의 의장이었던 벤 버냉키^{Ben Bernanke}는 물론이고, 전^前 미국 재무장관 티모시 가이트너^{Timothy Geithner} 역시 유대인이다. 국제 경제의 안정과 번영을 위해 창설된 기구인 IMF의 전 총재 도미니크 스트로스 칸^{Dominique Strauss Kahn}과 세계은행 총재였던 로버트 졸릭^{Rovert Zoellick} 또한 유대인이다.

금융을 장악해 권력을 쥔 유대인들

유대인들이 본격적으로 금융업에 종사하게 된 시기를 살펴보면 중세까지 거슬러 올라간다. 원래 기독교인들은 이자를 받고 돈을 빌려주는 행위를 죄악시했다. 이자를 받고 돈을 빌려준 고리대금업자들은 파문을 당했고, 이들이 성지에 묻히려면 받은 돈을 교회에 반환해야만 했다. 유대인들에게도 이자를 받고 돈을 빌려주는 일은 금기였다. 하지만 구약성서 신명기에 나오는 "타인에게 이자를 받을지라도 네 형제들에게는 이자를 받지 말라."라는 한 구절 덕분에 그들은 금융업에 종사할 수 있었다. 즉, 유대인들은 이 구절을 같은 유대인에게는 돈을 빌려줘서는 안 되지만 기독교인들에게는 빌려줘도 된다는 뜻으로 해석했던 것이다.

이러한 종교적 신념을 바탕으로 유대인들은 중세 이후 유럽 각지에서 금융업에 종사하기 시작했다. 이 과정에서 막대한 부를 축적하면서 이방인인 자신들의 권리와 위치를 확보해나갔다. 유럽 역사에 있어서 가장 번성했던 상업도시들의 경로는 유대민족이 이주한 경로와 일치한다.

일례로 영국에서는 윌리엄 3세가 스튜어트 왕가의 제임스 2세를 쫓아내고 왕위에 오른 적이 있다. 자금이 필요했던 윌리엄 3세는 당시 막대한 자금력을 가지고 있던 유대인들과 손을 잡았다. 그 대가로 유대인 상인들은 화폐발행권을 얻어내어 1694년, 발권력을 가진 잉글랜드 은행을 설립했고 이후로 유대인들은 영국 내 금융권을 장악했다. 영국에서는 유대인이 수상 자리에 오르기도 했다.

소수민족이자 이방인에 불과했던 유대인들이 어디서든 자신들의 권리를 확보하고 막대한 영향력을 행사하는 위력을 가질 수 있었던 근본적인 이유는 바로 그들이 금융 분야를 장악했기 때문이다. 대체 금융이 국민경제에서 어떤 역할을 수행하기에 유대인들이 불리한 환경에서도 강력한 영향력을 가질 수 있게 된 것일까?

금융의 가장 원초적인 기능은 자금을 빌리고 빌려주는 것이다. 사람들이 돈을 빌리거나 빌려주는 이유는 이를 통해 이익을 얻을 수 있기 때문이다. 지금 당장 갖고 싶은 물건이 있는데 돈이 없어 구매하지 못하는 사람이 돈을 빌려 물건을 산다면 그가 느끼는 인생의 행복감은 더 높아질 것이다. 정말 번뜩이는 사업 아이디어가 생겼지만 돈이 없어 이를 실현시킬 수 없는 사람이 돈을 빌려 사업을 벌이고 큰돈을 번다면 돈을 빌린 당사자의 이익뿐만 아니라 사회 전체의 부를 증가시키는 데도 기여할 수 있다.

돈을 빌려주는 사람 역시 이익을 거두기는 마찬가지다. 여유 자금을 단순히 방 한구석에 보관하고만 있다면 아무런 이득도 얻을 수 없다. 물가상승을 고려할 경우 오히려 손해이다. 이때 돈이 필요한 사람에게 여유 자금을 빌려주고 이자를 받으면 쉽게 이득을 얻을 수 있다.

이러한 이유로 금융업은 그 어떤 분야보다도 사회 구성원들의 생활을 넉넉하고 윤택하게 하는 데 기여할 수 있는 산업이다. 유대인은 바로 이러한 금융의 기능을 꿰뚫고 있었던 셈이다. 그들은 자신들이 거주하고 있는 지역의 주민들은 물론이고 귀족과 왕족에게 필요한 돈을 빌려주었다. 또 새로운 형태의 상업이 번성할 때 이에 필요한 자금을 제공함으로써 경제 활성화에 기여하기도 했다. 이 과정을 통해 점차 중요성이 커지던 금융업을 장악한 유대인들은 국민

경제에 막강한 영향력을 행사하며 자신들의 부와 권리, 입지를 굳혀 온 것이다.

현대 금융기관의 태동

금융거래가 원활하게 이루어지기 위해서는 일단 상대방을 신뢰할 수 있어야 한다. 그리고 희망하는 자금의 거래규모 및 방식이 상대방과 비슷해야 한다. 난생 처음 보는 사람이 와서 돈을 빌려달라고 하거나, 빌려달라는 금액과 현재 내가 가진 금액의 차이가 크다면 거래는 성립되지 못하는 법이다. 하지만 사회가 다변화되면서 개인 단위로 금융의 기능을 수행하기가 점점 어려워졌고, 이를 해결하기 위해 고안된 것이 바로 오늘날의 금융기관이다.

금융기관은 원하는 방식으로 금융거래가 이루어질 수 있는 기회를 제공한다. 자금 공급자의 경우 자신의 여유 자금이 아주 소규모라 적절한 자금 수요자를 찾지 못하는 경우가 있다. 자금 수요자 역시 원하는 만큼의 자금을 빌려주려는 사람을 직접 찾기가 쉽지 않다. 금융기관은 여러 공급자들로부터 돈을 모아 그 돈을 필요로 하는 수요자들에게 빌려주기 때문에 각 경제주체들이 자신에게 적합한 거래 상대를 직접 찾아야 하는 번거로움을 피할 수 있게 해준다.

또한 금융기관은 금융거래에서 발생할 수 있는 위험 또한 낮춰준다. 자금 공급자와 수요자가 직접 거래를 하면 수요자가 돈을 갚지 않을 수도 있다는 위험을 공급자 개인이 고스란히 떠안아야 한다. 그러나 금융기관은 다수의 공급자들로부터 자금을 모아 다수의 수요자에게 빌려주기 때문에 금융거래 과정에서 발생하는 위험이 여러 사람에게 분산된다.

금융기관을 통한 금융거래는 거래비용을 낮춰준다는 장점도 있다. 거래에 필요한 각 분야의 전문가들이 금융기관에 포진해 있고, 이들은 거래 당사자들을 대신하여 상대방의 신용 정도와 거래 이후의 신용 변동까지 확인해주기 때문에 거래 당사자가 직접 감시해야 하는 부담을 줄여준다. 또한 금융거래 체결 시에 필요한 각종 법률서비스도 제공하여 금융거래로 발생하는 직접적인 비용도 줄일 수 있다.

국민경제를 인간의 신체에 비유한다면 금융은 몸 안에 흐르는 피에 비유할 수 있다. 피가 원활하게 돌지 않으면 신체의 각 부위가 제 기능을 담당할 수 없듯이 금융을 통해 자금을 필요한 곳에 적절히 제공해주지 않는다면 경제 역시 정상적으로 작동하기 어렵다. 금융의 기능과 금융기관이 비단 유대인들뿐만 아니라 우리에게도 중요한 이유가 바로 여기에 있다.

관행을 버리고 표준을 만든
유대인의 지혜

— 상거래의 표준화와 법제화 —

　여러 나라에서 새로운 국제 금융시스템을 구축하기 위한 다양한 논의가 전개되고 있다. 미국과 중국 간의 무역분쟁, 무역구제 조치, 유로존의 양극화 현상에 따른 문제나 아시아–태평양 지역 경제협력체의 주도권을 둘러싼 헤게모니 쟁탈전 등은 국제 금융시스템이 재편되는 과정에서 발생한 지엽적인 다툼들이라 할 수 있다.

　하지만 최근 국제사회의 분위기를 보면 이러한 다툼이 분쟁으로까지 확산될 위험마저 느껴진다. 이러한 시점에서 역사적으로 서로 다른 문화권 사이의 거래, 즉 무역이 어떻게 발전해왔는지 확인하는 일은 의미 있는 작업이 될 것이다. 그래서 인류가 걸어온 발자취에서 이에 대한 해답을 구하고자 한다.

인류는 일찍이 거래의 표준화에 주목했다

서로 다른 문화권 간의 거래에 가장 먼저 주목한 사람은 헤로 도토스였다. 그는 이종 문화권 간의 최초의 거래형태가 침묵거래[silent trade]라고 증언했다. 아프리카 북부 또는 서부에서 행해진 이 거래는 다음과 같은 방식으로 이루어졌다.

원거리 무역 상인들이 교역 장소에 가서 상품을 그냥 두고 온다. 그러면 해당 지역 상인이 나타나서 이 상품과 바꿀 만한 상품을 놔두고 떠난다. 그 후 다시 원거리 무역 상인이 돌아와서 현지 상인이 두고 간 상품에 값을 매겨본 뒤, 교환할 생각이 있으면 지역 상인들이 두고 간 상품을 가지고 간다. 만약 교환할 의사가 없으면 자신들이 가지고 온 상품을 조금 덜고 다시 떠나서 상대편이 어떻게 나오는지 기다린다. 이와 같은 거래 방식은 서로 간의 대화 없이 전개되는 교역 형태라 하여 침묵거래라고 부른다.

헤로도토스가 증언한 이러한 교역의 형태가 크게 확산되지는 않은 것으로 보인다. 많은 역사학자들 또한 이 같은 방식의 교역이 지속되기 어려웠다고 판단한다. 서로 다른 문화권 속에서 상이한 거래 관행을 갖고 있던 집단 간의 거래가 침묵으로만 성립되기 위해서는 서로 간의 신뢰가 전제되어야 하기 때문이다. 문화가 다른 상황에서 이 같은 신뢰가 형성되는 건 결코 쉬운 일이 아니다.

유대인들은 어떻게 거래의 달인이 되었을까

상이한 문화권 사이에서 원활히 교역을 수행하는 방법을 찾아낸 사람들은 다름 아닌 유대인들이었다. 그들은 2,000년 이상 계속된 방랑의 역사 속에서 유럽, 아프리카, 중동 등 각 지역에 흩어져 거주하며 경제활동을 해야 했다. 그래서 유대인들은 가장 효율적인 거래 방법을 고민한 끝에 답을 찾아냈다. 바로 상거래의 표준화와 법제화였다.

유대인들은 중세 시대부터 초기의 금융업이라 할 수 있는 고리 대금업에 종사했다. 물론 유대인들도 처음에는 성과를 내지 못했다. 각 지역마다 고유의 거래 관행이 있어서 충돌이 발생했기 때문이다. 예를 들어 각 문화권마다 이자를 지급하는 방법에 차이가 있어 받은 이자 중 일부는 반드시 돌려줘야 하는 나라도 있었다. 거래 관행상 지켜야 하는 약속의 범위도 달라서 거래 체결을 위해 약속 시간을 정해놓고 늦게 나와도 전혀 결례가 되지 않는 나라가 있는가 하면, 시간을 정확히 엄수해야 하는 나라도 있었다. 또 유대인들에게는 식사 시간에 거래와 관련한 얘기를 나누는 것이 큰 결례였으나 다른 지역에서는 크게 문제 되지 않았다.

이러한 경험을 통해 유대인들은 재산을 지켜줄 유일한 방법이 거래의 보편화와 표준화에 있다는 사실을 깨닫게 된다. 그들은 상행위에 적용되는 보편적 규칙을 만드는 것이 각 지방의 관행이나 관습을 존중하는 일보다 더 중요하다고 판단했다. 거래를 위한 보편적이고 표준화된 방식이 정립되어야만 지역 간 교역에서 영향력을 발휘

셰익스피어의 희곡 《베니스의 상인》에 나오는 샤일록은 유대인
고리대금업자였다. (작자미상, 19세기)

할 수 있다는 점을 깨달았던 것이다. 그들 스스로가 유럽 각 지역의
다양한 집단과 거래하면서 상이한 거래 관행이 얼마나 큰 장애 요인
이 되는지 몸소 체험했기 때문이다.

유대인들은 거래 시 정확한 재고 파악을 위해 유럽에서 가장 먼
저 숫자 0의 개념과 복식부기의 원리를 도입하기도 했다. 불편한 로
마 숫자를 사용해 단식부기로 장부를 기록하던 시절에는 사실상 창
고에 얼마만큼의 재고가 남아 있는지 파악하지도 못한 채 거래가 이
루어졌다고 한다. 그 때문에 적당한 가격 측정은 물론이고 상호 간

의 신뢰도 형성되기 어려웠다.

결국 다양한 문화권과의 거래를 통해 삶을 영위해야 했던 유대인들이 가장 먼저 이와 같은 문제에 대한 해결책을 모색했던 것이다. 이 밖에 유대인은 현대적 의미의 유가증권 개념을 처음 창안하여 대중화했으며 여러 국가에서 증권거래소와 중앙은행의 설립에 크게 기여하기도 했다.

국제 비즈니스 관행을 따른 상하이 상인들

중국인들의 거래 방식 역시 유대인이 다른 문화권과 교역하는 과정에서 선택했던 방법론을 그대로 보여준다. 중국은 오래전부터 인치人治를 중시하고 법제를 경시하는 경향이 강했다. 하지만 중국과는 전혀 다른 관행을 가진 외국인들과 거래했던 상하이의 상인들은 인간적 관계보다는 계약서와 상호 간의 약속에 따라 거래하는 방법을 선택해야만 했다. 이러한 환경이 상하이 상인들로 하여금 계약, 약속, 합리성 등을 중시하게 만든 요인이 되었다.

중국인들은 상하이 상인들을 속칭 하이파이海派라 부른다.* 이 말은 '바다와 같은 개방파'라는 의미를 담고 있는데 상하이 상인들

---

* 상하이의 예술과 문화, 생활방식에서 드러나는 신선함, 다양함, 유행을 추구하는 특징을 두고 하이파이 문화라고 부른다. 역사 중심적이고 아카데믹한 특징을 보이는 베이징의 징파이京派 문화와 대비된다.

이 가진 포용력을 단적으로 보여준다. 상하이 상인들은 자신들이 오랫동안 구축해왔던 거래 관행이 얼마나 무의미한 것인지를 이미 오래전에 깨달았다. 그들은 여러 서구 열강들과 교역하는 과정에서 자신들만의 관행으로는 국제적인 비즈니스에 참여하기 어렵다는 사실을 체득하게 된다. 그 과정에서 중국식 거래 관행을 과감히 버리고 국제적인 비즈니스 방식을 배우게 됐다.

상하이 상인들의 특징이 중국에서 목격할 수 있는 보편적인 형태가 아니라는 사실은 다른 지역 상인들의 모습을 보면 쉽게 알 수 있다. 주로 황실에 필요한 물품을 납품하느라 관료들과 거래를 해왔던 베이징과 톈진의 상인들은 거래를 할 때 상대방이 누구인지, 어떤 지위와 신분을 가진 사람인지를 중요시 여긴다. 때문에 이들은 동일한 상거래를 수행하더라도 상대방의 지위에 따라 격식과 절차를 달리했다. 이러한 모습은 상대방은 상관하지 않고 거래를 통해서 실질적으로 자신이 어떠한 이익을 얻게 되는지에만 집중했던 상하이 상인들의 행태와는 전혀 다른 양상이다.

중국 본토에는 22개의 성^省이 있는데 이 중에서 우리나라 영토보다 작은 곳은 단 한 군데도 없다. 하나의 성이 웬만한 국가 단위 이상의 규모를 갖추고 있는 셈이다. 이러한 점을 고려할 때 광활한 대륙 각지에서 활동하는 중국 상인들이 서로 다른 형태로 진화해온 것은 어쩌면 당연한 일일지도 모른다. 흥미로운 사실은 일찍부터 서구 열강들과 교역해야 했던 상하이의 상인들이나 동남아 여러 지역을 비롯해 멀리 중동 지역까지도 교류했던 광저우 지역의 상인들이 모두 유대인과 비슷한 거래 행태를 보인다는 점이다. 이처럼 다양한 문화권과 접촉해야 했던 상인들은 어느 국가이든 상관없이 모두 보편적이고 표준화된 방식을 따랐다.

최근 유로존의 상황이 날로 악화되면서 보호무역 부활, 환율전쟁, 기축통화 논쟁 등과 같은 일련의 극단적인 상황들이 전개되고 있다. 이 같은 상황이 발생하는 이유는 각국이 각자의 입장만 내세우기 때문이다. 그러나 오늘날 세계경제는 구조적으로 상호 교류가 필수적이다. 이러한 사실을 감안하면 서로 다른 환경에 놓여 있는 사람들이 원활히 교역하고 화합을 이루어내는 방법이 무엇인지 역사를 통해 돌아볼 필요가 있다. 국제경제 질서의 큰 방향마저 의심받고 있는 이때, 우리는 역사가 주는 교훈을 잊지 말아야 할 것이다.

제 2 장

경제학적
통찰로
역사를 읽는다

순장은 암살을 막기 위한
방책이었다

— 위험회피 전략 —

순장殉葬은 고대사회에서 신분이 높은 사람들이 사망했을 때, 생전에 그를 모셨던 사람들을 함께 묻는 행위를 말한다. 순장은 특정 지역에서만 행해졌던 기이한 풍습이 아니라 유럽, 아프리카, 아시아 지역에 이르는 거의 모든 대륙의 고대 문명에서 발견되는 특이한 문화적 현상이다. 고고학계에서는 이러한 순장을 사후 세계에 대한 종교적 신념과 신분사회의 특성이 결합된 현상으로 설명하고 있다.

사람을 희생하는 다양한 의식

고대에는 사람을 희생하는 다양한 의식과 제례가 행해졌다. 중국에서는 만리장성을 축조하면서 노역자들을 생매장했다는 기록이 있으며 일본에는 제방, 다리 등의 주요 건축물을 축조하고 많은 사람을 죽였다는 히토바시라 전설이 전해진다. 중남미 지역의 아즈텍Aztec 문명에도 1487년 테노치티틀란Tenochtitlan 피라미드 공사 후 8만 400여 명의 죄수와 노역자들을 나흘에 걸쳐 학살했다는 기록이 남아 있다.

전쟁의 승리를 기원하기 위해 사람을 희생시키기도 했다. 그 유명한 트로이전쟁 이야기에서도 그 모습을 살펴볼 수 있다. 트로이전쟁 당시 그리스군의 총지휘관인 아가멤논은 사냥의 여신 아르테미스의 노여움을 산다. 이에 아르테미스는 바람이 불지 않도록 하여 그리스 군이 2년 동안 출항하지 못하도록 방해한다. 결국 아가멤논은 아르테미스의 노여움을 풀기 위하여 자신의 딸 이피게네이아를 산 제물로 바친다.

로마 역시 패전국의 병사를 산 채로 묻어 전사한 동료들을 위로하기도 했으며 여신의 시중을 매장하여 신을 위로하는 제사를 올리기도 했다. 로마에서는 이처럼 사람을 제물로 이용하는 제사를 억제하기 위해 기원전 97년에 사람의 희생을 금지하는 포고령을 내렸다. 그 이후 동물을 제물로 쓰다가 나중에는 인형이나 초상화의 봉헌 등으로 대체되었다. 이러한 일련의 기록들은 고대 문명이 동서양을 막론하고 사람의 희생을 활용했다는 사실을 보여준다.

이처럼 사람을 희생해 제사 내지 의식에 활용하는 인신공희人身供犧는 사람을 희생시킨다는 점에서 순장과 공통되지만 결정적으로 다른 점이 있다. 인신공희가 신에게 기원을 올릴 때나 특정 행사에 사람을 제물로 활용하는 것이라면, 순장은 고대사회에서 신분이 높은 사람들이 사망했을 때, 생전에 그를 모셨던 사람들을 함께 묻는 행위만을 지칭한다.

순장과 유사한 개념으로 인신공희 말고도 순사^{殉死}라는 것이 있다. 순사는 누군가가 죽으면 그를 뒤따라서 스스로 목숨을 끊는 행위를 말한다. 하지만 자신이 모셨던 분이 아무리 존경스럽다 해도 스스로 목숨을 끊고 싶은 사람은 아마 없었을 것이다. 따라서 실제로 순사는 스스로 목숨을 끊을 수밖에 없는 강압적인 분위기나 회피할 수 없는 인습 등으로 인해 발생했을 가능성이 높다. 이런 점에서 순사나 순장은 장례 방식의 차이일 뿐, 그 내용 면에서 동일하다고 할 수 있다.

고대사회에서는 이처럼 다양한 이유로 살아 있는 사람을 제물로 바치는 의식이 비일비재했다. 산 사람을 희생시킨다는 사실만 해도 끔찍한 일인데, 그 방식은 더욱 잔혹하기 그지없었다.

중국 은나라 후기 도성이 위치한 지역에서 발굴된 은왕의 무덤 11기에서는 73개의 사람 머리와 목이 잘린 60구의 사지가 발굴된 바 있다. 온전하게 머리와 사지를 갖춘 시체도 두 구 있었다. 무덤 내 동쪽 부분에서는 또 다른 시신이 68구가 발굴되었다. 이를 통해 당시 왕이나 귀족 한 사람이 사망할 경우 수많은 사람들이 함께 죽었다는 사실을 추측할 수 있다.

순장은 위험회피 전략이었다

고대사회에서는 왜 이처럼 잔혹하기 그지없는 문화가 형성된 것일까? 윤리관이 제대로 정립되지 않은 고대의 미개인들이라서 이같은 행위를 자행한 것일까? 물론 이러한 고대인들의 문화에는 문명화되지 못한 이유도 분명 존재한다. 하지만 이에 못지않은 고도의 계산이 깔린 전략이었다는 사실을 아는 사람은 많지 않은 듯하다.

결론부터 말하자면 순장 문화는 절대왕권이 공고히 다져지지 않았던 고대사회에서 국왕들이 자신의 신변을 지키기 위해 고안해낸 위험회피 전략이었다.

고대사회에는 왕권이 확립되지 못한 경우가 많았다. 따라서 당시의 국왕들은 주요 귀족 계층이나 지방 유력자 혹은 곁에서 자신을 보필하는 사람들 누군가 자신을 누르고 왕권을 잡을 수 있다고 생각했을 것이다. 즉, 고대 국왕들은 항상 암살이나 독살을 당할지 모른다는 불안감을 갖고 생활해야 했다. 이러한 불안감을 극복하기 위해 만약 자신이 죽으면 지근에서 자신을 보필한 사람들까지 함께 묻혀야 하는 제도, 즉 순장을 고안해내기에 이른다.

결국 고대 국왕과 왕을 보필하는 사람들의 유인구조는 동일한 상황으로 바뀌게 된다. 쉽게 말해 왕의 주변 사람들은 왕이 살아야만 자신도 살 수 있는 것이다. 설사 자신이 누군가의 사주를 받아 왕을 암살하는 데 성공했다 하더라도 결국 왕과 함께 묻히는 처지에 놓인다면 암살에 가담할 확률은 크게 떨어지게 된다. 더군다나 국왕이 암살이 아닌 다른 이유로 사망할 경우에도 신하들은 처참한 죽음을 맞이하기 때문에 신하들은 국왕의 안위와 건강을 각별히 신경 쓸 수밖에 없었다.

자기부담금과 스톡옵션 제도

이러한 방식의 위험회피 전략은 오늘날에도 흔히 볼 수 있다. 자동차보험의 자기부담금이 대표적인 예이다. 이는 자동차사고를 낼 경우 보험회사가 사고 처리 비용을 모두 책임지는 것이 아니라 소액이라도 차량 소유주에게 부담시키는 제도다. 이 경우 사고를 내면 결국 본인에게도 추가적인 부담이 발생하기 때문에 고객들은 보험 가입 이후에도 지속적으로 사고를 방지하기 위해 노력하게 된다. 보험회사 입장에서는 사고 확률이 낮아져 그만큼 위험 부담이 줄어든다.

이러한 전략은 이 밖에도 여러 분야에서 찾아볼 수 있다. CEO들에게 부여한 스톡옵션 역시 이와 같은 맥락이다. CEO들은 채용된 이후, 자신을 뽑아준 주주들을 위해 일하기보다 자신의 이익만을 추구할 가능성이 있다. 회사의 내실을 다지는 연구, 개발에 투자하지 않고 CEO 전용 비행기를 구입하는 등의 행위가 여기에 해당한다. 스톡옵션은 회사의 주식이 올라가면 주주들의 이익과 함께 CEO의 이익도 함께 높아지는 유인구조를 만들어 위와 같은 현상을 방지하는 전략이다.

이상에서 언급한 바와 같이, 거래 상대방과 유인구조를 일치시키는 방법은 효과적인 위험회피 수단이다. 만약 유인구조가 서로 충돌될 때는 상대방의 손해가 곧 나의 이익이 될 수 있기 때문에 항상 불안감을 느끼게 된다. 하지만 내가 이익을 얻을 때 상대방도 함께 이익을 얻고, 내가 손해를 볼 때 상대방도 함께 손해를 보는 구조에서는 위험이나 불안감으로부터 자유로워질 수 있다. 고대 왕들은 이러한 논리를 꿰뚫어 본 것이다. 그들은 순장이라는 제도를 통해서 자신과 자신을 보필하는 신하들과의 유인구조를 일치시켜 암살과 독살에 대한 위험과 두려움을 낮출 수 있었다.

순장을 진행할 때, 함께 묻는 사람들을 잔인하게 죽이는 이유 역시 위험회피 전략과 관련이 깊다. 순장이 잔인할수록 신하들과 국왕의 유인구조의 일치는 더욱 공고해지기 때문이다.

오늘날과 마찬가지로 우리의 선조들 역시 일상생활 속의 여러 위험을 회피하기 위해 다각적으로 노력을 기울일 필요가 있었다. 특히 누구보다도 가진 것이 많은 국왕들이라면 위험을 회피하고자 하는 마음이 더욱 간절했을 것이다. 이러한 간절한 마음이 살아 있는 사람을 잔인하게 생매장하는 제도까지 고안하게 된 근본적인 원인이 아니었을까 싶다.

서브프라임 모기지 사태에 대한 인문학적 접근

― 부동산에 대한 경제적 시각 ―

주식과 부동산은 오늘날 가장 대표적인 재테크 수단이다. 그러나 우리가 두 투자 대상을 바라보는 감성은 전혀 다르다. 주식투자의 경우에는 아직까지 합리성과 과학적 판단에 근거한 투자가 아니라 운에 맡기는 노름으로 인식하는 경향이 적지 않다. 이에 반해 부동산은 일종의 '로망'이다. 무리하게 은행 대출을 끼고 집을 구입한 사람에게는 투기라는 단어를 들이대기보다는 내 집 장만의 꿈을 실현한 사람으로 칭송하며 이제부터 천천히 갚아 가면 된다고 덕담을 하는 것이 일반적이다.

은퇴한 사람이 퇴직금으로 주식투자에 뛰어들었다면 다들 걱정하지만, 퇴직금과 은행 대출을 합쳐 집을 장만했다면 집이라도 있어야 든든하다며 격려한다. 신입사원이 재테크로 주식투자를 시작했다면 다들 걱정하지만 부동산 청약통장을 개설했다면 다들 성실한 친구로 여긴다. 이러한 상반된 인식은 정도의 차이는 있지만 해외에서도 비슷하다.

주식으로 돈 벌기 vs 부동산으로 돈 벌기

주식과 부동산에 대해 이렇게 정반대의 태도를 갖게 된 배경은 무엇일까? 실제 주식은 부동산에 비해 수익률은 훨씬 떨어지면서 변동성만 높기 때문에 이 같은 평가를 받는 것일까?

이를 파악하기 위해 하버드대학 경제사학자인 니얼 퍼거슨[Niall Ferguson] 교수는 10만 달러를 1987년부터 2007년까지 20년 동안 미국의 주식시장과 부동산시장에 투자했을 때 어떠한 수익률 차이를 보이는지를 비교 분석해보았다. 부동산시장의 경우에는 10만 달러의 투자 금액이 27만 5,000달러에서 29만 9,000달러 수준으로 대략 2.5배~3배 정도 상승했다. 이에 반해 주식시장에 투자했을 경우, S&P 500 주가지수를 기준으로 대략 5배 가까운 상승을 기록했다.

영국을 대상으로 한 조사에서도 결과는 다르지 않았다. 같은 기간 동안 영국의 주택시장에 투자할 경우 20년 후 4배 정도 집값이 상승했지만, 주식시장의 경우에는 영국의 대표적인 주가지수 중 하나인 FTSE 지수를 기준으로 대략 7배 정도의 수익을 거두는 것으로 확인됐다. 이러한 수익률 차이는 부동산 투자 시 얻게 되는 임대료 수익과 주식투자 시 얻게 되는 배당금 수익까지 고려하면 다소 격차

미국		영국	
1897 ▶ 2007		1897 ▶ 2007	
주식	약 5배 상승	주식	약 7배 상승
부동산	2.5배~3배 상승	부동산	약 4배 상승

한국	
2004 ▶ 2014	
주식	153.9% 상승
부동산	43% 상승

가 줄어들 뿐 여전히 상당한 편차를 보이는 것으로 확인됐다.

국내의 경우에도 상황은 비슷하다. 한국거래소와 국민은행 부동산 통계를 보면, 2004년 6월 71.0이었던 전국 아파트 매매지수는 10년 뒤인 2014년 101.5로 43퍼센트 상승했다. 같은 기간 코스피지수는 785.79에서 1994.96으로 무려 153.9퍼센트 상승했다. 결국 주식투자가 아파트 투자에 비해 3.5배가량 높은 수익을 거둔 셈이다.

직접적인 투자 대상으로 비교하면 수익률 차이는 훨씬 더 극명하다. 국내 대표적인 노른자위 땅이자 교육 열풍과 재건축 아파트 열풍으로 부동산시장에서 가장 관심이 고조되었던 대치동 아파트의 경우, 1990년 초 평균 시세가 2억 5,000만 원에서 2003년 말 8억 2,000만 원으로, 2010년 9억 7,000만 원으로 20년 동안 388퍼센트 정도 상승했다. 이에 반해 국내 대표적인 우량주인 삼성전자(1990년, 2만 원), 롯데칠성(1990년, 2만 5,000원), SK텔레콤(1990년, 3,300원) 등에 투자했을 경우, 삼성전자 4,050퍼센트(2010년, 81만 원), 롯데질성 3,320퍼센트(2010년, 83만 원), SK텔레콤 4,848퍼센트(2010년, 16만 원)의 수익률을 기록했다.

이상에서 열거한 바와 같이 실질적인 수익률 부분에서는 주식이 부동산에 비해 압도적으로 높은 성과를 보이고 있음에도 불구하고, 많은 사람들이 부동산에 맹목적인 성향을 보이는 이유는 무엇일까? 이는 부동산 투자가 단순히 재테크 이상의 의미를 내포하고 있기 때문이다. 특히 우리나라에서 부동산은 단순히 재산 축적을 위한 투자 대상을 넘어 심리적인 안식처이자 사회적 신분의 상징물로서 작용한다.

정치인들이 주택 관련 공약을 내세우는 이유

사실 인류 역사에서 돈만 있으면 누구나 부동산을 취득할 수 있게 된 시기는 그리 오래되지 않았다. 대부분의 문화권에서 토지란 왕이나 귀족의 전유물이었기 때문이다. 따라서 왕에게 일정 기간 동안 토지의 사용권 내지 소유권을 허락받아야만 토지를 소유할 수 있었다. 어쩌다 한번 토지를 소유하게 된 귀족은 해당 토지를 계속해서 자손들에게 물려줌으로써 토지를 기반으로 형성되는 경제적 혜택을 특권화하기 일쑤였다. 또한 많은 국가에서 토지의 소유권 자체를 불분명하게 만들어 매매 자체를 어렵게 만들거나 귀족이 소유한 토지의 매매를 규제하여 자유로운 토지 매매를 억제해왔다.

토지 소유로 인한 혜택은 경제적인 측면에 국한되지 않았다. 과거 영미권 국가에서는 토지를 소유한 사람들에게만 선거권을 부여한 바 있다. 소작농에게 지주계층과 동일한 형태의 선거권이 부여된 시기는 19세기 말에 들어서였다. 또한 비록 귀족은 아니지만 토지를 소유한 사람들에게는 마치 귀족처럼 가문의 휘장을 사용할 수 있도록 했다. 흔히 이러한 계층을 젠트리Gentry라 부른다. 이러한 일련의 역사적 상황들은 많은 일반인들에게 토지 소유에 남다른 가치 내지 의미를 부여하는 결과를 가져왔고 이는 다시 일반인들의 표를 먹고 사는 정치인들에게 영향을 끼쳤다.

오늘날 많은 정치인들이 자신의 주요 정치 공약에 주택 정책을 빼놓지 않고 포함시키는 이유 또한 바로 여기서 찾을 수 있다. 미국의 예를 들어 설명해보자. 1929년 대공황이 일어나기 전까지 미국의 자가 거주 비율은 40퍼센트 수준이었다. 많은 사람들이 돈을 빌려 토지 내지 주택을 매입했는데 대공황이 닥치자 돈을 갚기 어려운 상황에 봉착한다. 당시 주택담보대출은 통상적으로 3~5년 정도의 단기 대출이었고, 만기에 원금을 한꺼번에 갚아야 하는 형태였는데 대공황으로 많은 사람들이 실직하면서 원금은커녕 이자조차 갚기 어렵게 된 것이다. 이러한 상황에 주목한 정치인들은 당시로서는 파격적인 수준인 15년까지 대출이 가능하도록 주택담보시장을 적극 지원하게 된다.

그러나 이후 경제가 안정화되었음에도 불구하고 주택담보대출에 대한 미국 정부의 지원은 지속되었다. 미국 정부는 연방주택 사업국을 통해서 주택 구입에 필요한 자금의 80퍼센트까지를 지원해 주기 시작했으며, 대출기한 또한 최장 20년까지 또다시 늘려주었다. 많은 미국인들의 주택 소유의 꿈을 실현시켜 주려는 정치권의 지속적인 관심 덕분이었다. 이로 인해 1960년대 들어 주택 소유 비율은 60퍼센트까지 상승하게 된다.

관대한 부동산 정책이 불러온 비극

미국 정부의 주택담보대출에 대한 정책적 지원은 철저히 백인만을 대상으로 집행되었다. 흑인 내지 주로 흑인들이 거주하는 지역은 좀처럼 대출이 이루어지지 않았다. 명목상의 이유는 흑인의 낮은 신용등급과 흑인 거주 지역은 담보 물건이 불확실하다는 이유 때문이었다.

주택담보대출을 집행했던 연방은행에서 제작한 당시 지도를 보면, 백인 거주지의 경우 A, B, C등급으로 표시된 반면, 흑인 거주 지역은 D등급으로 표기되어 있다. 따라서 신용등급이 낮은 지역의 주택을 구매하기 위해서는 높은 이자를 지불해야 했고, 이는 상대적으로 소득 수준이 낮은 흑인들에게 원천적으로 주택을 구입할 수 있는 기회를 차단하는 것이었다. 이러한 사실은 1950년대 대출 관련 자료를 통해서도 쉽게 확인 가능하다. 당시 모기지 대출을 받은 흑인 다섯 명 중 한 명은 8퍼센트 이상의 고금리를 적용받은 데 반해, 8퍼센트 이상의 고금리를 적용받은 백인은 단 한 명도 없었다. 이러한 사실은 1950~60년대까지도 토지 소유에 대한 완벽한 기회균등은 주어지지 않았다는 점을 확인시켜준다.

1970년대까지 흑인 인종차별철폐 운동이 본격적으로 전개되면서 주택담보대출과 관련한 법 또한 함께 시정되기에 이른다. 특히 1977년 제정된 지역재투자법Community Reinvestment Act은 시중 은행들로 하여금 소수민족이 거주하는 빈곤지역에도 대출해주도록 강제했나. 이러한 성부 지원책과 함께 1970년대 전개된 고공 물가는 많은 미국인들에게 주택 소유가 결코 정서적인 차원의 문제가 아니라 실질적인 투자 면에서도 아주 유용한 선택이었다는 확신을 갖게 만들었다. 1970년대 미국의 물가상승률은 대부분은 6퍼센트를 웃돌았으며, 무려 14퍼센트를 넘긴 해도 많았다. 이에 반해 모기지 대출은 30년 만기 9퍼센트 이하의 고정이자 형태가 대부분이었기 때문에 결국 은행이 대출자에게 돈을 거저 준 셈이 되었다.

1980년대 들어서도 미국 대통령은 늘 그렇듯 부동산 정책에 대한 관대함을 저축대부조합 Savings & Loans Association*문제 해결을 통해 드러냈다. 저축대부조합은 예금자들의 예금을 바탕으로 장기 저리 주택담보대출을 해왔다. 주택담보대출은 저축대부조합의 본사에서 반경 80킬로미터 이내에 사는 주택 구매자들을 대상으로만 가능했다.

---

* 우리나라의 상호저축은행에 해당하는 미국의 지역 금융기관이다. 지역주민들의 소액 예금을 모아 주로 주택담보대출 즉, 모기지 대출로 운영한다.

이들 저축대부조합은 1970년대 경기 호황 때 주택담보대출을 불리며 급성장했다가 1980년대 들어 경기 하락으로 부동산시장이 급랭하면서 부실화되기 시작했다. 1979년부터 미국 정부가 인플레이션을 완화하기 위한 목적으로 본격적으로 금리를 올린 것이 결정타였다. 이러한 상황에서 당시 레이건 대통령은 지급불능 위기에 직면한 저축대부소합을 조기에 징리하기보다는 저축대부조합외 자기자본비율 완화, 세금 유예, 이자율제한 폐지 등 규제 완화를 통해 문제를 해결하려 했다.

그리고 이러한 관련 규제가 완화된 저축대부조합은 자신들이 보유한 자금을 텍사스 지방의 부동산 투기에 대거 투입하기 시작한다. 이로 인해 부동산 버블이 우려되는 상황에까지 이르렀다. 그러나 레이건 대통령은 아메리칸 드림의 일부일 뿐이라며 사태의 심각성을 전혀 깨닫지 못했다. 하지만 1983년 이후 부실채권이 급증하기 시작했고 1987년에는 텍사스 소재 280개 저축대부조합 중 약 60개가 지급불능상태에 처했으며, 이후 1988년부터 1991년까지 전국적으로 869개의 저축대부조합들이 파산하여 정부의 대규모 자금지원을 통해서 수습하기에 이르렀다.

아메리칸 드림 지원법이 글로벌 금융위기로

2000년대 들어서도 부동산을 매개로 한 유권자 표심을 사로잡기 위한 정치인들의 노력은 멈추지 않았다. 2002년 10월, 조지 부시 George W. Bush 대통령은 "모든 미국인들이 저마다 집을 소유하기를 희망한다."라는 연설과 함께 10년 내로 대출업체를 통해 소수인종 550만 명에게 새로운 주택을 공급하기 위한 아메리칸 드림 지원법 American Dream Downpayment Act 에 서명한다. 이는 저소득 계층의 주택 구입을 보조하기 위한 법안이었다.

이 법안으로 인해 시중은행은 저신용자들의 대출 심사에 필요한 서류들을 충분히 요구할 법적 근거를 잃어버리게 되었다. 그리고 저소득층을 대상으로 한 비우량 주택담보대출인 서브프라임 모기지 대출이 활성화되었다. 이로 인해 200년 전 미국에 왔던 많은 흑인 노예의 후손들과 역시 100년 전부터 불법 이민자로 미국에 들어왔던 많은 라틴계 사람들의 후손들이 집을 가질 수 있는 기회를 얻었다.

보스턴 지역에서 서브프라임 대출을 차입한 사람들 중 55퍼센트는 흑인과 라틴계 사람들인데 반해, 백인은 13퍼센트 수준이었다. 워싱턴 역시 흑인과 라틴계 대출자 비중은 75퍼센트 이상인데 반해 백인은 17퍼센트에 불과했다. 이러한 사실만 보더라도 서브프라임 모기지 대출을 활성화시켰던 법안 통과가 소수민족 계층의 주택 소유 열망에 부합하고자 했던 것임을 쉽게 확인할 수 있다.

하지만 결국 2000년대 들어 지속적인 호황을 누리던 미국 주택시장은 2006년 하반기부터 침체국면에 진입했고, 특히 2007년 들어서는 주택시장의 수급 불균형이 심화되면서 주택 가격 하락이 더욱 가속화되었다. 이 과정에서 주택 가격 하락은 서브프라임 모기지 대출 부실화와 함께 금융기관의 부실화로 이어져 결국 글로벌 금융위기까지 초래하는 일련의 상황이 전개되었다.

로망이 아닌 객관적인 시각이 필요하다

많은 금융 전문가들이 글로벌 금융위기를 가져왔던 서브프라임 모기지 사태의 직접적인 원인으로 서브프라임 모기지 대출의 부실화로 인한 관련 금융상품들의 부실화와 이에 이은 금융기관의 부실을 꼽는다.

물론 이러한 진단은 정확하다. 하지만 금융산업은 다른 산업과 달리 규제 산업이다. 즉, 정부 당국의 관리 감독 아래 판매할 수 있는 금융상품의 내용과 방식이 제한되는 산업이다. 따라서 서브프라임 모기지 사태를 가져온 보다 궁극적인 원인은 이러한 부실 대출이 아무 제한 없이 전개되도록 법적 근거를 완화해준 정부 당국에 있다고 해야 할 것이다. 그리고 그 속에는 내 소유의 주택을 갖고 싶어 한 많은 투자자들의 감성적인 열망과 그러한 유권자로부터 표심을 얻고자 했던 정치인들의 계산이 숨어 있었다.

글로벌 금융위기 이후 미국을 비롯한 많은 국가에서 재발 방지를 위한 제도 개선 방안을 적극 도입해왔다. 하지만 주택을 소유하고 싶다는 부동산에 대한 대중들의 감성적인 열망은 여전한 듯하다. 이러한 상황에서 언제 또다시 대중들의 감성적인 열망에 부합하여 표를 얻고자 하는 정치인이 관련 규제를 완화해줄지 모를 일이다. 이러한 관점에서 서브프라임 사태의 재발을 막을 수 있는 가장 근원적인 힘은 부동산에 대한 우리들의 '경제적이고도 객관적인 시각'일 것이다.

사탕수수 노예들은
왜 저항하지 않았을까

— 공공선택이론과 합리적 무시 —

맛의 종류는 흔히 쓴맛, 신맛, 짠맛, 단맛 등 네 가지로 분류된다. 그중에서 우리 인류가 가장 선호해왔던 맛은 단연 단맛이다. 그래서인지 인류는 예전부터 단맛을 내기 위한 방법을 찾기 위해 각고의 노력을 기울였다. 가장 손쉽게 단맛을 낼 수 있는 재료는 벌꿀이었다. 하지만 벌꿀은 구하기 어려울 뿐만 아니라 필요한 만큼 대량 생산하기도 쉽지 않았다. 그래서 과거에는 벌꿀이 더욱 귀한 재료로 여겨졌다. 이 외에도 대나무에서 단맛을 추출해내거나 커다란 냄비에 단풍 수액을 넣고 메이플 시럽을 추출해서 단맛을 내곤 했다. 인류가 사탕수수와 사탕무를 통해 설탕을 추출하기 전까지 단맛을 내는 일은 이처럼 어려운 작업이었다.

유럽에 설탕이 퍼지기 시작하다

사탕수수와 사탕무에서 단맛을 추출하는 방법은 동양에서 먼저 발견했다. 기원전 4세기경 알렉산더 대왕의 동방 원정대가 이러한 사실을 유럽에 전달한 것으로 알려진다. 당시 알렉산더 대왕의 원정대가 인도 북부에 도달했을 때 벌의 도움 없이도 꿀을 만들어내는 기술을 접하고 놀랐다는 기록이 남아 있다. 그 후 사탕수수를 통해 단맛을 내는 방법을 유럽 지역에 본격적으로 전파한 사람들은 이슬람교도들이었다.

8세기 무렵 유럽 대륙은 이슬람교도들의 지배하에 있었다. 르네상스 이전에는 이슬람의 과학 수준이 유럽을 능가했기 때문에 이 시기는 당시 유럽인들이 선진 기술을 배울 수 있는 좋은 기회였다. 실제로 732년 프랑크 왕국과의 전투에서 이슬람 세력이 패배하여 영향력을 상실하기 전까지 이슬람교도들은 지중해 전역을 장악하며 다양한 신규 문물을 전파했다. 이때 이슬람교도들의 영향력 아래 있었던 많은 지역에 사탕수수 재배와 제조 기술도 함께 전해졌다. 키프로스, 로도스, 몰타, 시칠리아 등 지중해 동부 지역의 여러 섬에서 사탕수수 재배가 활발히 이루어졌으며 아프리카 북부 지역까지 퍼지게 되었다.

하지만 이들 지역에서의 사탕수수 재배는 그리 오래가지 못했다. 사탕수수가 토양의 비료분을 소모해 토질을 황폐화시키는 특성을 가지고 있었기 때문이다. 즉, 사탕수수는 한 곳에서 지속적으로 경작할 수 없었다.

더군다나 사탕수수를 가공해 설탕을 추출하는 과정에는 많은 노동력이 필요했다. 설탕 수확은 사탕수수를 베어낸 뒤 얼마나 짧은 시간 안에 분쇄하고 설탕즙을 짜내는지가 관건이라, 이 타이밍에 따라 수확량이 크게 달라졌다. 따라서 설탕을 대량으로 생산하기 위해서는 노예 내지는 노예처럼 일힐 사람들이 대기 필요했다. 유럽 국가들이 식민지를 건설하면서 이들 지역의 비옥한 땅과 풍부한 노동력을 활용하고자 했던 이유도 여기에 있다. 식민지는 사탕수수 재배에 필요한 광활한 땅과 노동력을 쉽게 얻을 수 있는 공간이었기 때문이다.

플랜테이션 농업의 시작

여러 유럽 국가의 정치인들과 사업가들은 식민지로부터 설탕을 생산, 유통하기 위한 방법을 고민하기 시작했다. 그리고 브라질이나 카리브 해의 섬들에서 사탕수수를 재배해 설탕을 제조할 수 있는 대규모 농장인 **플랜테이션**plantation을 구상하기에 이른다. 설탕을 원활히 생산하여 공급할 경우 막대한 수익을 거둘 수 있다는 사실을 깨달았기 때문

> 플랜테이션
> 선진국은 자본과 기술을 투입하고 후진국은 값싼 노동력을 제공하여 전개하는 대규모 기업식 농업

이다. 그들은 자신들이 갖고 있는 자본과 식민지의 풍부한 노동력을

1880년 자메이카의 사탕수수를 수확하는 흑인들의 모습

활용하는 방식을 고안해냈다.

유럽의 지배계층은 식민지를 철저히 사탕수수의 재배와 가공에 활용하기 시작했다. 해당 식민지에 필요한 기초적인 식량마저 수입하면서 오직 사탕수수만 생산하게 했다. 또한 초기에는 이들 지역에 백인 노동자들을 데려와 일을 시켰다가 규모가 커지자 아프리카의 흑인 노동자들을 활용하는 방안을 도입했다. 필요한 인원이 수십만 명에 달했기 때문이다.

오늘날 미국이나 카리브 지역의 여러 섬들에 원주민보다 아프리카 출신의 흑인 비율이 더 높은 이유도 바로 여기에 있다. 외부 인구의 유입은 이들 지역에서 아프리카 토속 종교와 기독교가 혼합된 부두교가 자리를 잡게 된 원인이 되기도 했다.

유럽인들이 대규모로 아프리카 노동자들을 이주시켜 사탕수수를 재배한 것은 단순히 단맛 나는 재료를 얻기 위한 목적만은 아니었다. 당시 설탕은 병을 치료하는 약재 등 향신료 외에도 다양한 용도로 활용되고 있었다. 이는 유럽에 전파되어서도 마찬가지였다. 16~17세기 유럽에서는 설탕이 결핵을 포함한 주요 질병을 치료하는 약재로 사용됐다.

또한 설탕은 권위와 신분을 표현하는 수단으로 사용되기도 했다. 설탕이 아시아에서 수입된 향신료 못지않은 고급 재료였기 때문이다. 특히 다른 향신료와 달리 신비로운 흰색을 띠고 있어서 때로는 정교하게 세공된 장식품을 만드는 데 이용되기도 했으며 국왕이나 귀족의 파티와 의례를 화려하게 수놓기도 했다.

이랬던 설탕은 유럽 국가들이 식민지를 적극 활용하기 시작하면서 대량으로 생산될 수 있었다. 대량생산이 가능해지면서 18세기 무렵부터는 일반 서민들의 아침식사에 등장할 정도로 대중화됐다. 설탕이 대량으로 생산될수록 그만큼 더 많은 아프리카 원주민들은 신대륙으로 이주해올 수밖에 없었다.

저항은 합리적인 선택이 아니다

여기서 우리는 한 가지 의문을 갖게 된다. 소수의 식민지 경영자들이 어떻게 수많은 아프리카 노예들을 통제할 수 있었을까? 먼 타국까지 강제로 끌려와 고된 노역에 동원된 흑인들은 수십만 명에 달했다. 그런데 그들은 소수에 불과한 유럽인들에게 저항하지 않았던 것이다. 왜 이 같은 현상이 벌어졌을까?

이에 대한 해답은 **공공선택이론**에서 찾을 수 있다. 1986년 노벨 경제학상을 수상한 제임스 뷰캐넌James Buchanan 교수의 이론에 따르면 정치인이나 정부 관료들은 국민의 이익을 대변하기보다는 자신들의 이익을 추구할 가능성이 더 높다. 여기서 주목해야 할 점은 정치인이나 정부 관료가 사적 이익을 추구하더라도 대다수 국민들은 이를 막지 못한다는 데에 있다.

제임스 뷰캐넌 교수는 이러한 원인을 **합리적 무시**를 통해 설명했다. 예를 들어 특정 정치인이 재선을 위한 선심성 행정의 일환으로 해당 지역구에 커다란 공원을 건설하려 한다고 가정해보자. 하지만 실제 자신의 지역구에는 인구수가 얼마 되지 않기 때문에 막대한 비용을 들여 공원을 건설하더라도 국가 전체의 편익은 얼마 되지 않는다. 즉, 투여한 비용에 비해 얻게

> **공공선택이론**
> 국가를 인격 있는 유기체가 아니라 단지 개인의 총합일 뿐이라고 본다. 그래서 개인은 경제행위를 할 때든 정치행위를 할 때든 이기적으로 행동한다고 주장한다.
>
> **합리적 무시**
> 최소 비용으로 최대의 경제적 이익을 얻고자 하는 개인의 합리적 경제행위가 전체에 불이익을 주는 경우를 말한다.

되는 편익이 더 적은 수준이다. 하지만 이러한 불합리한 정책은 손쉽게 집행으로 이어진다. 어느 누구도 정책이 집행되는 것을 막기 위해 나서지 않기 때문이다.

정치인이 자신의 사적 이익을 위한 정책을 집행한다 하더라도 일반 국민이 추가로 부담해야 하는 세금은 굉장히 미비한 수준이다. 전 국민이 함께 나누어 부담하기 때문이다. 하지만 한 개인이 불합리한 정책을 막기 위해서는 시위에 참여하거나 직접 탄원서를 작성하는 등 많은 시간과 노력을 투자해야 한다. 이러한 상황에서 합리적인 국민이라면 정치인이 사적인 이익을 추구하든 말든 이를 못 본 척 무시할 가능성이 높다. 불합리한 정책 때문에 자신이 지불해야 할 비용은 소액의 세금에 불과하지만, 이를 막기 위해서는 많은 시간과 노력을 투여해야 하기 때문이다. 이러한 행위는 결코 합리적인 선택이라고 볼 수 없다.

신대륙에 끌려와 노예가 된 수십만 명의 흑인들이 소수의 유럽인들에게 저항하지 않았던 이유도 이와 같다. 유럽인에게 저항했을 때 돌아오는 대가는 죽음을 각오해야 하는 수준이었다. 하지만 성공했을 때 얻게 되는 결과는 어차피 본국으로 돌아가기 힘든 상황에서 다소간의 휴식 내지 안락함에 지나지 않았다. 더군다나 신대륙에 남아 있으면 또 다른 유럽인들이 언제 다시 찾아올지 모를 일이다. 이러한 상황은 저항으로 인해 얻게 될 편익보다 비용이 훨씬 크다는 사실을 의미한다.

뿐만 아니라 내가 먼저 나서지 않아도 다른 누군가가 나서 유럽인들을 몰아내는 데 성공한다면 그 혜택은 본인도 함께 누리게 된다. 이 역시 본인이 먼저 저항하기를 꺼리게 되는 요인 중 하나였을 것이다. 종합해보면 당시 수십만 명의 흑인 노예들이 소수의 백인 경영자에게 저항하지 않았던 것은 합리적 무시라고 할 수 있다.

공공선택이론은 오늘날 우리가 일상생활에서 흔히 목격하게 되는 일련의 상황들을 설명하는 데 유용한 프레임을 제시한다. 그런데 공공선택이론의 근거 또한 다른 경제이론과 마찬가지로 인간의 본성에 기인한다. 그래서 이 이론이 태동하기 훨씬 이전의 역사적 사건과 원인을 설명하는 데도 활용할 수 있다.

조공은 착취가 아닌
무역의 다른 이름이었다

— 중계무역과 중개무역 —

영화나 드라마에서 우리 역사를 배경으로 한 사극이 꽤 많다. 사극은 우리 역사와 문화에 대한 간접적인 학습 기회를 제공한다는 장점이 있다. 하지만 사극에서 묘사한 우리 역사 중 일부는 사실과 다른 경우도 많다. 그 대표적인 예가 바로 조공朝貢에 대한 부분이다.

조공을 더 많이 원한 쪽은 조선이었다

조공이란 일반적으로 속국이 종주국에 정기적으로 바치는 예물이나 그러한 예물을 바치는 행위를 말한다. 그런데 알려진 사실과 달리 종주국이 받기만 한 것은 아니다. 종주국은 '형님의 나라'로서 아우로부터 선물을 받으면 이에 준하는 선물을 하사해야 한다. 이를 사여賜與라 한다. 즉, 속국이 종주국에 조공을 바치면 종주국이 속국에 사여를 해야 한다. 뿐만 아니라 아우로부터 선물을 받은 형님은 아우에게 더 큰 선물을 하사하는 것이 원칙이다. 따라서 조공한 가치보다 사여한 가치가 일반적으로 더 컸다.

조선은 명나라를 상국으로 예우했다. 조선의 외교 원칙은 사대교린事大交隣으로, 상국인 명나라를 예우하고 그 외 오랑캐로 분류되는 일본, 여진 등과는 친분을 유지하는 것을 골자로 한다. 이런 외교적 목표 아래 조선은 정기적으로 명나라에 조공을 바쳤다. 그런데 대부분의 사극에서는 조선이 명나라에 바친 조공을 착취당하는 형태로 묘사하고 있다. 과연 실제로도 그랬을까?

사실 조선은 드라마나 영화 속 모습과는 달리 조공을 통해서 적지 않은 이익을 거뒀다. 이는 양국이 희망한 조공 횟수를 통해 확인할 수 있는데, 조선 초기 명나라는 3년에 한 번 조공을 희망했으나 오히려 조선이 1년에 세 차례 조공을 원했다는 기록이 남아있다. 만약 조공이 일방적인 착취 형태로 이루어졌다면 착취당하는 쪽이 횟수를 늘리자고 요구하지는 않았을 것이다.

조선 초기 조공의 대상은 주로 말이었다. 당시 중원에서 쫓겨난 원나라는 명나라를 압박하며 중원을 되찾을 기회를 엿보고 있었다. 이런 과정에서 명나라는 원나라를 견제하기 위해 말이 간절히 필요했다. 《태종실록》에는 명나라가 조공을 바치는 조선에 선금을 주고 말을 구해달라고 청했다는 기록이 남아 있다.

당시 명나라가 얼마나 급하게 말을 필요로 했는지는 거래 방식을 통해서도 짐작할 수 있다.《태종실록》2년 1월 26일 기록에 따르면 당시 태종은 명나라로부터 말 값을 모두 받은 후에 말을 보내기로 상호 약조했다. 하지만 사정이 급했던 명나라 사신 단목지는 자신이 가져온 금액 만큼만이라도 먼저 말을 구해줄 수 없냐며 부탁을 한다. 태종이 이를 거절하자, 단목지는 말 대금을 분실할까 우려된다는 이유로 태종에게 부디 가져온 날 값에 해당하는 말만이라도 먼저 구해달라고 간곡히 부탁한다.

사실 이때 명나라가 구하고자 했던 말은 작은 체구의 우리 토종 종마가 아니라 조선에는 거의 없었던 큰 말이었다. 조선은 이런 명나라의 요구에 부응하고자 만주족들로부터 큰 말을 수입해야만 했는데 이 과정에서도 큰 이익을 거뒀다. 조선은 만주족들에 면포 등을 주고 큰 말을 수입한 다음, 이를 다시 조공 형태로 명나라에 더 비싼 값에 공급한 것이다.

《세종실록》과《태종실록》에 따르면 여진족에게 면포 50여 필을 주고 구입한 말을 다시 유사한 품질의 면포 500필의 가격을 받고 명나라에 수출했다는 기록이 남아 있다. 무려 10배에 달하는 마진을 남긴 셈이다. 지금으로 따지면 당시 조공은 조선이 만주족과 명나라를 대상으로 한 일종의 중계무역이라고 할 수 있다.

조공을 통해 중계무역을 하다

중계무역中繼貿易이란 다른 나라에 수출할 목적으로 물품을 수입한 뒤, 추가적인 가공 없이 이를 다시 수출하는 거래형태를 말한다. 이때 중계무역국은 수출대금과 수입대금의 차액인 중계수수료를 취득하게 된다. 일반적으로 물건을 수입할 때는 해당 물건을 직접 사용하기 위한 경우가 대부분이다. 하지만 중계무역은 수입의 목적 자체가 수출이라는 점에서 큰 차이가 있다.

> **중계무역**
> 다른 나라로부터 수입해온 물자를 그대로 제3국에 수출해 차액을 취득하는 무역 형식
>
> **중개무역**
> 간접무역의 한 형태로 수출국과 수입국의 중간에 제3국의 상인이 개입하여 이루어지는 무역 형식

대표적으로 싱가포르나 홍콩과 같이 국내 시장의 규모가 크지 않은 국가가 중계무역을 통해 이익을 도모하고 있다.

많은 사람들이 이러한 중계무역과 **중개무역**仲介貿易을 혼동한다. 중개무역은 단순히 수수료만을 수취하려는 목적으로 수출국과 수입국 사이의 거래에 참여하는 형태를 말한다. 중개무역 역시 중계무역과 마찬가지로 특정 국가가 수출국과 수입국 사이에서 양 국가 간의 거래에 관여하는 형태이기 때문에 혼동될 수 있다.

중계무역과 중개무역을 구분 짓는 뚜렷한 차이는 중간상인이 계약 당사자인지 여부다. 물품의 계약 당사자가 중간상인일 때는 중계무역에 해당한다. 중간상인이 수출을 목적으로 물품을 직접 수입한 것이기 때문이다. 하지만 중간상인이 수수료 취득을 목적으로 수출국과 수

입국 사이에서 단순히 물품을 전달해주는 역할 등의 소극적인 임무만을 담당할 경우 이는 중개무역에 해당한다.

조선의 조공무역은 단순한 중개무역이 아니라 중계무역이었다. 명나라와의 조공무역에 수동적으로 임한 게 아니라 오히려 조공의 횟수를 늘려줄 것을 요청하는 등 자국의 이윤 획득을 위해 적극적으로 나섰기 때문이다.

얻은 것도 잃은 것도 많았던 조공무역

조선은 조공무역을 통해 많은 이익을 거두었지만 항상 그런 것만은 아니었다. 특히 조공 품목은 종주국만 결정할 수 있었는데 명나라는 바로 이 점을 활용했다. 말 수입으로 인한 손실을 벌충하기 위해서 조공 품목을 변경한 것이다. 명나라는 태종 4년에 한첩목아韓帖木兒 등의 사신을 보내 소를 거래하자고 요청했다. 말과 달리 소의 가격은 아주 저렴했다. 더군다나 소는 농경 수단이었기 때문에 조선 경제에 미친 악영향이 적지 않았다.

명나라는 또한 자국에 금은 세공품이 부족한 점을 보완하기 위해 조공 품목을 금은 세공품으로 변경하기도 했다. 조선 태조 때는 이 같은 요청을 만족시키기 위해 금광 채굴로는 모자라 금불상까지 강제로 거두어야 했다는 기록도 남아 있다.

앞서 언급한 바와 같이 드라마나 영화 속의 조공은 많은 백성에게 커다란 부담을 안겨준 착취로 묘사된 경우가 많다. 하지만 조선이 조공무역을 통해서 적지 않은 이윤을 거두었다는 점은 분명한 사실이다.

최근 들어 역사를 다루는 영화와 드라마가 해외로까지 수출되면서 우리 문화는 세계에 널리 알려지고 있다. 이러한 마당에 뭇사람들의 관심을 끌기 위해 각색된 내용을 관객들이 그대로 받아들여서는 곤란할 것이다. 역사적 사실과 영화적으로 과장된 부분을 구분하여 즐기는 지혜가 필요한 시점이다.

전쟁에서도 통하는
인센티브 전략

— 소속감과 충성도 —

2007년 맥킨지 보고서에 의하면 미국 기업의 수명이 1955년에는 45년, 1975년에는 30년, 1995년에는 22년, 2005년에는 15년으로 단축되고 있다고 한다. 또 다른 연구결과로 예일대학교의 2012년 연구에 따르면, S&P 500지수에 등재된 미국 선도기업의 평균 수명은 1920년에는 67년이었던 것이 오늘날에는 15년으로 지난 세기보다 50년 이상 줄었다.

이러한 추세는 우리나라 역시 예외는 아니다. 2009년 대한상공회의소 발표 자료에 의하면 한국 기업의 평균 수명은 27.3년이며, 중소제조업체의 평균 수명은 12.3년이다. 100대 기업의 40년 생존율은 12퍼센트에 불과하다고 한다. 이렇게 기업의 수명이 줄어드는 가장 큰 이유는 당연히 '경제환경의 불확실성'이 높아지고 있기 때문이다. 현재 많은 기업들이 자신들을 둘러싼 환경이 불확실해짐에 따라 내부에 지속적인 혁신을 불어넣기 위한 방법을 모색하는 데 더욱 열을 올리고 있다. 최근 혁신의 원동력을 기업 내부로 유도하기 위한 한 가지 방편으로 떠오르고 있는 플랫폼 등에 많은 기업들이 관심을 보이는 이유 또한 여기에 있다.

이러한 다각적인 노력과 함께 모든 기업들이 지속적인 혁신을 위해 항상 고민하는 제도 중 하나가 바로 인센티브이다. 그런데 많은 CEO들이 직원들을 독려하기 위한 인센티브를 엉뚱한 곳에서 찾기도 한다. 오늘날과 같이 극심한 불확실성의 시대에 유용한 인센티브 중 하나는 '회사는 결코 너를 버리지 않는다'라는 확신을 조직 구성원들에게 심어주는 것이다.

로마는 자국의 포로를 잊지 않았다

수많은 전쟁을 치러야 하는 불확실성의 시대를 살아갔던 로마인들은 구성원들에게서 강한 소속감과 높은 충성도를 끌어내기 위해 인센티브 전략을 효과적으로 사용해왔다. 그 결과 로마는 역사상 가장 오랫동안 유럽 대륙을 지배한 국가로 남았다.

로마인들은 적에게 포로로 잡혀간 동료들을 수십 년이 지나도 잊지 않았다. 기원전 216년 제2차 포에니전쟁 당시 로마는 칸나이 평원에서 펼쳐진 카르타고와의 전투에서 7만 명의 병사를 잃고 8,000명이 포로로 잡히며 패배했다. 승리한 한니발 장군은 8,000명의 포로를 그리스로 데려가 노예로 팔았다.

제2차 포에니전쟁 이후 20여 년이 지나 로마는 성장을 거듭해 스페인 지역을 평정한다. 그리고 북아프리카 카르타고의 본국까지 침범하며 지중해의 패권을 다투는 나라가 되었고 기원전 197년에는 그리스 지역까지 격파하기에 이른다. 당시 로마군 총사령관이었던 티투스 플라미니누스^{Titus Flaminius}는 그리스와 강화^{講和}를 맺으면서 그리스의 독립을 인정해주는 조건으로 20년 전 제2차 포에니전쟁 당시 포로로 잡혀간 로마군을 돌려달라고 요청했다. 그리스는 로마의 요구를 받아들였고 8,000여 명 가운데 그때까지 생존해 있던 1,000여 명의 포로들을 로마로 돌려보냈다. 티투스 플라미니누스는 그리스 지역의 승전보를 가지고 자국의 포로들과 함께 로마로 돌아온다. 이는 로마가 승리했다는 사실을 알리는 기회이기도 했지만, 로마는 결코 자국민들을 버리지 않는다는 사실을 각인시키는 계기가 되기도 했다.

기원전 53년경 벌어진 파르티아와의 전쟁에서는 1만 명에 달하는 로마군이 포로로 잡혀가게 된다. 로마는 그들 역시 잊지 않았다. 그로부터 9년이 지났지만 카이사르^{Caesar}는 이들을 구출하기 위한 전쟁을 준비했다. 파르티아에 붙잡힌 1만여 명의 포로는 파르티아의 오지에서 혹독한 노역에 종사하고 있었다. 그 과정에서 수많은 포로들이 희생되었지만 카이사르는 소수의 포로라도 구출해야 한다고 생각했다. 하지만 이는 카이사르의 죽음으로 실현되지 못했다.

그 후에도 로마는 여전히 포로를 잊지 않았다. 카이사르에 이어 권력을 장악한 아우구스투스^{Augustus}는 기원전 21년 파르티아와 강화를 맺는데, 강화 조건으로 파르티아에 32년 전 끌려갔던 전쟁 포로 반환을 요청했다. 하지만 포로들은 이미 고된 노역으로 모두 죽고 없었다. 파르티아는 결국 생존한 포로 대신 포로로 잡혀온 로마 군인들의 갑옷과 무기 등의 유품을 수거해 아우구스투스에게 돌려보냈다.

미국도 자국의 군인을 잊지 않는다

전쟁은 가장 불확실한 상황 중 하나이다. 이와 같은 상황에서 로마가 자국의 군인들을 독려하기 위해 선택한 인센티브 전략은 '우리는 결코 동료를 잊지 않는다'는 강한 소속감과 공동체의식이었다.

로마의 이러한 전략을 현대에는 미국이 계승하고 있다. 미국은 포로가 된 자국 군인을 구출하거나 그들의 유해를 찾기 위해 온갖 노력을 기울이는 것으로 유명하다. 부검의, 인류학자, 치과 전문의 등 다양한 전문 인력을 갖춘 유해확인센터를 설립해 정확한 유해 감식을 위해 모든 최신 기술을 활용한다. 이러한 노력으로 진주만 공습 당시의 유해를 60년이 지나서 확인하는가 하면, 북한과의 교섭에서도 한국전쟁에 참여한 자국 군인의 유해 인도를 요구하기도 했다.

유해확인센터 건물에는 "우리는 결코 당신들을 잊지 않을 것이다."라는 문구가 쓰여 있다. 강한 결의와 굳은 의지가 느껴지는 이

문장이 수많은 미국 군인들로 하여금 국가에 대한 헌신을 불러일으
킨다는 사실을 쉽게 짐작할 수 있다.

최근 우리 사회는 고용의 안전성에 대한 갈망이 더욱 커지는
추세다. 9급 공무원 시험의 경쟁률은 100대 1에 가깝고 일반 행정
전국 모집분야의 경우에는 경쟁률이 1,000대 1을 넘어서기도 했다.
수요 공기업의 300대 1이 넘는 경쟁률 역시 이제는 뉴스거리도 안
된다. 청소년을 대상으로 한 직업 선호도 조사 결과도 마찬가지다.
초·중·고교생들이 가장 희망하는 직업으로 선생님(교사)이 10년 넘
게 상위권을 차지하고 있다. 학부모들의 선호도도 공무원, 교사, 의사
순으로, 부모나 학생 모두 안정적인 직업과 직장에 대한 열망이 얼마
나 높은지 엿볼 수 있는 대목이다. 이처럼 불확실한 상황 속에서 직
장생활에서 얻고 싶은 가장 큰 인센티브가 안정성, 소속감, 정년 등이
라는 사실은 우리 사회 곳곳에서 확인된다.

인센티브 제도가 효과적으로 작동하기 위해서는 인센티브에 대
한 조직 구성원들의 호응도와 열망이 중요한 역할을 한다. 이제 기업
은 과거 로마제국과 근래에 미국 정부가 그랬듯이 구성원들을 결코
버리지 않는다는 안정성, 소속감, 공동체의식이라는 인센티브를 적
극 고려해야 할 때다. 비록 평생고용 등의 안정적인 직장 문화가 가
져다주는 폐해 또한 우리가 경험한 바 있지만 그러한 고용 형태와
직장 문화 속에서 지금의 성장을 달성해온 것도 사실이기 때문이다.

평생고용제도, 정년 보장 등의 채용 형태가 오래 지속되면서 드
러난 여러 가지 폐해는 꾸준히 시정되고 있는 중이다. 그렇다면 이

제는 다시 평생고용제도 등을 통한 '안정된 직장'이라는 인센티브를
사용할 때가 아닌가 싶다.

약에서 음료수로 변신한
코카콜라의 사연

― 수요의 증가와 감소 ―

역사상 콜라만큼 단기간에 전 세계인이 애용하는 음료가 된 사례는 없었다. 그중에서도 코카콜라는 콜라를 전 세계에 알리는 데 크게 기여한 대표적인 브랜드이다. 오늘날 코카콜라는 초당 4만 명이 즐기고 하루 7억 병이 팔린다고 한다.

지금까지 인류가 마신 코카콜라를 병에 담으면 25조 7,430만 병에 이르는데 이 병을 한 줄로 쌓으면 달까지 1,057번 왕복할 수 있는 길이라고 한다. 이러한 판매량 덕분에 코카콜라의 브랜드 가치는 각종 통계에서 1위를 지속해왔다. '오케이' 다음으로 가장 많이 알려진 영단어가 '코카콜라'라고 하니 코카콜라는 실로 세계를 대표하는 음료라 해도 과언이 아니다.

코카콜라는 수요의 증가를 도모했다

코카콜라가 세계인의 대표 음료가 될 수 있었던 가장 큰 요인은 '수요량의 증가'를 통해 판매량을 증대시키려 노력하기보다는 '수요의 증가'를 도모했기 때문이다. 경제학에서 말하는 '수요량의 변화'와 '수요의 변화'는 많은 사람들이 혼동하고 있지만 사실은 전혀 다른 경제 현상을 지칭한다.

먼저 '수요량의 변화'란 가격의 변화에 따라 소비자가 구입하고자 하는 제품의 수량이 달라지는 경우를 말한다. 가격이 상승하여 수요량이 줄어드는 경우를 '수요량의 감소'라 표현하고, 가격이 하락하여 수요량이 늘어나는 경우를 '수요량의 증가'라 표현한다.

이에 반해 '수요의 변화'란 가격 이외의 다른 요인들이 변화하여 해당 제품을 구매하고자 하는 의도가 달라지는 경우를 말한다. 실제 소비자들은 다양한 요인들을 고려하여 어떤 물건을 구매할지 여부를 결정한다. 예를 들어 가격은 예전과 같더라도 나의 소득이 증가하여 해당 물건을 더 많이 구매할 의사가 생길 수도 있다. 다른 유사 제품의 가격이 크게 올라 불가피하게 해당 물건의 소비를 늘릴 때도 있다. 이 같은 일련의 현상들은 수요의 변화에 해당한다. 가격 이외에 일련의 요인들이 해당 제품의 소비가 늘어나는 방향으로 변하게 되었을 때 이를 '수요의 증가'라 표현한다. 이와 반대로 소비를 줄이는 방향으로 변화할 경우 이를 '수요의 감소'라 표현한다.

해당 제품에 대한 사람들의 기호가 변해서 수요의 변화가 생기

1899-1902 1900-1916 1915 1957 1961 1991 1993 2007

코카콜라 병의 변천사

는 경우도 있다. 코카콜라 회사는 애초에 약이었던 콜라를 일상생활에서 쉽고 편하게 선택할 수 있는 음료수로 각인시키는 데 성공했다. 그러한 방법으로 수요의 증가를 유발시켰기 때문에 오늘날 세계인의 대표 음료수가 될 수 있었다.

수요의 증가를 불러온 콜라 맛의 비밀

다른 설탕물들이 초창기 약으로 분류되었듯이 콜라 역시 처음엔 약이었다. 중세부터 19세기 후반까지 약제사들이 설탕물로 만든 음료를 팔았다. 이처럼 설탕물의 일종인 초기의 콜라 역시 소비자들에게 약으로 판매되었다.

콜라를 최초로 개발한 사람은 내과 의사이자 약사였던 존 스티스 펨버톤John Styth Pemberton 박사이다. 모르핀 중독에 시달렸던 그는 모르핀을 대체할 수 있는 약물 개발에 몰두했다. 그러던 중 1885년 페루의 코카 잎에서 추출한 코카와 아프리카의 콜라 너트에서 추출한 카페인이 포함된 최음제 성격의 와인 음료수를 개발한다. 펨버톤 박사는 자신이 개발한 이 와인 음료수를 과로, 변비, 우울증, 성기능 장애, 두통, 히스테리, 아편 중독 등에 효과가 있다고 주장했다. 그리고 '제이콥 약국'에서 5센트에 판매하기 시작했는데 이것이 바로 우리가 아는 콜라의 시초였다.

하지만 곧이어 애틀랜타에서 알코올이 들어간 모든 식품의 판매를 금지한다. 이에 펨버톤은 와인 성분을 제거하는 대신 7X로 알려진 일곱 개의 비밀 성분을 추가하여 오늘날과 같은 형태의 코카콜라를 만들어낸다. 이 비밀스런 성분에 대한 실마리는 거의 100년이 지난 후 1993년 마크 펜더그래스라는 기자가 코카콜라의 역사를 취재하면서 세상에 알려지게 된다. 당시 공개된 코카콜라의 성분은 라임주스와 오렌지, 레몬, 너트메그, 시나몬, 오렌지꽃 등에서 추출한 오일이었다. 콜라를 구성하는 대부분의 성분이 중동을 비롯한 동양에서 전해진 재료들이었다는 사실에 많은 사람들이 놀라움을 표했다. 미국이 원산지인 재료라고는 바닐라뿐이었다. 펨버톤은 알코올 성분 대신 최음제 효과를 낼 수 있는 방법을 동양에서 찾았던 것이다.

당시 금주법으로 인해 술이 금지되면서 많은 사람들이 콜라를 술의 대체재로 인식하기 시작했다. 콜라에 대한 선호도가 높아지면서 '수요의 증가'를 불러왔고 콜라는 다시 한 번 많은 사람들의 주목을 받게 되었다.

친숙함을 무기로 전 세계를 공략하다

콜라는 시대에 따른 변화에 긴밀히 적응하면서 지속적으로 수요 증가를 유발시켜 나갔다. 1898년 미국 의회가 약품에 세금을 부과하자 코카콜라 회사는 콜라를 약국에서 판매하는 약이 아니라 음료로 전환하여 판매하기 시작했다. 제품에 신규로 부과된 세금은 가격 상승을 불러오고 가격 상승은 수요량의 감소로 이어져서 전체 판매수익을 떨어뜨릴 수 있기 때문이다.

코카콜라 회사는 이를 피하기 위해 코카콜라를 음료로 인식시키기 시작했다. 처음에는 세금 회피를 위한 목적이었지만 뜻하지 않는 수요 증대 효과를 거두게 된다. 코카콜라가 약으로 분류되었을 때보다 구매가 쉬워지면서 판매량이 증가한 것이다. 일상생활에서 물 대신 마실 수 있는 음료로 인식되면서부터는 약으로서의 경계심 내지 주저함이 사라지게 되었기 때문이다.

소비자들이 콜라를 친숙하게 느낄수록 더 큰 이익을 거둘 수 있다는 사실을 깨달은 코카콜라 회사는 대중들에게 콜라를 친숙한 제품으로 각인시키기 위한 다양한 마케팅 활동을 전개하기 시작한다. 그중 하나가 산타클로스를 활용한 마케팅 전략이었다.

오늘날 산타클로스 하면 수북하게 흰 수염을 기르고 붉은 색 옷을 입은 푸근한 몸매의 인물을 떠올린다. 하지만 처음부터 산타가 이러한 이미지는 아니었다. 물론 이전에도 비슷한 형상으로 묘사한 사례가 있었지만 일반적으로 산타클로스는 성직자나 요정의 모습으

1931년 산타클로스를 등장시킨 코카콜라 광고

로 그려지곤 했다. 이는 산타클로스의 기원이 3세기 무렵 불우한 아이들을 돕던 성 니콜라스에 있기 때문이다. 원래 산타는 친숙하다기보다는 성스러운 존재에 가까웠다.

　그러던 산타클로스를 오늘날과 같은 친숙한 이미지로 각인시킨 건 코카콜라 회사였다. 1931년 코카콜라는 회사 로고와 동일한 색깔인 빨간색 옷과 콜라 거품 모양을 본뜬 흰 수염을 단 산타클로스를 등장시킨 광고를 내보냈다. 이 광고에는 친근한 인상의 산타클로스가 아이들에게 시원한 콜라를 선물로 나눠주는 모습이 등장한다. 코카콜라 회사는 콜라가 아이들뿐만 아니라 온 가족이 편히 접할 수 있는 음료수로 각인되기를 원했던 것이다. 오늘날 우리가 식당이나 카페에서 별 생각 없이 콜라를 주문하게 된 데는 코카콜라 회사의 이 같은 노고가 뒤에 있었기 때문이다.

수요의 감소를 막기 위한 다양한 마케팅 전략

오늘날에도 코카콜라의 노력은 계속되고 있다. 몇 년 전 코카콜라의 겨울철 광고에 북극곰이 등장한 적 있다. 세계적인 환경보호단체인 세계야생기금WWF과 함께 멸종위기에 놓인 북극곰을 위한 모금 활동에 나서면서 이 같은 광고를 내놓은 것이다. 이는 코카콜라가 환경보호를 위해 노력하고 있다는 점을 보여주면서 콜라에 대한 친숙함을 유지하려는 전략이었다.

이 외에도 코카콜라 회사는 다양한 스포츠 활동에 후원사로 참여하면서 운동 후에는 콜라 한 잔이 생각나도록 노력하고 있다. 또한 여러 패스트푸드 회사 광고에 직간접적으로 후원하면서 패스트푸드는 콜라와 함께 먹는 것을 당연히 여기도록 만들었다. 이러한 일련의 전략들로 코카콜라는 운동 후에도, 간단히 패스트푸드로 끼니를 때울 때에도, 한겨울 추위 속에도 자연스럽게 생각나는 음료가 될 수 있었다.

하지만 오늘날 코카콜라는 새로운 위기에 직면해 있다. 콜라가 건강에 해롭다는 평가 때문이다. 미국에서 콜라의 농축액을 운반하는 트럭들은 독극물에 적용되는 유해물질 카드를 소지해야만 운행할 수 있다고 한다. 실제로 코카콜라의 주요 성분인 인산은 산성도를 나타내는 pH 수치가 2.8로, 보통 크기의 못을 4일 내에 녹여버릴 수 있는 수준이다. 자동차 배터리에 녹이 슬었거나 볼트가 빠지지 않을 때 콜라를 발라주면 몇 분 지나지 않아 녹이 제거되거나 볼트가 쉽게 빠지는 현상을 목격할 수 있다.

많은 사람들은 콜라가 몸에 안 좋다는 사실을 알고 있음에도 별 생각 없이 콜라를 마신다. 이는 콜라 회사에서 수요의 감소를 막기 위해 다양한 마케팅 전략을 펼치고 있기 때문일지도 모른다. 앞으로도 콜라 회사는 다양한 방법으로 콜라의 수요 증가를 위한 노력을 이어갈 것이다. 그러한 노력 덕분에 세계인의 대표 음료라는 영광을 누려왔다는 사실을 너무나도 잘 알고 있기 때문이다.

팝콘이 없는 영화관을
상상할 수 있을까

— 수익구조의 비밀 —

얼마 전 모 대형 영화관 체인업체가 일부 영화관에 한해 입장료를 인상한다고 발표해서 논란을 일으킨 적이 있다. 대형 영화관 운영회사들이 가장 대중적이고 서민적인 문화생활 중 하나인 영화의 입장료 인상을 통해 폭리를 취하려 한다는 지적이었다. 하지만 여기에 우리의 상식과 다른 점이 하나 있다. 바로 영화관의 가장 큰 수익원은 영화 입장료가 아니라 팝콘에서 나온다는 사실이다.

이러한 사실을 실제 확인해 주는 조사결과가 발표된 적이 있다. 지난 2017년 영화진흥위원회 조사 자료에 따르면, 2016년 영화관 관객수는 2억 1,702만 명으로 2015년 2억 1,729만 명에 비해 0.12퍼센트 감소했다. 하지만 매출은 2015년 1조 7,154억 원에서 2016년 1조 7,432억 원으로 1.6퍼센트 증가했다. 같은 기간 영화 관람객이 극장 내 매점 이용시 지불하는 평균 비용이 7,552원에서 9,009

원으로 19.3퍼센트나 늘었기 때문이다. 극장 관객수는 줄었으나 매출이 증가한 이유가 매장 운영수익 때문임을 알 수 있는 대목이다.

한 대형 영화관 체인업체의 조사에 따르면 10년간 판매한 팝콘과 콜라가 각각 1,300만 개, 1,200만 개에 이른다고 한다. 이는 팝콘 통을 세로로 쌓았을 때 에베레스트 산을 1,500회 왕복 가능하고 일렬로 세웠을 때는 무려 지구를 반 바퀴나 도는 양이라고 한다. 또 다른 대기업의 경우 총수 일가가 영화관의 알짜 사업인 팝콘 매점의 운영권을 독식해오다가 그 사실이 언론에 보도되자 전격적으로 매점 사업에서 손을 뗀 일도 있었다. 이는 영화관 사업에서 가장 커다란 수익원이 팝콘 판매에 있다는 사실을 방증한다. 그렇다면 영화관의 주 수익원이 입장료가 아니라 팝콘에서 나오는 이유는 무엇일까? 이는 영화 입장료와 팝콘 판매의 수익구조를 비교해보면 쉽게 확인할 수 있다.

영화 입장료와 팝콘의 수익구조 차이

먼저 영화 입장료의 수익구조를 살펴보자. 우리가 내는 영화 입장료 즉 티켓값에는 10퍼센트의 세금이 포함되어 있다. 따라서 영화를 만들고 상영하는 데 기여한 사람들은 이를 제외하고 남은 금액을 나누어 가지게 된다. 영화 제작과 상영에 기여한 사람들을 크게 극장과 배급사로 구분할 수 있는데, 우리나라의 경우 보통 극장과 배

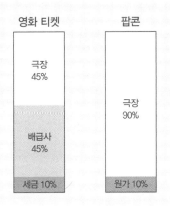

• 영화 티켓과 팝콘의 수익구조

영화 티켓

극장
45%

배급사
45%

세금 10%

팝콘

극장
90%

원가 10%

*일반적인 영화일 경우로 가정하여 정리한 표이다.
자잘한 부대비용은 포함하지 않았다.

급사는 세금을 제외하고 남은 금액을 반반 나누어 갖는다. 물론 서울 지역에서 상영되는 할리우드 영화의 경우, 분배 비율이 6(배급사) 대 4(극장)로 특별대우를 받기도 한다. 그래서 일반적으로 입장료의 절반 이하의 금액이 영화관의 수익으로 귀속된다고 할 수 있다.

이러한 사실을 고려할 때 우리가 내는 티켓값이 1만 원이라고 하면 여기서 세금을 제외한 금액의 절반인 4,500원 미만의 금액이 상영관 측으로 흘러들어가게 된다. 물론 영화 상영관들은 인건비, 임대료, 시설 관리비 등 제반 비용을 제외해야 하기 때문에 순수익은 이보다 훨씬 적은 금액일 것이다.

이제 팝콘의 수익구조를 살펴보자. 극장에서 판매되는 팝콘 가격은 다소 차이가 있지만 보통 5,000~6,000원 내외이다. 하지만 이들 팝콘의 원가는 600원 수준에 불과하다. 포장비용 100원을 더한다 하더라도 원가 대비 7배가 넘는 금액이 팝콘에 부과되고 있는 것이다. 팝콘과 함께 먹는 음료수의 가격 또한 평균적으로 500원 이상 비싸다.

이처럼 영화관은 영화 티켓 판매를 통해 거둘 수 있는 수익보다 팝콘 판매를 통해 거둘 수 있는 마진이 더욱 높다. 실제로 2001년 이후 우리나라 대형 영화관 체인은 영화 자체의 수입보다도 매장을 통한 수입이 더 많았다고 한다.

영화관 입장료만으로는 운영이 어려웠다

처음 영화관에서 팝콘 판매에 관심을 보이기 시작한 이유 또한 또 다른 수익원이 필요하다는 인식 때문이었다. 영화 탄생 초기에는 니켈로디언Nickelodeon라고 부르는 공간에서 영화를 상영했다. 5센트를 의미하는 '니켈'과 관객을 뜻하는 '오디언스'를 합한 단어로, 당시 저렴한 입장료를 받고 주로 노동자 계층을 대상으로 영화를 상영했던 공간을 뜻한다. 저렴한 비용으로 즐길 수 있는 문화 공간이 부족했던 당시 영화관은 노동자 계층에 급속히 퍼져나갔다. 1909년 미국의 주당 영화 관객 수는 4,500만 명에 달했고 니켈로디언 상영관 수는 8,000개에 육박했다고 한다.

1920년대 들어, 극장의 이용객들은 중산층으로까지 확산되기 시작했다. 그전까지 니켈로디언은 시설이 열악하고 더러운 노동자 계층들의 전유물로 치부되어 중산층 이용객들에게 외면당했다. 이러한 상황을 극복해 보다 높은 수익을 거두기 위해 영화 사업자들은 영화관 시설을 개선하는 데 주력한다. 그 결과 1930년대에는 한 주당 영화 관람객 수가 9,000만 명에 육박하는 수준으로 증가하게 되었다.

하지만 제2차 세계대전 이후 상황이 급변한다. 한 주당 9,000만 명에 육박하던 관람객 수는 1963년, 그 수가 반으로 줄어들었다. 텔레비전 보급의 증가, 주거지역이 영화관에서 멀리 떨어진 교외로 이동하게 된 점, 레저 문화의 다양화 등으로 영화 관람객의 수가 급격히 감소했기 때문이다. 관람객의 감소로 영화관은 이제 새로운 수익원을 창출해 활로를 모색해야 할 상황에 맞닥뜨렸고 그 과정에서 팝콘이 대안으로 부상하게 된다. 많은 군것질거리 중에서 팝콘이 선택된 이유는 대공황 이후부터 옥수수 가격이 저렴해져 팝콘이 이미 '국민 간식'으로 자리 잡고 있었기 때문으로 보인다.

보다 명확히 말하자면 팝콘이나 콜라 등 군것질거리를 영화관에서 판매하기 시작한 때는 제2차 세계대전 종전 이전인 1930년대부터였다. 하지만 처음에는 관람객들에게 그리 큰 인기를 얻지 못했다. 당시의 팝콘 기계는 화재의 위험성이 높아서 매장에서 멀리 떨어져 있는 곳에서 팝콘을 튀겨서 가져오는 방식이었기 때문이다.

팝콘은 왜 영화관에서 사먹어야 제 맛일까

종전 이후 팝콘 기계가 발달하면서 화재의 위험으로부터 자유로워지자 많은 영화관에서는 팝콘 기계를 티켓 판매 장소 근처 내지 영화관 입구에 배치해 관객들의 구매를 본격적으로 유도하기 시작한다.

영화관은 단순히 팝콘 기계를 사람들의 눈에 잘 띄는 공간으로 옮겨놓는 데 그치지 않았다. 그들은 일부러 팝콘 냄새가 매장 전체에 진동하도록 만들었으며 팝콘 튀기는 소리 역시 크게 내서 사람들의 후각과 청각마저 팝콘 구매로 이어지도록 유도했다. 팝콘을 비추는 조명 또한 마치 버터를 발라 팝콘이 노랗게 된 것처럼 만들어서 더욱 군침을 돌게 만들었다.

이러한 일련의 설정들은 단순히 팝콘의 판매량을 올리는 것뿐만 아니라 영화관에서 파는 팝콘은 집에서 만들어 먹는 팝콘과는 다르다는 인식을 부여했다. 그래서 관객들로 하여금 더 높은 가격을 지불하도록 유도할 수 있었다. 즉, 영화관에서 판매하는 팝콘은 버터를 듬뿍 발라 더욱 고소하기 때문에 응당 더 비싼 가격을 지불해야 한다고 판단하게 만든 것이다. 영화관의 이러한 전략에 따라 관객들은 집에서 만든 팝콘보다 10배 가까이 비싼 가격을 주고 기꺼이 영화관에서 팝콘을 구매하게 되었다. 일부 소비자들은 팝콘을 먹으려고 영화관에 간다고도 하니, 영화관 운영자들의 이 같은 전략은 대성공이라 할 수 있다.

영화 티켓값은 내리고 팝콘 가격은 올려야 한다

경제학자 데이비드 프리드먼David Freedman과 스티븐 랜즈버그Steven Landsburg는 영화관이 높은 수익을 거두려면 영화 티켓값은 내리고 팝콘 가격은 올려야 한다는 연구 결과를 발표한 바 있다. 그들은 이 연구를 통해, 영화 티켓값을 내리면 더 많은 사람들을 영화관으로 유도할 수 있고, 영화관 내부의 독점시장인 팝콘 가게에서 관객에게 높은 가격으로 팝콘을 판매할 경우 더 높은 수익을 거둘 수 있다고 설명했다.

완전경쟁시장에서 기업은 가격 수용자이다. 그래서 시장에서 형성된 가격으로 재화를 판매한다. 재화를 더 많이 생산하든, 더 적게 생산하든 가격이 변하지 않는다. 하지만 독점시장에서는 공급자가 가격을 설정할 수 있는 능력을 가진다. 시장에서 물건을 공급하는 사람이 자신밖에 없기 때문이다. 따라서 독점기업이 이윤을 극대화하기 위한 생산량을 결정하면 가격이 자동으로 결정된다. 이때 결정되는 독점시장의 가격은 완전경쟁시장에서 형성되는 가격보다 높게 책정되는 경우가 많다. 즉, 가격을 높이고 전체 판매량을 줄일 때 독점기업은 더 큰 이윤을 얻을 수 있는 것이다. 이러한 시장원리는 팝콘 매장에서도 그대로 적용된다.

이 두 경제학자는 티켓의 가격을 내리고 팝콘 가격을 올려야 하는 또 다른 이유로 영화 상영 계약을 들었다. 영화관에서 영화를 상영할 권리를 얻기 위해서는 잠재수익의 일정 비율을 걸고 입찰을 해야 한다. 하지만 영화의 흥행 성적은 누구도 예측하기 어렵기에 영화 관람자 수의 일정 액수를 보증하고 입찰하는 것은 위험 부담이 크다. 따라서 이러한 위험 부담을 낮추기 위해서는 영화 티켓 가격 자체를 낮추는 것이 중요하다. 이로 인해 줄어든 소득은 팝콘 가격 등을 올려 벌충하는 것이 위험을 줄이면서 수익을 유지하는 방법이다.

이제 팝콘이 없는 영화관은 상상하기 어렵다. 영화 티켓은 무인 발권기에서 사도록 유도하면서 팝콘 매장은 더 화려해지고 규모도 커지는 추세다. 앞으로 영화를 보러 갈 때마다 영화를 즐기는 문화에 팝콘이 빠질 수 없게 된 근본적인 원인 또한 경제원리에 있었다는 사실을 기억해보면 어떨까.

와인의 종류가
셀 수 없이 많은 까닭

— 독점적 경쟁시장 —

인류가 언제부터 와인을 마시기 시작했는지 정확히는 알 수 없다. 구약성경에는 노아의 방주 이후 아라라트 산에 정착하여 첫 수확 후 포도주를 담가 마셨다는 기록이 나온다. 그리스 신화에서도 술의 신 디오니소스(로마신화에서는 바쿠스)가 포도주를 만드는 방법을 지중해에 보급했다는 이야기가 등장한다. 이런 내용들을 보면 인류는 이미 그 이전부터 와인을 제조하여 마신 것으로 보인다.

와인은 포도의 품종과 품질뿐만 아니라 재배 지역의 토양, 기후, 일조량과 기온 등에 따라 차이가 크다. 심지어 오랫동안 같은 포도원에서 수확한 포도로 와인을 만들어온 와인 제조업자들도 해마다 그 맛과 향이 조금씩은 달라진다고 한다. 이러한 이유로 와인만큼 종류가 다양한 술은 없다고 할 수 있다.

프랑스 보르도 와인 생산 지역을 나타내는 지도. 포도밭과 샤토를 나타내고 있다.(빅터 르바서, 1861년작)

자연 조건에 의해 결정되는 와인의 맛

와인의 종류와 품질이 다양하기 때문에 이를 구분하기 위한 다양한 방법들이 사용된다. 보통 와인 병에는 빈티지vintage라고 해서 수확 연도가 표기되어 있다. 해마다 다른 온도와 일조량이 포도의 질에 영향을 미치기 때문에 이 수확 연도가 품질을 증명하는 중요한 기준이 된다.

또한 와인 병에는 생산된 포도원도 표시되는데 샤토chateau라는 말이 이를 나타낸다. 샤토는 원래 성곽이나 대저택을 뜻하는 말로, 일정 면적 이상의 포도원과 함께 와인의 제조와 저장 시설을 구비한 장소를 의미하기도 한다. 그러나 와인이 생산되는 지명과 샤토명를 모두 다 아는 일은 불가능에 가깝다. 왜냐하면 그 종류가 상상을 초월할 정도로 많기 때문이다.

본격적으로 와인이 전 세계에 전파되기 시작한 때는 로마 시대부터다. 로마인들은 유럽 각지에 있는 식민지에 포도원을 조성하려고 시도하는 등 좋은 와인을 확보하기 위해 열을 올렸다. 와인 애호가였던 로마인들 덕분에 유럽 각 지역 사람들이 와인을 맛볼 기회를 갖게 된 셈이다. 오늘날 세계 최고의 와인을 생산하는 프랑스의 보르도, 부르고뉴 지방의 특급 포도원은 바로 이 시절 로마인들에 의해 개발되었다.

최고의 와인 맛을 재현하기 위한 노력

와인에 문외한이라도 보르도나 부르고뉴 지방이 와인의 명산지라는 이야기 정도는 들어보았을 것이다. 이 지역이 와인으로 유명한 이유는 자연 조건이 와인 생산에 적합하기 때문이다. 두 지역은 포도 수확기에 일조량이 많으며 모래 성질의 토양이라 배수도 뛰어나다. 그야말로 양질의 포도를 재배할 수 있는 최적의 환경을 갖춘 곳이다. 이 지역 와인의 맛과 향기가 탁월한 것은 너무나도 당연한 일이다.

유럽의 많은 지역 사람들은 보르도, 부르고뉴 지방의 와인 맛을 경험한 뒤 이를 결코 잊지 못했다. 새로운 삶의 터전을 찾아 미국으로 이주한 유럽인들 역시 마찬가지였다. 그래서 신대륙으로 이주한 유럽인들은 보르도 지역의 포도인 '피노 누아' 품종을 가져다 재배를 시도했다. 그런데 같은 품종임에도 미국에서 재배한 포도는 맛이 형편없었다.

또 미국인들은 부르고뉴 지방의 샤블리Chablis에서 생산하는 화이트와인을 모방하려 시도했으나 결국 싸구려 와인 수준의 맛과 향을 얻었을 뿐이었다. 하지만 이들은 이름만이라도 샤블리라고 붙여 고향에서 맛보던 와인의 맛을 추억한 것으로 유명하다. 이는 다른 지역도 마찬가지였으며 와인 판매자들이 너도나도 유명한 지역이나 샤토명을 상표에 도용하는 바람에 소비자들의 혼란을 가중시켰다.

그러던 중 몇몇 포도원 운영자들 사이에서 미국의 기후 환경에 적합한 제조 방법을 모색하려는 움직임이 나타났다. 유럽과는 다른 와인을 생산하는 것이 훨씬 큰 이익을 얻을 수 있음을 깨달았기 때문이다. 즉, 이들은 제품 차별화를 도모하게 된다.

사실 그 이전에도 유럽의 많은 지역에서 보르도와 부르고뉴 와인의 맛을 모방하기 위해 시도했지만 결국 실패하곤 했다. 그들 또한 자신의 지역에 가장 적합한 재배 방법과 제조 방법을 개발하여 이를 통한 제품의 차별화를 추구했다. 재미있는 점은 이러한 차별화 전략이 자발적으로 전개된 것이 아니라 우연한 사건을 계기로 시작되었다는 사실이다.

우연이 탄생시킨 차별화된 와인

독일 지역에서 세계적인 와인을 생산하게 된 계기는 무엇일까? 독일은 지중해 지역에 비해 기온이 낮아서 포도 재배에 적합한 지역이 아니었다. 하지만 독일인들은 양질의 와인을 생산하기 위한 노력을 지속해오고 있었다. 그러던 중 우연한 사건으로 인해 숙원 사업을 달성하게 된다.

당시는 수도원에서 와인 생산을 독점하던 시기였다. 독일 라인 계곡의 포도원 역시 수도원장의 허락 없이는 포도를 수확하는 것조차 엄격히 금지되어 있었다. 그런데 1775년 슐로스 요하니스베르크에 있는 한 수도원장이 회의에 참석하기 위해 다른 지방에서 머물고 있던 사이, 포도가 전부 익어 당장 수확을 해야 하는 상황이 되었다. 수도원 사람들은 포도 수확을 허락받기 위해 백방으로 노력했지만 허사였다. 결국 수도원장이 돌아왔을 즈음에 포도는 너무 익어 쭈글쭈글해지고 곰팡이마저 피어 있었다. 사람들은 어쩔 수 없이 그런 상태의 포도를 수확해 와인을 만들었는데 의외의 결과가 나타났다.

지금까지 맛보지 못한 최고의 와인이 탄생한 것이다.

이것이 '늦따기 기법'의 탄생 배경이다. 이 기법은 이후 최고급 스위트 와인을 만드는 고전적인 수확 방법으로 자리를 잡게 된다. 그 결과 독일의 라인가우와 모젤 자르 루버 지역의 특수 와인은 세계 최고의 와인을 생산하는 지역이 되었다.

독일이 늦은 수확으로 새로운 와인을 발견했다면 영국은 부패를 막기 위한 노력에서 새로운 와인을 탄생시켰다. 11세기 프랑스와 영국 왕가의 혼인으로 프랑스 영토의 일부가 영국령이 되면서 영국인들 역시 프랑스의 보르도 와인을 즐겨 마셨다. 하지만 영국과 프랑스가 14세기 말에서 15세기 중반까지 영토를 놓고 100년 전쟁을 하면서 영국인들을 더 이상 프랑스의 보르도 와인을 맛볼 수 없게 되었다. 이에 영국인들은 스페인과 포르투갈 지역으로 눈을 돌리게 된다. 하지만 프랑스보다 항해 여정이 긴 포르투갈 두로 지역에서 공수한 와인은 수입 도중 쉬어버려 먹을 수 없었다. 결국 수입상들은 와인이 배 위에서 부패하는 것을 막기 위해 와인에 약간의 브랜디를 첨가하기 시작했다. 그 결과 부패도 없을 뿐만 아니라 단맛까지 함유한 새로운 와인을 얻게 된다. 그 후로 영국인들은 포르투갈 산 와인에 브랜디를 첨가한 것을 포트[port] 와인라고 부르며 새로운 종류의 와인으로 생산하기 시작했다.

이러한 일화는 여타 국가에도 좋은 선례가 되었다. 더 이상 프랑스 보르도나 부르고뉴 지방의 와인 맛을 흉내 내려 애쓰지 않게 된 것이다. 미국의 와인 생산업자들도 토종 포도와 유럽 포도를 접

붙여 미국의 토양과 기후에 적합한 포도를 생산해냈다. 그렇게 해서 탄생한 와인이 지금은 미국을 대표하는 와인으로 자리매김한 세이블 블랑Seyval Blanc과 바코 누아Baco Noir이다.

와인의 발전으로 살펴보는 독점적 경쟁시장

근대 와인의 발전 역시 경제학과 연결 지어 설명할 수 있다. 경제학에서는 독점적 경쟁시장monopolistic competition market이라는 개념이 있다. 이는 완전경쟁시장과 독점시장의 성격을 동시에 갖고 있는 시장을 의미한다. 완전경쟁시장이란 수많은 소비자와 기업이 정해진 가격 아래 모두 동일한 상품을 사고파는 시장을 말한다. 동일한 상품을 가지고 너무나도 많은 생산자와 소비자들이 참여하는 시장이기 때문에 그 누구도 시장에 영향을 미치지 못한다. 반면 독점시장에서는 단일 기업이 재화나 서비스를 공급한다. 시장에서 필요한 물건을 단독으로 공급하기 때문에 시장 거래량과 가격에 대해 단일 기업이 절대적인 권한을 갖고 있다.

독점적 경쟁시장에서는 이 두 시장의 특성을 모두 엿볼 수 있다. 독점적 경쟁시장은 시장에 참여하는 수많은 생산자와 소비자들이 있다는 점에서 완전경쟁시장과 유사하다. 하지만 시장에 참여하는 생산자가 독점적인 지위를 갖게 된다는 점이 다르다. 이는 생산자들의 제품에 각각 차이가 있기 때문이다. 독점적 경쟁기업들은 소비자의 선호를 충족시켜줄 서로 다른 상품을 만들어낸다. 음반시장의 경우 가수들과 노래들이 저마다의 특성을 지니기에 각각 고유의 고객을 갖고 있다. 때문에 다소 비싸게 판매한다 하더라도 소비자들이 전부 떨어져 나가지는 않으며 오히려 가치를 인정받기도 한다.

보르도나 부르고뉴 와인을 추종했던 와인 제조업자들은 동일한 제품을 모방하려고만 했다. 그들에게 와인이란 단일 상품이었다. 다른 형태를 추구해서 또 다른 맛과 향을 추구할 생각까지는 하지 못한 것이다. 하지만 그들은 점차 기존의 와인과는 차별화된 맛과 색깔, 향을 지닌 상품으로 충분한 이익을 거둘 수 있다는 사실을 깨달았으며 오히려 기존의 제품보다 더 큰 이윤을 창출할 수 있다는 사실도 알게 되었다.

이 같은 차별화된 와인의 탄생이 인간이 땀과 열정으로 일군 노력의 산물이 아니라 우연한 사건을 통해 얻어졌다는 점이 역사의 흥미로운 지점일 것이다.

커피는 어떻게
전 세계인의 음료가 되었나

— 관세의 목적 —

공산품과 원유를 제외하고 국제 원자재 시장에서 가장 교역량이 많은 품목은 커피다. 국제커피기구ICO에 따르면 원두의 교역량이 원유 시장의 10퍼센트 수준에 육박한다고 하니 그야말로 커피는 이제 인류의 가장 보편적인 음료라고 할 수 있다.

인류는 어떻게 커피를 마시게 되었을까

인류가 커피를 처음 접하게 된 시점은 8세기경으로 추정된다. 에티오피아 해안 지역의 양치기 소년들은 어느 날 염소들이 빨갛고 작은 열매를 먹고 나서 흥분한 상태로 울부짖으며 뛰어다니는 모습을 목격했다. 양치기 소년들은 호기심에 그 빨간 열매를 맛보았는데 이상하게도 기분이 좋아졌다. 그 열매가 바로 커피 열매였다.

이후 아프리카 지역의 많은 부족들은 커피를 음료가 아닌 식사용으로 활용했다. 아프리카 갈라족의 경우 길고 고된 유랑 길을 떠나기 전, 농축 식품으로 커피가 섞여 있는 공 모양의 음식을 만들었다. 고된 유목 생활 중에 커피 가루가 섞여 있는 음식은 든든한 영양제이자 훌륭한 자극제가 되어주었기 때문이다.

곧이어 커피는 인근 지역으로 퍼져나갔다. 이슬람 지역에서는 소화를 돕고 두통을 낮게 하며 부종과 통풍 심지어 유산을 방지하는 약으로 활용되기도 했다. 이슬람의 성직자들은 기도 중에 졸음을 쫓아준다는 이유로 커피를 즐겨 마셨다.

카페인 성분을 함유한 커피의 매력은 유럽인들도 피할 수 없었다. 커피를 유럽에 소개한 사람은 스코틀랜드의 탐험가 제임스 브루스James Bruce였다. 그는 1773년에서 1786년까지 나일강의 근원을 찾아 여행을 하고 있었다. 그러던 중 지금의 에티오피아 인근 지역에서 원주민들이 수세기 전부터 독특한 방식으로 원두를 식용하고 있음을 발견했다. 그렇게 제임스 브루스를 통해 알려진 커피는 유럽 각 지역으로 급속히 확산되었다.

프랑스에서는 커피가 국가적인 음료였던 와인의 자리를 빼앗을까 염려하여 커피를 금지하려 했고 독일에서는 맥주 때문에 커피의 급속한 확산을 우려했다는 기록도 남아 있다.

미국인들은 관세 때문에 커피를 즐기게 되었다

오늘날 가장 많은 커피를 소비하면서 커피 전도사 역할을 맡고 있는 국가는 미국이다. 그런데 미국인들은 어떻게 커피를 즐기게 되었을까? 그 결정적인 계기는 다름 아닌 관세 때문이었다.

미국에 커피가 소개된 시기는 17세기 후반이다. 하지만 처음에는 미국인들의 주목을 받지 못했다. 미국인들은 유럽 시절부터 즐겨왔던 차 문화에 익숙했다. 또한 미국 대륙의 물자 공급을 담당하던 영국의 동인도회사 역시 차를 판매하는 데 더욱 적극적이었다. 그러나 18세기 들어 미국인들은 더 이상 차 문화를 이어가기 어려운 환경에 놓인다. 18세기 중엽부터 영국이 미국으로 수출되는 차에 관세를 붙였기 때문이다.

오늘날 관세라고 하면 흔히 국내로 수입되는 물품에 대해 정부가 부과하는 조세를 말한다. 하지만 관세에 대한 보다 정확한 정의는 수출 또는 수입되거나 통과되는 화물에 대하여 부과되는 세금으로 수출세, 수입세, 통과세의 세 종류가 있다.

관세가 수입품에만 부과되는 것이라는 오해는 우리나라에서 현재 수입세 형태의 관세만 시행되고 있기 때문이다. 하지만 18세기 영국의 사례처럼 수출품에 대한 관세도 존재한다. 영국은 1767년 타운센드 법Townshend Acts을 제정했는데 이는 미국에 체류 중인 영국 군대의 주둔 비용을 미국인들에게 부담시키고 미국인의 생필품에 수출 관세를 붙이는 법률이었다. 이 법률 때문에 여러 생필품 가격이 오르자 미국인들은 격분하게 되었고 결국 영국 제품에 대한 불매운동으로 이어졌다. 불매운동으로 미국으로의 수출이 감소하자 이번에는 영국 상인들의 불만이 고조되었다. 그러자 영국은 차에 대한 관세만 유지한 채 타운센드 법을 폐지했다. 이에 미국인들은 네덜란드 등지로부터 차를 밀수하기 시작했고 차 무역을 담당하던 영국의 동인도회사는 경영난에 봉착하게 되었다.

이를 모른 체할 수 없었던 영국 정부는 결국 수출 관세를 면제해주고 미국에서의 차 거래에 대한 독점권을 동인도회사에 부여하는 관세법을 통과시킨다. 영국 정부의 비호 아래 동인도회사는 아주 싼값에 차를 판매할 수 있게 된 반면, 미국의 밀수업자들은 도산 위기에 처하게 되었다.

보스턴 차 사건 이후 미국의 커피 문화

차 과세에 대한 미국인들의 저항은 점점 거세졌고 결국 1773년 '보스턴 차 사건'으로 이어졌다. 보스턴 차 사건은 인디언으로 변장한 시민들이 보스턴 항에 정박해 있던 영국 상선에 난입해 차 상자를 바다에 버린 사건이다. 이 사건은 미국의 독립을 촉발시켰다는 평가를 받고 있는데 이를 기점으로 해서 영국과 식민지 미국 간의 본격적인 무력 충돌 양상이 전개되었기 때문이다.

하지만 보스턴 차 사건이 정치, 경제적인 측면에만 영향을 미친

Americans throwing the Cargoes of the Tea Ships into the River, at Boston

보스턴에서 차를 배 밖으로 던지는 미국인들

것은 아니다. 사건 이후 미국인들은 차와 홍차에 대해 부정적인 시각을 갖게 되었다. 그리고 커피는 차와 홍차를 대신해 미국인의 아침 식탁을 장악하기 시작했다. 당시 뉴욕, 펜실베이니아, 찰스턴 식민지 사람들은 식음료 습관을 바꾸는 데 기꺼이 동참했고 오늘날까지 커피는 미국인이 가장 사랑하는 음료로 입지를 굳히게 되었다.

또한 미국인들은 자신들이 고안해낸 패스트푸드 문화에 커피를 접목했다. 카페테리아에 앉아 느긋하게 커피를 즐기는 유럽식 문화가 아니라 바쁜 일상 속에서 빠르고 간편하게 커피를 즐길 수 있는 테이크아웃 문화를 전파했다. 스타벅스와 같은 세계적인 커피 프랜차이즈 또한 미국인들의 발명품이다. 커피를 통해 또 한 번 새로운 문화를 만들어낸 것이다.

관세를 부과하는 이유

특정 국가가 관세 부과를 통해 기대하는 효과는 크게 두 가지이다. 하나는 관세를 통해 수입품의 가격 상승을 유도해 자국 산업을 보호하는 것이다. 정부에서 육성, 발전시키고자 하는 유치산업이 있을 경우, 해당 산업이 충분한 경쟁력을 갖출 때까지 수입품목에 관세를 부과하여 수요를 떨어뜨린다. 그동안 상대적으로 저렴한 국내 유치산업의 제품은 내수를 기반으로 자생력을 갖출 기회를 얻게 된다. 특히 국방산업과 식량산업은 국가 안보상 반드시 유지되어야 하는 분야이다. 따라서 이들 산업이 지속될 수 있도록 해외 수입품에 관세를 부과하기도 한다. 국내 수요에 영향을 주기 위해서만 관세를 부과하지는 않는다. 경쟁국에서 자국 산업을 보호하기 위해 수입품에 관세를 부과할 경우, 이에 대항하기 위한 방법으로 해당 국가에서 국내로 수출하는 제품에 관세를 부과하기도 한다. 이상에서 언급한 관세의 목적은 모두 자국 산업을 보호하기 위함이다.

이외에도 관세는 세원 확보의 목적을 위해 부과하기도 한다. 관세는 수입품의 가격이나 수량에 따라 매겨지며 결국 정부의 수입으로 귀속된다. 따라서 관세가 부과되면 그만큼 정부의 수입도 증가하는 셈이다. 이처럼 관세의 목적과 이를 통해 기대하는 효과는 모두 경제적인 요인들이다. 하지만 미국의 사례를 통해 확인했듯이 관세는 소비 행태를 변화시켜 식문화에까지 영향을 미치는 중요한 요인이 될 수도 있다.

우리나라도 어느새 커피의 주요 소비국으로 등장했다. 2019년 현대경제연구원에서 발표한 자료에 따르면, 국내 커피산업의 매출 규모는 6조 8,000억 원 규모로 유럽, 미국, 일본 등에 이은 세계 6위 수준의 커피 소비 대국으로 집계되었다. 성인 1인당 커피 소비량은 약 353잔으로, 이는 세계 인구 연간 1인당 소비량인 132잔의 약 3배 높은 수준이다.

이쯤 되면 우리도 단순히 커피를 소비만 하는 것이 아니라 새로운 커피 문화를 이끌어낼 수 있는 주체가 되었다고 할 수 있다. 미국인들은 관세라는 외부 환경의 변화로 어쩔 수 없이 커피를 찾게 되었지만, 우리는 스스로 커피를 즐겨 마시며 새로운 커피 문화를 만들어가고 있다. 그것이 바로 한국만의 커피 문화가 어떠한 형태가 변화할지 기대되는 이유이기도 하다.

프랑스의 이웃나라인
영국의 요리가 형편없는 이유

경제학을 전공했다고 하면 주위 사람들이 '어떻게 하면 돈을 잘 벌 수 있느냐' 또는 '재테크의 남다른 비법이 있으면 알려 달라'는 등의 질문을 던질 때가 있다. 하지만 이는 경제학의 학문적 특성을 잘 모르는 사람들의 질문이다.

경제학은 돈을 버는 방법을 고민하는 학문이 아니라 '어떻게 하면 돈을 효과적으로 잘 쓰는지'를 고민하는 학문이다. 다시 말해 경제학은 주어진 예산 안에서 어떻게 돈을 쓸 때 가장 큰 만족감을 얻을 수 있는지를 논의하는 학문이지, 어떻게 하면 추가적인 이윤을 거둘 수 있는지를 고민하는 학문이 아니다. 경제학에서 제시하는 추가적인 이윤 달성의 방법이라고는 제품을 보다 효율적으로 생산하여 평균 생산비용을 줄이는 방법론 정도일 뿐이다. 경제학은 판매 자체를 늘릴 수 있는 방법을 제시해주지 않는다.

이처럼 경제학은 주어진 제약조건 속에서 어떻게 하면 개별 경제주체가 보다 큰 효용을 누릴 수 있는지를 고민하는 학문이다. 이때 우리에게 선택 가능한 범위는 **예산선**을 통해서 제시된다.

> 예산선
> 특정 경제주체가 가용할 수 있는 소득의 전부를 지출해서 구입할 수 있는 재화의 묶음을 표시한 선이다.

예산선과 인류 문화의 발전

우리는 제한된 소득 안에서 구입 가능한 일련의 재화 묶음들을 예산선의 범위 안에서만 결정할 수 있다. 예산선이 바뀌어 선택의 범위가 달라지는 경우라면, 소득이 증가하여 더욱 다양한 선택의 폭을 갖게 되었거나 주어진 재화의 가격이 변해서 구매할 수 있는 재화의 묶음이 달라질 때뿐이다.

따라서 경제인으로서 우리가 할 수 있는 일은 주어진 예산선 안에서 가장 큰 만족을 가져다주는 재화의 묶음을 선택하는 것뿐이다. 결국 예산선이란 우리의 소비 행태와 소비를 통해 얻을 수 있는 만족의 크기를 결정하는 가장 근본적인 제약조건이다.

인류의 문화는 특정 국가나 민족들이 자신들이 직면한 제약조건하에서 어떻게 하면 더 큰 만족을 얻을 수 있을지 고민하는 과정에서 형성된 결과물인 경우가 많다. 바로 옆에 나란히 위치한 영국과 프랑스의 음식문화가 전혀 다른 것 또한 이 때문이다.

모든 것은 열악한 환경 때문이었다

우리는 모처럼 멋진 저녁식사를 계획할 때 프랑스 요리를 떠올리곤 한다. 반면 영국 요리를 떠올리는 사람들은 거의 없을 것이다. 특별히 칭할 만한 음식문화가 없기 때문이다. 영국은 대영제국이라는 화려한 역사를 일궈왔지만 이렇다 할 만큼 우수한 음식문화를 만들어내지는 못했다. 영국을 방문한 사람들이 영국 요리의 형편없는 수준을 보고 놀라는 경우도 많다. 심지어 영국인들은 인내심을 기르기 위해 일부러 형편없는 요리를 먹는다는 우스갯소리도 있을 정도이다.

영국이 이처럼 보잘 것 없는 음식문화를 갖게 된 가장 근본적인 이유는 바로 그들이 요리문화를 만들어낼 수 있는 선택의 영역인 제약조건이 열악했기 때문이다. 영국의 기후는 농산물을 생산하기에 적합하지 않다. 때문에 단위 면적당 농산물의 산출량이 프랑스, 이탈리아, 스페인보다 떨어진다. 그래서 대표할 만한 와인 하나 만들어내지 못했고, 영국에서 만든 빵 또한 밀의 품종이 좋지 못해 맛이 별로 없는 것으로 유명하다.

이처럼 풍족하지 못한 식자재 즉, 열악한 예산선 안에서 다양한 요리를 개발하기 위해 이런 저런 시도들을 해본다는 것 자체가 결코 쉬운 일이 아니었다. 따라서 쾌적한 기후 환경에서 살고 있는 다른 유럽 대륙 사람들과는 달리 영국인에게 음식이란 귀한 것이었으며 생존을 위해 반드시 필요한 자원이 되었다.

그래서 영국인들이 광활한 식민지를 얻게 되었을 때 식자재를 원활히 생산하기 위해 플랜테이션을 도입한 것은 지극히 당연한 결과였는지도 모른다. 그들에게 식민지의 광활한 영토는 오랫동안 부족했던 식자재를 확보하기 위한 대상이었을 뿐, 음식문화를 만들어 나갈 대상은 아니었던 것이다. 이처럼 그들은 오랫동안 음식을 자원으로 여겨왔기에 대량생산 시스템을 갖추는 방식으로 음식문화를 이끌어왔다.

미국에서 패스트푸드 문화가 만들어진 것 또한 같은 맥락에서 설명할 수 있다. 영국인의 후예인 미국인에게 식자재란 다양한 요리 문화를 만들 수 있는 기초 재료가 아니었다. 어떻게 하면 더 효율적으로 생산하고 손실 없이 빠른 시간 내에 요리로 만들어낼 수 있는지 고민해야 하는 대상이었을 뿐이다. 결국 미국인들은 컨베이어 벨트에서 공산물을 찍어내듯이 패스트푸드라는 음식 자원을 만들어내기에 이른다.

이처럼 영국과 미국이 음식을 문화나 레저가 아니라 자원으로 인식하게 된 가장 근본적인 이유는 오랫동안 식자재에 대한 열악한 제약조건 속에서 살아왔기 때문이라고 볼 수 있다.

프랑스의 요리도 처음엔 형편없었다

반면 프랑스는 오늘날에도 미국에 이어 세계 제2의 농산물 수출국일 정도로 비옥한 토양과 알맞은 기후 환경을 갖추고 있는 나라 이다. 이러한 자연환경 덕분에 먹는 문제에 대한 제약조건, 즉 예산 선은 선택의 범위가 넓었다. 때문에 프랑스인들은 음식문화에 대한 다양한 고민과 조합을 시도할 수 있었다. 이것이 프랑스가 오늘날 과 같은 우수한 음식 문화를 만들어낼 수 있었던 가장 근본적인 이 유이다.

지금도 프랑스는 패스트푸드 문화를 단순히 배만 채우기 위한 비문화적인 행태로 인식하는 경향이 있다. 자국에 맥도날드가 널리 퍼지는 것에 크게 저항한 자크 시라크Jacques Chirac 전 프랑스 대통령은 외국 정상과의 자리에서 "음식이 맛없는 나라의 사람들은 믿을 수가 없다."라고 말해 물의를 빚은 적도 있다. 프랑스 국민들 또한 영국, 독일 등 인근 국가의 요리는 농민의 요리로 치부하고 자국의 요리야 말로 상류사회의 요리라고 칭송한다.

그러나 비옥한 토지와 축복받은 기후만으로 프랑스가 훌륭한 요리문화를 만들 수 있었던 것은 아니다. 프랑크 왕국 시절인 8세기 경까지만 해도 프랑스 요리는 형편없는 수준이었다. 당시 문헌들을 보면 많은 백성들이 먹을 것이 없어 기아에 허덕였다는 기록을 쉽게 확인할 수 있다. 그들이 주로 먹었던 빵 또한 말랑말랑하고 먹기 좋 은 식감이 아니라 돌처럼 딱딱해 따뜻한 스프에 적시지 않고는 먹기 힘들 정도였다고 한다. 12세기에 들어서도 구운 고기와 데친 야채가 프랑스 요리의 거의 전부였다. 당시 영국의 요리문화와 비교해도 별 반 다를 바 없는 수준이었던 것이다.

프랑스가 식문화 강국이 된 역사

프랑스는 16세기에 벌어졌던 백년전쟁의 승리로 절대왕정이 공고해지고 유럽의 중심국가로 발돋움하면서 식문화도 함께 발달하기 시작했다. 특히 당시 이탈리아는 유럽뿐 아니라 아시아 여러 지역과도 교역을 하면서 다양한 농산물과 조리법을 알고 있었다. 그러던 중 프랑스 왕가에 이탈리아의 부호 메디치 가문의 딸인 카트린드 메디시스Catherine de Medicis가 시집을 오게 되면서 프랑스 음식문화는 큰 변혁을 맞게 된다.

프랑스 요리를 소개하는 서적들을 보면 오늘날의 프랑스 요리법과 음식 예절은 메디시스가 소개한 식자재와 조리법 그리고 나이프와 포크를 사용하는 식탁 예절을 그 원형으로 삼고 있다. 당시 문헌에 따르면 그녀가 데려온 요리사가 각종 스프와 베샤멜 등의 소스, 브로콜리 요리법, 잼과 케이크, 설탕과자, 아이스크림 등을 프랑스 왕궁에 처음 선보였다고 한다. 그리고 왕실과 많은 귀족들은 그 맛의 황홀경에 빠져 헤어 나오지 못했다고 전해진다.

그 맛을 잊지 못한 프랑스의 왕족과 귀족들은 자신의 영지에서 메디시스가 소개한 요리를 만드는 데 필요한 식자재를 재배하기 시작했다. 그리고 비옥한 토지와 적합한 기후 덕분에 그들의 시도는 풍족한 결실을 맺을 수 있었다. 또한 식사 후에 아이스크림을 먹는 디저트 문화가 퍼지고 난 뒤에는 노르웨이의 피오르드 해안에 배를 보내 얼음을 운송해오기도 했다. 이는 당시 프랑스의 지배계층이 얼마나 식문화에 열광했는지를 보여주는 사례라 할 수 있다.

나아가 프랑스에서 발달하기 시작한 음식문화는 유럽 대륙의 다른 나라로 전파되기에 이른다. 16세기에 앙리 4세의 아들 루이 13세가 스페인 왕의 딸과 결혼하면서 프랑스의 음식문화는 스페인 왕가에 전달되었다. 18세기에는 루이 15세가 마리아 레슈친스키와 결혼하면서 폴란드에도 프랑스 요리가 전파되었다. 기후 환경이 쾌적하여 농산물 생산에 대한 제약조건의 문제로부터 자유로운 스페인은 이를 계승 및 발전시켜 나름의 음식문화를 이어갔다. 반면에 기후 환경이 열악한 폴란드는 세계적으로 각광받는 음식문화를 만들지 못했다.

오늘날에도 우리는 데이트를 하거나 누군가를 융숭하게 대접할 때 프랑스나 스페인 요리를 전문으로 하는 레스토랑을 찾곤 한다. 이들 나라가 이처럼 뛰어난 음식문화를 갖게 된 계기는 역사적인 사건에서 비롯되었지만 그에 앞서 풍족한 식자재로 여러 요리들을 시도해볼 수 있었던 넉넉한 제약조건 덕분이라고도 할 수 있다.

최초의 은행은
'사원'이었다?

— 은행의 기원 —

몇 해 전 세계은행에서 발표한 글로벌핀덱스^{Global Findex} 보고서에
따르면, 2010년까지 전 세계 인구 중 금융계좌를 갖고 있는 사람의
비율은 불과 절반(51퍼센트)밖에 되지 않는다. 또한 금융계좌를 단 하
나도 개설해본 적이 없는 사람이 무려 20억 명 이상에 달한다고 한
다. 우리에게는 너무나 친숙한 모바일 금융 서비스 역시 전 세계 인
구 중 불과 2퍼센트에 해당하는 사람들만이 이용하고 있다고 한다.
이러한 세계은행 보고서의 내용은 금융 서비스가 무척 친숙한 우리나
라 사람들에게는 그야말로 격세지감을 느끼게 만드는 내용일 것이다.

오늘날 은행이 없는 일상생활은 상상조차 하기 힘들다. 은행이
없다면 월급을 현금으로 직접 줘야 할 뿐만 아니라 일상생활의 소소
한 지출들 역시 모두 현금을 이용해야 할 것이다. 인터넷 요금, 휴대
폰 요금, 각종 공과금 모두 해당 회사에 직접 방문하여 지불해야 할

지도 모른다. 은행의 대출 내지 할부 서비스가 없다면 아파트나 자동차를 구입하기 위해서 일시불로 거금을 지불해야 할 위험도 따른다. 이처럼 은행이 없는 세상은 단순히 불편함을 넘어 그야말로 혼란 그 자체일 것이다. 그렇다면 이렇게 우리 생활에 필수적인 요소로 자리매김한 은행은 언제부터 시작되었고, 어떠한 과정을 거쳐 오늘날에 이르렀을까?

은행의 기원

은행의 기원이 무엇인지, 무엇을 초기 은행의 형태로 봐야 하는지에 대해서는 다소 논란의 여지가 있다. 오늘날 우리가 은행에서 이용하는 다양한 금융 서비스 중에서 어떤 부분을 주목하느냐에 따라 은행의 원류가 달라질 수 있기 때문이다.

메소포타미아 지역에는 초기 대부업의 기록이 남아 있다. 고대 메소포타미아 유적지에서 발굴된 점토판이 오늘날로 따지면 일종의 어음 내지 채권의 역할을 했음이 확인됐기 때문이다. 당시 점토판을 보면, 이 점토판을 소지한 사람이 추수 때 얼마만큼의 보리를 받아야 하는지 혹은 만기가 되면 점토판을 소지한 사람에게 얼마의 은화를 줘야 하는지 등이 새겨져 있다. 이처럼 갚아야 할 금액과 시점이 명확히 기재되어 있는 점토판은 왕궁이나 사원을 거쳐 발행됨으로써 점토판의 내용에 공신력을 부여했다. 따라서 점토판을 관리 감독

메소포타미아 지역에서 발굴된 기원전 3세기 후반에 사용되었을 것으로 추정되는 점토판

하는 기관 내지 담당자가 은행의 기능을 수행했다고 볼 수 있다.

이처럼 대부^{貸付} 기능을 중심으로 은행의 원류를 찾을 수도 있지만, 은행의 가장 원시적인 기능을 꼽으라면 귀중품을 보관하는 공공 금고의 역할일 것이다. 물물교환으로 필요한 물건을 조달하던 시대가 지나고, 금화 내지 은화와 같은 화폐나 귀금속을 거래에 사용하기 시작하면서 이들 화폐와 귀중품을 보관할 안전한 공간이 필요하게 되었다. 특히 강력한 중앙정부가 형성되지 않았던 고대 도시국가들은 빈번히 다른 국가들과 전쟁을 치러야 했다. 이러한 상황에서 자신의 재산을 안전한 곳에 보관하고자 하는 욕구는 그 어느 때보다 높았다. 이때 고대인들이 가장 먼저 떠올린 공간은 다름 아닌 사원이었다.

보관에서 환전까지, 금융 서비스가 시작되다

사원은 신을 모시는 곳으로, 폭력이나 절도와 같은 비도덕적인 일이 금지된 신성한 장소이다. 또한 신이 지켜보고 있는 곳에서 다른 사람의 귀중품을 몰래 훔쳐가는 행위는 저주 내지 불행을 자초하는 일로 여겨졌다. 때문에 강도나 폭도들의 침입으로부터 자유로울 수 있었다.

뿐만 아니라 사원은 많은 사람들이 빈번히 방문하는 공공장소이다. 보는 눈이 많은 만큼 누가 언제 방문했는지, 무엇을 들고 갔는지 확인해줄 수 있는 수많은 목격자들이 항상 존재한다. 따라서 사원에서 아무도 모르게 무언가를 들고 가는 것은 결코 쉬운 일이 아니며, 설사 누군가 몰래 뭔가를 가져갔다 하더라도, 당시 상황을 증언해줄 수많은 목격자들을 쉽게 찾을 수 있다.

이러한 사원의 공공성은 도난을 방지하고 도난 시 범인을 쉽게 찾을 수 있는 최적의 환경을 제공해주었다. 초기에만 해도 사원은 귀중품을 보관해주고 직접적으로 대가를 받지는 않았다. 하지만 점차 많은 사원들이 이를 비즈니스로 인식하면서 서서히 수수료를 요구하기 시작했고, 이후 델포이와 올림피아의 많은 사원들은 사람들이 맡겨놓은 금은보화로 넘쳐나게 됐다.

사원의 역할은 여기서 그치지 않았다. 교역이 활발해지고 교역의 중심지 역할을 수행하는 도시가 각지에서 등장하면서 단순 보관 기능을 넘어 환전에 대한 수요가 증대됐다. 이는 지중해 연안 역시 마찬가지였다. 지중해 연안을 중심으로 북부 아프리카, 서남아시아, 유럽 대륙 등과 교역을 수행했던 로마 역시 귀중품의 단순 보관 기능뿐만 아니라 환전 서비스가 추가로 필요하게 되었다. 유럽 각지와 다양한 상거래를 수행하다 보니 이 과정에서 여러 종류의 화폐를 취급하게 되었고, 이들 화폐의 품질 또한 제각각이었다. 이런 상황에서 전문적인 환전상에 대한 수요가 점차 늘어나기 시작한 것이다.

뿐만 아니라 빈번한 상거래를 지원하기 위한 영수증 발급과 어음 발행도 필요했다. 때로는 물건을 담보로 저당을 잡아줄 사람도 요구됐다. 당시 로마는 이러한 시민들의 요구에 부합하고자 국가 차원에서 사원 이외에 귀중품을 보관할 수 있는 시설물을 제공해주기도 했다. 이때부터 상인들의 어음과 영수증 발급 업무를 도와주고 환전 관련 금융 서비스를 주업으로 하는 환전상이 등장하기 시작한다. 이들은 상인들이 주로 왕래하는 거리에서 테이블과 벤치를 놓고 앉아 상인들의 교역 활동을 지원해주었다.

은행을 의미하는 단어인 'Bank' 역시 당시 환전상이 거리 벤치 bench에 앉아 업무를 수행한 데서 유래했다는 설도 있다.*

---

* Bank의 어원이 이탈리아어로 탁자를 뜻하는 '반코banko' 또는 '반카banka'에서 유래했다는 설도 있으나 이 역시 거리에 탁자를 두고 은행업을 수행한 상인들을 지칭하는 단어라 볼 수 있다.

거대 금융 권력의 태동

오늘날 우리가 은행이라고 부르는 형태와 가장 유사한 모습은 언제부터 목격되기 시작했을까? 많은 학자들이 14세기 이탈리아를 근대적인 형태의 은행이 태동한 곳으로 꼽는다. 오늘날 금융 용어 대부분이 14세기 이탈리아 은행으로부터 유래했기 때문이다. 현금 cash은 '가사 cassa', 채무자 debtor는 '데비토레 debitore', 채권자 creditor는 '크레디토레 creditore'에서 유래한 것이 대표적이다.

당시 이탈리아에서 오늘날과 같은 은행의 모습이 태동하게 된 배경은 베니스, 피렌체, 제노바와 같은 거대 교역도시의 등장으로 교역량이 비약적으로 증가하면서 개인 중심으로 이뤄지던 금융지원 체계의 대대적인 수정이 요구되었기 때문이다. 특히 원거리 무역이 본격적으로 대두되기 시작했는데, 이들 원거리 무역은 고위험·고수익의 사업이었다. 교역을 위해 출항한 선박이나 상단 중 무사히 귀환한 사람은 절반 수준에 불과했다.

이러한 위험성 높은 사업에 투자하기 위해서는 새로운 금융의 안정성, 신뢰성을 제공할 공신력이 필요했다. 그리고 이러한 시대적 요구에 종교와 왕권 내지 귀족 가문이 적극 참여하게 된다. 그때부터 이미 많은 귀족과 추기경들이 음성적으로 은행업에 합세했고 15세기 들어 교황 칼릭스투스 3세와 식스투스 4세가 공식적으로 은행 지분 소유를 전격 허용하면서 은행업은 귀족이든, 국왕이든 누구나 참여할 수 있는 사업으로 떠오른다.

이러한 상황 속에서 탄생한 초기 은행들은 특정 가문 내지 특정 종교지도자의 전유물이었다. 하지만 비약적으로 증가하는 교역량의 증대와 이와 비례해서 급속히 증가한 금융 서비스에 대한 수요 증대에 부응하기 위해서는 점차 다수의 지분 참여자들을 추가로 확보할 수밖에 없었다.

이러한 모습은 당시 제노바를 대표하던 은행인 성 조지 은행의 총회에서 확인할 수 있다. 성 조지 은행의 총회가 열리면 오늘날로 치면 주주에 해당하는 500여 명에 달하는 지분 참여자들이 모였다고 한다. 이들은 은행을 안정적으로 운영하기 위해 여덟 명의 행장, 세 명의 재무담당 책임자, 두 명의 비서관 등을 선출하여 은행을 운영했다. 이렇게 은행은 다수의 지분 참여자들로 구성되면서 초기와는 달리 특정 가문 내지 국왕의 입김으로부터 자유로워질 수 있었다.

당시 은행이 정부로부터 얼마나 독립적인 위치를 점하고 있었는지를 단적으로 보여준 사례가 있다. 당시 제노바는 오스만제국과의 전쟁으로 인해 은행에서 막대한 금액을 빌렸다. 하지만 결국 전쟁에서 패하고 이를 갚을 길이 요원해지자, 제노바는 흑해 소유권을 은행에 양도하게 된다. 리비에라 해변의 여러 도시국가 전체가 은행 소유로 넘어가기도 했고 일부 도시국가는 은행 대출금을 갚기 위해 세금 징수의 권리를 은행에 넘기기도 했다. 이러한 역사적 문헌들은 점차 은행이 왕실 내지 귀족으로부터 자유로운 독립된 기관으로 거듭나고 있었음을 반증해준다.

심지어 은행업을 중심으로 한 금융 세력이 기존의 왕실 내지 종교 세력을 대체하기도 했다. 바르디Bardi, 페루치Peruzzi, 아치아이우올리Acciaiuoli, 메디치Medici 가문이 대표적이다. 특히 메디치 가문은 작은 환전상으로 시작해 14세기 후반부터 본격적으로 명성을 쌓고, 결국 자신들이 쥔 거대 금융 권력을 바탕으로 급기야 두 명의 교황과 두 명의 프랑스 왕비를 배출하기에 이른다.

상업자본의 금융자본화는 지금도 논쟁 중

상업 활동을 통해 축적한 자본을 바탕으로 금융시장에 진출하는 형국은 20세기에도 여전했다. 이 과정에서 산업자본이 금융회사를 지배하는 것이 적정한지에 대한 논란이 있어 왔다. 결국 금융의 주요 기능 중 하나가 기업에 대한 평가와 감시라고 할 수 있는데, 그 대상인 기업이 금융을 지배하는 것이 과연 적절한지에 대한 문제제기인 것이다.

미국의 경우 1956년에 제정된 은행지주회사법에서는 은행을 지배하는 회사를 은행지주회사로 정의하고 이 회사는 은행업과 밀접한 관련이 있는 업무만 할 수 있도록 함으로써 일반 기업과 은행을 동시에 소유할 수 없도록 제한하고 있다. 호주는 은행뿐 아니라 제2금융권 회사에 대한 산업자본의 지분소유한도를 15퍼센트로 제한하고 이를 초과하는 것은 재무장관이 국익을 위해 필요하다고 인정할 경우에만 승인하도록 하고 있는 것으로 알려져 있다.

앞서 언급한 이탈리아도 지금은 뿌리 깊은 연고주의 및 정경유착에 따른 부작용 방지를 위해 산업자본과 은행의 결합을 제한하고 있다. 이탈리아에서는 은행지분을 5퍼센트 초과하여 보유하거나 은행을 실질적으로 지배^{control}하는 경우 중앙은행의 승인이 필요하고, 주주의 기업부문 비중이 금융부문 비중에 비해 상당히 높을 경우 은행지분의 15퍼센트를 초과하여 소유하는 것을 금지하고 있다. 하지만 일본을 비롯한 여타 국가들은 상업자본이 은행을 비롯한 금융자본화하는 것을 엄격히 분리하지는 않고 있다.

우리나라에서는 은행의 경우 산업자본에 의한 소유에 제한을 두고 있으나 은행 이외 금융회사에 대해서는 이러한 제한이 없어 소유의 측면에서는 금산분리보다는 은산^{銀産}분리가 우리나라 금융정책상의 기본 원칙이라고 할 수 있다. 이 때문에 우리나라의 상업자본들은 은행을 제외한 보험, 증권, 투신, 여신전문업 등 거의 모든 금융업종에서 대기업집단이 지배적 위치를 구축하고 있다.

이상에서 살펴본 바와 같이 상업자본의 금융자본화는 아직까지 확실한 결론이 나지 않은 채 국가마다 대응방식이 다른 상황이다. 상업 활동을 통해 큰 성공을 거둔 상인들은 자신이 축적한 자금을 활용하여 새로운 수익을 확보할 수 있는 대안이 필요하다. 그 과정에서 거대 자본이 있어야 할 수 있는 금융업은 상업자본이 가장 탐내는 신규 사업이었을 것이다. 14세기 후반부터 시작된 상업자본의 금융자본화가 결국 어떠한 식으로 결론이 날지 궁금해진다.

채권의 역사는 곧
전쟁의 역사다

— 채권의 발행 —

　필요한 자금을 타인으로부터 조달하는 가장 보편적인 방법 중 하나가 바로 채권 발행이다. 채권은 일반적으로 국가, 지자체, 공공 기관, 민간기업 등이 불특정 다수로부터 비교적 장기간 자금을 조달 하기 위해 정해진 이자와 원금의 지급을 약속하면서 발행하는 증권 을 말한다.

　쉽게 표현하자면, 돈을 빌릴 때 언제까지 자금을 사용하다 이자 와 함께 원금을 돌려줄 것임을 표시한 일종의 차용증서가 채권이다. 이런 채권의 탄생은 자금 공급 조달 측면에서는 일종의 혁명이었다. 은행 대출 이외에도 불특정 다수의 사람으로부터 필요한 자금을 빌 릴 수 있는 또 하나의 방법을 제공해줬기 때문이다.

채권과 주식의 차이

채권은 오늘날 주식과 함께 가장 일반적인 자금 조달 방법이자 일상적인 금융투자 상품 중 하나로 자리매김했다. 하지만 채권과 주식은 다양한 측면에서 상반된 특징을 지니고 있다. 주식을 발행하여 주식회사를 설립하는 데는 원칙적으로 별도의 법률적 허가를 받을 필요가 없다. 뜻이 맞는 사람들끼리 함께 자금을 투자하여 주식회사를 차리는 행위를 국가가 별도로 관리할 필요는 없을 것이다. 따라서 주식의 발행은 원칙적으로 별도의 인허가를 받을 필요 없이 신고에 준하는 절차만 거치면 얼마든지 가능하다.

하지만 채권은 다르다. 채권의 발행 주체 및 한도는 관련 법률에 따라 정해진다. 국채의 경우에는 국회의 동의가 있어야 하며, 회사채의 경우에는 금융위원회에 증권신고서와 간이사업설명서를 제출하는 등의 절차를 거쳐야 발행이 가능하다. 만약 금융위원회의 효력이 발생 전에 사채발행을 위한 청약권유를 하고자 하는 경우에는 예비사업설명서를 제출해야 한다.

주식과 채권의 또 다른 차이점이라면, 주식은 일반적으로 회사만 발행이 가능한 데 반해 채권은 회사뿐만 아니라 정부, 지자체 등도 발행할 수 있다는 것이다. 현재 우리나라에서 발행하고 있는 채권의 대부분은 정부나 지자체 내지 공공기관이 발행하는 채권들이다. 구체적인 수치를 살펴보면, 2018년 기준으로 국내 채권 발행 잔액은 1,908조 원으로 이중 국채시장은 641조, 지방채 21조, 통안채

• 채권의 발행 주체와 목적

채권 종류	발행 주체	발행 목적
국고채	정부	공공목적에 필요한 자금 확보
재정증권	정부	재정부족자금 일시 보존
통화안정증권	한국은행	유동성 조절 목적
은행채	은행	금융기관이 장기 자금을 마련할 목적
산업금융채권	한국산업은행	주요 산업의 재원조달 목적
예금보험기금채권	예금보험공사	금융기관이 납부한 예금보험료만으로 재원이 부족할 경우 재원 조달 목적
부실채권정리기금채권	한국자산관리공사	부실 채권의 효율적인 정리를 위한 재원 조달 목적
회사채	주식회사	기업이 시설투자나 운영 등의 장기자금을 조달하기 위한 목적

172조인데 반해, 회사채 규모는 300조 수준이다. 이러한 사실을 통해서도 채권의 발행 주체는 대부분 국가 내지 공공부문임을 확인할 수 있다. 실제로 주식이 회사의 발달과 함께 진화해왔다면, 채권의 발달과 진화는 국가가 견인해왔다.

군자금 조달에 사용된 채권

　국가는 왜 채권 발행에 관심을 갖게 되었을까? 세금이라는 충분한 자금 조달 방법이 있음에도 말이다. 그것은 다름 아닌 '전쟁' 때문이었다. 전쟁을 치르는 중에는 군비 조달 등에 막대한 추가 비용이 들어간다. 하지만 세금은 일상적인 국가 운영에 필요한 자금 조달 수단이다. 또한 세금이란 일단 국가에 내고 나면 돌려받을 수 없는 것이 원칙이다. 이런 상황에서 전쟁 비용을 조달하기 위해 막대한 세금을 부과할 경우, 전쟁에 대한 국민적 동의마저 얻기 어려워질 수 있다.

　하지만 채권은 다르다. 채권 발행으로 군자금을 조달하면 전쟁을 치르는 기간에만 일시적으로 필요한 자금을 쉽게 모을 수 있을 뿐만 아니라 국민 역시 국가에 돈을 빌려주고 이자 수익을 거둘 수 있기 때문에 자금 모집도 쉽다. 국가는 전쟁에서 승리하면 많은 전리품을 얻기 때문에 이들 전리품을 이용해 채권을 갚을 수 있다. 많은 국가에서 전쟁 시 세금보다 채권 발행에 관심을 두는 이유가 바로 이 때문이다.

　실제 많은 역사적 현장 속에서 전쟁을 위해 채권을 발행한 사례는 흔히 찾아볼 수 있다. 중상주의 시대, 세계에서 가장 막강한 경제력을 갖고 있던 영국은 유럽과 신대륙에서 전쟁이 발발하면 가장 먼저 자금을 조달할 수 있는 국가였다. 다음 그래프(202쪽)는 1688년부터 1850년까지 영국이 직간접적으로 관여한 전쟁이 발발했을

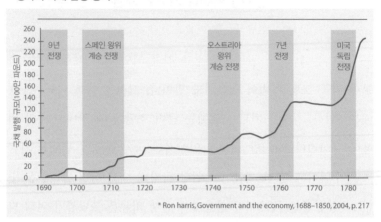

* Ron harris, Government and the economy, 1688–1850, 2004, p. 217

때 영국 국채 발행이 급격하게 증가했음을 나타내준다.

국채를 발행하여 전쟁에 필요한 자금을 조달하는 행태는 다른 국가에서도 쉽게 목격된다. 14~15세기 중세 이탈리아 도시인 피렌체, 피사, 시에나와 같은 국가는 서로 전쟁을 치르기 위해 채권을 발행한 기록이 있다. 당시 이들 도시국가는 자국 시민만으로는 온전한 군대를 조성할 수 없어 용병을 고용해야 했다. 하지만 자국민을 의무 징집하는 것과 달리 용병을 이용해 전쟁을 치르기 위해서는 막대한 자금이 필요했다.

당시 사료에 따르면, 15세기 초 피렌체의 차입금 규모는 1년 세입 규모의 70퍼센트에 달하는 수준까지 오른 상태였다. 그렇다면 해당 국가들은 어떻게 해서 막대한 자금을 융통할 수 있었을까? 피렌체를 비롯한 여타 도시국가들은 채권을 발행해 용병 고용에 필요한 자금을 조달했다. 당시 피렌체 전체 가구의 3분의 2 정도가 국가가 발행한 채권을 구입했다고 한다.

피렌체를 비롯한 여타 도시국가들은 전쟁에 필요한 자금을 원활히 조달하기 위해 주민들에게 채권 구입에 적극적으로 동참할 수 있는 유인을 제공해주었다. 먼저 국가에서 발행한 채권을 구입한 주민들에게 재산세 납부를 면제해주었다. 뿐만 아니라 그 대가로 일정 수준의 이자도 지급했다. 즉, 채권 구매는 세금 감면 효과뿐만 아니라 이자 수익도 누릴 수 있는 일석이조의 경제활동으로 여겨졌다.

그럼에도 불구하고 자신의 금쪽같은 자금을 흔쾌히 빌려주고 싶은 사람은 많지 않았을 것이다. 하지만 어쩔 수 없었다. 국가가 요청할 경우 국채 매입을 통해 자금을 빌려줘야 하는 것은 선택이 아닌 법으로 규정한 의무였기 때문이다. 그나마 위안이 되는 점은 자금을 빌려주고 받은 채권을 다른 사람에게 되팔면 다시 현금을 확보할 수 있다는 사실이었다. 이러한 제도적 유인과 강제성을 제공하여 당시 이탈리아의 도시국가들은 전쟁 시 필요한 자금을 채권 발행을 통해 쉽게 조달할 수 있었다.

로스차일드 가문이 1조 원을 번 방법

17세기 들어 암스테르담은 유럽 여러 국가들이 군자금 마련을 위해 발행한 채권을 취급하면서 유럽의 금융 중심지로 부상했다. 18세기에는 세계 최고의 금융 재벌 가문으로 부상하는 로스차일드 가문이 군자금 마련을 위해 발행된 영국 채권 매매에 참여하면서 막대한 부를 거머쥐었고, 그 결과 오늘날까지 세계 금융시장에서 막대한 권력을 행사할 수 있게 되었다.

당시 영국에 거주하던 로스차일드 가문은 금 밀수를 통해 생계를 유지하고 있었다. 나폴레옹은 영국의 국력을 약화시키기 위해 유럽 대륙에 영국 봉쇄령을 내려 영국과의 교역을 중단시켰다. 공식적인 교역이 차단된 당시 영국과 유럽 사이에는 밀수가 성행했고, 이 과정에서 대금 결제 역시 금을 선호하게 됐다. 이때 금괴를 밀수해와 유통시킨 가문이 로스차일드였다.

영국과 프랑스의 전쟁이 본격화되자, 영국은 전쟁에 필요한 여러 군수 물자들을 유럽 각지로부터 구입해야 했다. 하지만 유럽의 여러 국가들은 영국 화폐로 대금을 결제받길 원하지 않았다. 만약 영국이 전쟁에서 진다면 휴지조각에 지나지 않을 영국 화폐의 가치를 믿고 물건을 공급할 사람은 없었을 것이다. 이러한 상황에서 영국은 군수물자에 대한 대금을 금으로 결제해야 했다. 그래서 막대한 자금을 금으로 바꿀 수 있는 사람이 절실했다.

이때 로스차일드 가문이 이러한 금괴 수급을 거의 전담하면서 막대한 수수료 수익을 거둔다. 당시 영국에서 로스차일드 가문이 유일하게 금괴를 밀수한 경험을 가졌기 때문에 영국 정부는 로스차일드 가문에 전적으로 의존해야 할 상황이었다. 로스차일드 가문은 유럽 각지에서 금괴를 조달하는 업무와 영국 정부에 군수물자를 제공한 유럽 각지의 상인들에게 대금을 결제하는 업무를 담당하면서 그 누구보다 전세가 어떻게 변화하고 있는지를 가장 먼저 파악할 수 있었다.

영국이 워털루 전투에서 승리하면서 전쟁이 끝날 것을 간파한 로스차일드 집안은 자신들이 그동안 벌어들인 재산을 영국 국채를 매입하는 데 대규모 투입한다. 결국 전쟁이 끝나고 나면 영국 정부도 채권을 발행해 무리한 차입을 지속할 이유가 없어질 것이며, 전쟁에서 승리한 영국 정부에 대한 신뢰도 역시 높아지면서 이 과정에서 영국 채권 가격이 상승할 것으로 판단한 것이다.

1815년부터 영국 국채를 대규모 매입한 로스차일드 가문이 자신들이 보유한 영국 국채를 1817년 다시 매각할 때는 채권 가격이 40퍼센트 이상 오른 상태였다. 세계적인 경제사학자이자 하버드대학 교수인 니얼 퍼거슨은 당시 로스차일드 가문이 채권투자로 벌어들인 수익이 6억 파운드, 우리나라 돈으로 1조 원이 넘는 수준이라고 말한 바 있다.

전쟁의 승패를 좌우한 채권

미국의 남북전쟁 역시 예외일 수 없다. 남북전쟁 당시 남부와 북부 모두 막대한 군자금을 마련해야 했다. 그런데 상공업이 발달하면서 집적화된 도시 중심으로 발전했던 북부는 중앙집중화된 세금 징수 시스템을 구축하고 있었다. 하지만 대규모 농장을 중심으로 발전해왔던 남부는 이러한 조세 징수 시스템을 구축하지 못했다. 결국 남부는 군자금을 조달할 다른 방법이 필요했다. 역시 이때도 결론은 채권이었다.

하지만 채권을 대규모로 구매해줄 구매력을 갖춘 집단이 남부 내부에는 없었다. 농장 운영을 중심으로 한 자급자족 형태의 경제 체계를 구축하고 있는 경우가 많았기 때문이다. 결국 남부는 유럽인들에게 눈을 돌렸지만 유럽인 역시 전쟁의 결과를 알 수 없는 상황에서 채권을 쉽게 매입하려 하지 않았다. 이러한 상황에서 남부 측은 전쟁에 필요한 군자금을 조달하기 위해 자신들의 면화를 담보로 채권을 발행하기 시작했다.

당시 많은 유럽인은 미국에서 발발한 전쟁으로 인해 면화 가격이 상승할 것으로 예상, 남부에서 발행한 채권에 적극 투자했다. 하지만 북부군이 남부의 면화 생산 지역과 이를 수출하는 항구 등을 점령하자마자, 전쟁은 북부 쪽으로 급격히 기울어졌다. 남부에서 발행한 채권에 투자한 많은 유럽인들은 당연히 이자와 면화를 제대로 지급받지 못하리라 판단했다. 이로 인해 많은 유럽인들이 남부에서 발행한 채권에 더 이상 투자하지 않았으며 결국 남부는 전쟁에 필요한 자금을 효과적으로 수급하지 못했고, 이는 전쟁의 패배로까지 이어졌다.

전쟁 목적에서 공익 목적으로

오늘날 대표적인 금융투자 상품인 채권은 전쟁을 통해서 대중화됐고, 매매 형태나 거래 방식에서 다양한 혁신의 기회를 갖게 됐다. 많은 국가들이 채권을 원활히 발행할 수 있는 방법을 모색하는 과정에서 다양한 이자 지급 방식과 채권 발행 시 담보를 제공하는 방법 등이 고안됐다.

오늘날에도 채권 발행의 주체는 단연 국가이다. 물론 오늘날은 전쟁을 위한 군자금 조달을 위해 채권을 발행하지는 않는다. 대신 다양한 공익 목적을 달성하기 위해 채권이 발행되고 있다. 그런 이유로 대부분의 국가에서 채권시장은 주식시장에 비해 훨씬 큰 규모를 보이는 경우가 많다. 우리나라의 경우에도 2007년 4월부터 1년가량 주식시장이 채권시장보다 우위를 보인 이후, 2018년 1월이 될 때까지 채권시장이 주식시장보다 10년간 더 큰 시장 규모를 유지했다.

우리나라는 1950년 부족한 국가 재정을 보충하기 위한 목적에서 건국국채가 최초로 발행된 이래, 지금도 주택 투기 수요를 억제하기 위해, 금융시장을 안정화하기 위해, 특정 산업을 육성하기 위해 채권을 발행하는 등 다양한 공익적 목적을 달성하기 위한 채권들을 발행하고 있다. 많은 국가들이 다양한 공익적인 목적 아래 사회적 필요성이 확인될 때면, 해당 사업을 이행하는 데 필요한 자금을 채권을 통해서 조달한다. 전쟁이라는 가장 참혹한 목적을 달성하기 위한 도구로 발전해왔던 채권이 오늘날에는 공익을 실현하는 도구라는 것이 참으로 아이러니하다.

제 3 장

예술을
이해하는 데도
경제학은
유용한 도구다

음악의 태동으로 살펴본
인센티브의 위력

— 인센티브 제도 —

인센티브incentive란 어떤 행동을 하도록 사람을 부추기기 위한 목적의 자극을 의미한다. 최근에는 기업에서 직원들의 근로 의욕을 부추기기 위해서 혹은 소비자의 구매 의욕을 높이기 위해서 다양한 인센티브 제도를 사용하면서 그 중요성이 더욱 부각되고 있다. 그런데 사실 인센티브는 인류가 처음 태동한 이후부터 우리의 삶에 줄곧 지대한 영향을 미쳐왔다.

기업의 입장에서는 인센티브 제도를 적절히 구축하고 있느냐의 여부가 기업의 지속적인 성장을 결정하는 주요한 요인이다. 인센티브 제도는 법률 부분에도 적용된다. 죄를 짓는 것보다는 법을 지키는 것이 더 큰 인센티브로 작용하도록 형법 체계를 구축해야 법률 본연의 기능을 수행할 수 있다. 가정에서도 마찬가지이다. 평화로운 가정을 유지하는 것이 더 큰 인센티브로 작용하기 때문에 가정이 유지될 수 있다. 이렇듯 다방면에 영향을 미치는 인센티브의 위력은 문화의 부흥에도 적지 않은 영향력을 발휘했다.

인센티브는 기업에서 제공하는 성과급이나 수당, 포상과 같이 인위적으로 설정된 것만을 의미하지는 않는다. 특정한 행동을 하면 맹수의 공격으로부터 자신을 보호할 수 있다든지, 동료들과 보다 원활한 의사소통이 가능해진다든지, 아픈 몸을 고칠 수 있다든지와 같이 특정 행동을 했을 때 우리가 보다 유익한 효과를 얻는다면 그 행위는 사람들에게 충분히 인센티브를 제공한다고 볼 수 있다. 그리고 의사소통의 도구이자 병을 고치는 방법이며 동료들을 격려하는 수단, 그것이 바로 음악이었다.

음악이 언어보다 먼저 등장한 이유

음악은 우리에게 인센티브를 가져다주는 것이기에 언어보다 먼저 등장했다고 한다. 인류학자들에 의하면 인간이 목소리를 통해 말을 하기 시작한 때는 대략 8만 년 전이지만, 노래를 부르기 시작한 때는 그보다 50만 년은 더 거슬러 올라간다.

음악과 말의 기원에서 우선순위를 논하기 위해서는 자음과 모음에 대해 먼저 언급할 필요가 있다. 인간은 모음은 비교적 쉽게 발성할 수 있는 반면 자음을 내기 위해서는 상당한 훈련을 필요로 한다. 이는 우리의 신체 구조와도 관계가 깊은데, 인간의 폐와 성대를 가지고 낼 수 있는 가장 원시적인 소리가 모음이라고 한다. 이후 인간은 상당한 훈련을 거쳐 여러 가지 자음을 발음할 수 있게 되었고 이로부터 본격적으로 다양한 의사소통 능력을 갖추게 되었다.

어린아이를 예로 들어 생각해보자. 아이는 '으앙' 하는 모음의 조합인 울음을 통해서 자신의 기본적인 욕구불만에 대해 부모와 의사소통을 시도한다. 그리고 차차 '아', '오', '앙'과 같은 모음들을 발음하면서 조금씩 기초적인 의사소통 능력을 보이기 시작한다.

하지만 자음은 어떠한가? 외국어를 배울 때 가장 어려운 부분이 우리나라에서 사용하지 않는 자음 발음하기다. 우리는 L과 R을 동일하게 발음하지만 미국에서는 구분하여 발음한다. 우리가 L과 R의 발음 차이를 익히기 위해서, 또는 B와 V의 발음 차이를 익히기 위해서 얼마나 많은 노력을 했는지 떠올려보면 인류에게 있어 자음을 발음한다는 것이 얼마나 위대한 일이었는지 쉽게 이해할 수 있을 것이다.

원시인들 역시 마찬가지였다. 원시인들이 낼 수 있는 소리도 모음들에 지나지 않았다고 한다. 따라서 몇 가지 모음들만 가지고는 원활한 의사소통을 수행하기가 어려웠을 것이다. 그렇다고 자음을 체계적으로 개발할 수 있는 역량 또한 전무했다. 그래서 그들이 선택한 것이 바로 음악이었다.

원시인들은 그들이 낼 수 있는 발음인 모음을 높은 음역대로 발음하거나 반대로 낮은 음역대로 발음하면서 구분된 의사표현을 하려고 노력했다. 또한 모음을 길게 발음하거나 짧게 발음하기도 하고, 억양 등을 넣어가기도 하면서 다양한 표현 방법을 구사하기 시작했다. 이는 음정과 박자의 원시적 형태라 할 수 있다.

이러한 모음의 높낮이, 장단을 과연 음악이라고 말할 수 있는지 의구심을 갖는 사람들도 있을 것이다. 하지만 오늘날에도 모음만을 사용해서 노래를 부르는 것을 버컬리즈^{Vocalise}라고 하며 음악의 정식 형태로 인정하고 있다. 작곡가 그리그의 〈솔베이그의 노래〉 후반부라든가 라흐마니노프의 가곡들처럼 처음부터 끝까지 '아~' 라는 모음만으로 훌륭한 음악을 구성해낸 곡들도 있다.

원시인들은 모음을 사용한 노래를 통해서 동료들에게 맹수의 접근을 신속하게 알릴 뿐만 아니라 어느 정도까지 가까이 왔는지를 구분해서 정보를 제공해줄 수 있었을 것이다. 노래를 통해 외부의 위협으로부터 벗어난 부족민들이 흥에 겨울 때는 손뼉을 치고 박자를 맞추면서 위협을 극복하는 데 공을 세운 동료들을 축하해주었을 것이다. 공을 세운 동료를 기쁘게 해주는 노래이자, 그들에게 감사의 표시를 하는 노래들은 앞으로도 그들에게 동료들을 위해 노력해야겠다는 생각을 갖게 만들어주는 포상이자 인센티브로 작용하게 되었다.

음악은 인센티브 덕분에 지속되었다

인류가 음악이라는 예술행위를 하도록 부추기는 인센티브가 되어준 또 한 가지 측면은 음악을 통해서 병을 치료했다는 사실이다. 원시 시대에는 사람들이 병이 드는 이유가 몸속에 악령이 들어

갔기 때문이라고 믿었다. 이 때문에 병을 치료하려면 몸속에 있는 악령을 내쫓으면 된다고 생각했다. 원시인들은 동료의 몸속에 숨어 있는 악령을 쫓아내기 위해서 환자를 눕혀 놓고 옆에서 고래고래 소리를 지르기도 하고, 본인들이 가장 무서워하는 맹수와 유사한 소리를 내면서 악령이 무서워 도망가도록 유도했을 것이다.

지금 생각하면 환자조차 듣기 거북하거나 괴로운 소리였을지도 모른다. 소리는 조금 더 진화하여 악령을 쫓아내는 주문으로 변모하였고, 주문은 일정한 억양과 음감을 띠어갔다. 즉, 음악이 된 것이다. 이러한 음악을 샤머니즘 음악이라고 부른다. 우리나라에서도 무당이 굿을 하면서 부르는 노래라든가 장단을 맞추기 위해 사용하는 악기가 바로 여기에 해당한다.

사실 원시 시대의 샤머니즘 음악은 오늘날 우리가 음악이라 부르는 대상과 비교해봤을 때 결코 쉽게 음악이라고 말할 수는 없는 형태다. 오늘날의 음악은 아름다움을 추구하는 대표적인 예술 장르이지만 원시 시대의 샤머니즘 음악은 악령을 내쫓기 위한 고음, 불협화음 등 오히려 추악한 형태를 추구했을 가능성이 높기 때문이다. 하지만 이 역시 목적이 달라 그리된 것일 뿐 분명히 의도된 음정과 장단을 갖추고 있는 음악이었다고 봐야 한다.

종교 역시 분명한 인센티브가 있었기에 음악을 도입했다. 기독교가 처음 등장한 지역은 유대교와 이슬람교가 생긴 중동 지방이다. 이 지역은 예수가 로마 병사에 의해 십자가에 못 박힌 곳이기도 하지만 수많은 기독교 신자들이 탄압받던 지역이기도 하다. 그들은 로마의 원형경기장에서 맹수의 밥이 되어야 하는 혹독한 시련 속에서 기독교를 수호해야 했으며, '카타콤베Catacombe'라는 지하공동묘지 같은 곳에서 숨어 자신들의 종교의식을 지켜나가야 했다. 이러한 시련 속에서 같은 종교인들을 격려하고 결속하는 주요한 수단 중 하나가 음악이었다. 그들은 자신들이 믿는 신을 섬기는 내용과 곧 시련을 극복하고 은총을 받을 수 있다는 내용 등을 가사에 넣어 함께 부르면서 서로를 위로했던 것이다.

근래에 와서 등장한 대중음악의 주요 장르들 역시 직접적인 인센티브 덕분에 발달할 수 있었다. 미국 대중음악의 뿌리 중 하나인 블루스 음악이 대표적인 예이다. 블루스 음악의 기원은 미국 남부의 농장지대에서 일하는 흑인 노예들의 노동요에 근간을 두고 있다. 노예로 끌려온 아프리카 원주민들이 고달픈 타향살이에 대한 설움을 위로하기 위해서, 고달픈 노예 생활을 위로하기 위해서 그리고 고된 노동을 하는 과정에서 동료들을 격려하기 위해서 태동한 음악이 바로 블루스이다.

이러한 블루스 음악은 남북전쟁 중 군인들이 사용하던 나팔과 북 등을 주워 연주하면서 만들어졌다. 음악의 멜로디나 형식 역시 단순하여 교육 혜택을 받지 못한 노예들도 누구나 쉽게 부를 수 있다. 이러한 기원으로 인해 우울하다는 의미의 'BLUE'에서 파생된 이름을 가지게 되었지만 블루스 음악이 모두 우울한 선율로만 구성되어 있지는 않다. 우울한 생활을 극복하기 위해서 그리고 흑인 특유의 낙천적인 기질을 살려서 블루스 음악에 흥겨움과 경쾌함을 불어넣기도 했다. 고된 노동을 위로하기 위한 수단, 서로를 격려하기 위한 수단이 블루스 음악이었던 것이다.

지금까지 살펴본 바와 같이 대표적인 예술 형태인 음악은 우리에게 직접적인 인센티브를 제공해주는 주요한 수단으로서 탄생하고 유지됐다. 동료들과의 유용한 의사소통 수단이 음악이었으며, 병을 치료해주는 유용한 도구가 음악이었다. 이러한 인센티브가 없었다면 음악이라는 장르는 인류와 지속적으로 함께헤오지 못했을시도 모른다.

초대형 철제 구조물
에펠탑의 탄생 비화

— 공공재와 무임승차 —

프랑스 파리 하면 제일 먼저 떠오르는 것은 무엇인가? 호주의 시드니를 떠올릴 때 제일 먼저 연상되는 것은 무엇인가? 뉴욕에 가서 꼭 한 번 해보고 싶은 것은 무엇인가? 누군가로부터 이러한 질문을 받으면 대부분은 비슷한 대답을 한다.

프랑스 파리 하면 제일 먼저 떠오르는 것은 에펠탑이며, 호주 시드니 역시 오페라하우스이다. 뉴욕에 여행을 가서 꼭 해보고 싶은 것 중에는 반드시 자유의 여신상 앞에서 사진을 찍고 싶다는 대답이 들어 있다. 또 많은 사람들이 여러 영화에 등장해 유명해진 엠파이어 스테이트 빌딩의 전망대를 떠올린다.

사람들이 에펠탑, 오페라하우스, 자유의 여신상 등에 남다른 의미를 부여하는 이유는 이들이 단순한 건축물을 넘어 예술적 가치를 함유하고 있기 때문이다. 이들 건축물은 국가와 도시의 실질적

파리 에펠탑의 모습

공공재

사회의 대부분의 사람들이 공
동으로 사용하는 물건이나 시
설을 말한다. 대표적인 예로
도로, 치안 등이 여기에 해당
한다. 공공재는 단순히 정부나
공공단체가 공급하는 물건들
로 규정되지 않는다. 공공재는
사적재와 반대로 비배제성과
비경합성을 동시에 지녀야 한
다. 즉, 어떤 사람이 재화와 서
비스에 대가를 치르지 않는 경
우에도 그 소비를 막을 수 없
는 비배제성과 많은 사람들이
동일한 재화와 서비스를 동시
에 소비할 수 있고 한 개인의
소비가 다른 사람들의 소비를
감소시키지 않는 비경합성이
동시에 충족되어야 한다.

인 소득 증가에 기여할 뿐만 아니라 보
는 사람들로 하여금 정서적 만족감을
높여준다.

건물이나 공원뿐만 아니라 거리에
놓인 조형물이나 조각상, 거리에서 전
개되는 공연, 도시 벽에 그려진 벽화 등
공공조형물의 형태인 예술품들은 대부
분 이러한 효과를 가져다준다. 이들은
일반적인 예술품과는 달리 공공재적 특
성을 갖고 있기 때문이다.

공공재는 비배제성과 비경합성을

218

동시에 갖고 있는 재화를 말한다. 대가를 지불하지 않아도 해당 재화의 소비를 막을 수 없는 경우 비배제성을 갖는다고 말한다. 또한 많은 사람들이 동일한 재화와 서비스를 동시에 소비할 수 있고 한 개인의 소비가 다른 사람들의 소비를 감소시키지 않는 경우 비경합성을 갖고 있다고 말한다.

축제도 공공재이다

공공재란 돈을 지불하지 않고도 누구나 누릴 수 있는 재화나 서비스이며, 누군가 그 재화와 서비스를 향유한다고 해서 다른 사람이 향유하지 못하는 재화나 서비스가 아니다. 위에서 언급한 조각품이나 건축물뿐만 아니라 축제도 여기에 해당한다.

브라질의 리우데자네이루에서 열리는 축제 리우 카니발은 포르투갈에서 브라질로 건너온 사람들의 사순절 축제와 아프리카 노예들의 전통 타악기 연주 및 춤이 합쳐져서 생겨났다고 한다. 이것을 점차 발전시켜 지금과 같은 형식의 카니발이 완성되었다. 그러나 1930년대 초반까지만 해도 보통의 거리 축제에 지나지 않았다. 그러나 이후 여러 삼바학교들이 설립되고 학교별로 퍼레이드를 펼치면서 지금과 같은 큰 규모의 축제로 발전하게 되었다. 오늘날 리우 카니발은 10만 명이 동시에 즐길 수 있는 공연예술로 자리 잡았다. 누구나 참여할 수 있는 문화예술 행사로 비배제성과 비경합성을 갖춘 공연예술이기 때문이다.

옥토버페스트로 알려진 독일의 맥주 축제 또한 마찬가지이다. 이 축제는 1920년 가을 바이에른 왕국의 황제 막스밀리안 1세가 루드비히 황태자와 작센 공국의 테레사 공주의 결혼을 축하하기 위해서 주민들을 초청하여 성대한 연회를 베풀었던 것에서 기원한다. 이것이 한 해 농사의 마무리를 자축하는 농부들의 축제로 계승되었고, 지금은 맥주 제조회사들이 자신들의 맥주를 선전하기 위해 벌이는 시음회 등과 결부되어 세계 700만 명이 참여하는 성대한 축제로 발전했다.

공공예술품과 무임승차의 문제

대형 축제, 초대형 건축물, 조각품, 대규모 공원 등과 같이 비배제성과 비경합성을 갖고 있는 재화들은 공통적인 문제점을 가지고 있다. 비배제성과 비경합성을 갖춘 공공재 성격의 재화는 생산에는 막대한 비용이 들지만 그 혜택은 누구나 공짜로 누린다는 점이다. 즉, 무임승차 문제가 발생하는데 이는 시장실패로 볼 수 있다.

공공예술품 이외의 다른 공공재인 치안 서비스, 도로, 다리, 등대, 가로등과 같은 시설들도 민간에 맡길 경우 무임승차 문제가 발생하기 때문에 안정적인 공급이 이루어지기 어렵다. 이런 이유로 시장실패의 치유 차원에서 정부가 대신 나서 공공재를 공급하는 경우를 흔히 볼 수 있다. 공공예술품 역시 마찬가지이다. 공영방송의 편성 내용이라든가, 도시 건물의 벽화, 도시의 상징적인 건축물에 정부가 직간접적으로 개입하는 이유 역시 여기에 있다.

세계적인 조형물로 너무나도 유명한 에펠탑의 경우, 처음 설립 당시에는 많은 프랑스 시민들로부터 비판을 받았다. 에펠탑은 1889년 파리에서 개최된 세계만국박람회를 기념하기 위해 건축됐다. 당시 프랑스는 파리로 몰려드는 사람들을 깜짝 놀라게 할 뭔가 특별한 것이 필요했다.

생각 끝에 프랑스는 세계에서 가장 높은 탑을 짓기로 한다. 세계인에게 프랑스의 발전상과 문화예술을 알릴 수 있는 계기가 되리라 판단한 것이다. 특히 프랑스의 국력을 과시하기 위해서 에펠탑이라는 초대형 건축물을 철제 구조물로 건설하기로 한다. 철은 군함, 대포 등 군사력을 보충하는 데 있어 반드시 사용되는 자원인데, 이처럼 귀한 자원을 거대한 예술품에 사용할 수 있는 국력을 가진 나라라는 사실을 널리 알리고 싶었던 것이다.

이러한 사실을 간파해서인지 당시 많은 문화 예술인들은 에펠탑 건립에 반대했다. 유명한 문인, 화가, 음악가 등 300명이 모여 에펠탑 건립 반대운동을 벌였다. 그중에는 단편소설 작가인 모파상, 시인 베를렌느, 작곡가 구노 등도 포함되어 있었다.

이러한 반대를 무마하고자 건축가 구스타브 에펠 Gustave Eiffel 은 일부러 높은 층에 자신의 사무실을 차리고 에디슨을 비롯한 당대 유명 인사를 두루 초대했다. 예술가들에게 높은 공간에서 연주를 하거나

221

노래를 할 기회를 제공해줌으로써 파리가 한눈에 내려다보이는 곳에서 공연예술을 하는 것이 어떠한 의미를 가질지 상상할 기회를 제공해준 것이다. 실제로 고공체험을 한 많은 예술가들은 에펠탑 건립에 대한 반대운동을 철회했다.

프랑스의 대표적인 공공재이자 문화상품인 에펠탑은 이러한 우여곡절 끝에 탄생했다. 다른 모든 공공재가 그러하듯이 에펠탑의 유지 보수의 주체 역시 정부이다. 앞서 말한 바와 같이 공공재는 무임승차가 가능하기 때문에 내가 직접 해당 재화나 서비스를 제공하지 않아도 다른 누군가가 제공해준다면 나 또한 그 혜택을 누릴 수 있다. 따라서 개인이나 기업이 직접 공급하려고 나설 이유가 없다. 뿐만 아니라 해당 재화나 서비스를 지속적으로 유지관리할 필요도 없다. 누군가 관리를 해준다면 나는 계속해서 만족을 누릴 수 있기 때문이다.

에펠탑의 경우 7년마다 도색 작업을 해야 하며, 칠을 하고 다시 보수하는 시간만 해도 1년 6개월이 걸린다고 한다. 그 어머어마한 비용과 시간을 개인이 지불하기는 어렵다는 사실을 쉽게 짐작할 수 있다.

에펠탑이 처음 세워졌을 때 그러했듯이, 오늘날에도 세계적인 조형물이나 축제가 새로이 기획될 때는 많은 진통이 따른다. 혈세 낭비라는 반발이나 도움이 필요한 계층에게 직접적인 도움을 주는 데 사용해야 한다는 의견 등이 나오기 때문이다. 물론 이러한 부분에 대한 지원이 덜 중요하다는 의미는 결코 아니다. 하지만 만약 에펠탑이 이와 같은 여러 반대운동들에 부딪혀 건설되지 못했다면 세계의 관광산업은 어떻게 달라졌을까? 파리는 오늘날과 같은 세계적인 명소이자 관광지로 각광받지 못했을지도 모를 일이다.

음악 채널의 등장은
너무 많은 뮤직비디오 때문이었다

― 초과공급 현상 ―

영화 〈보헤미안 랩소디〉는 개봉 후에 우리나라에서만 900만에 가까운 관객을 동원하며 큰 인기를 끌었다. 익히 알려진 그룹이지만 퀸QUEEN과 리드보컬 프레디 머큐리는 다시 한 번 세상 사람들에게 그 숨은 속사정을 알렸다. 그런데 영화에서는 크게 주목하지 않았지만, 퀸은 음악사적으로도 큰 영향을 끼친 주인공 중 하나였다. 그들은 음악을 소비하는 방식을 '듣는' 데에서 '보는' 것으로 바꾼 사람들이었기 때문이다. 바로 뮤직비디오를 통해서이다.

뮤직비디오라는 아주 유용한 홍보 수단

뮤직비디오의 발전 과정에 초과공급이라는 경제 현상이 큰 영

배경영상으로 뮤직비디오를 튼 그룹 퀸의 공연 모습

향을 미쳤다는 사실을 아는 사람은 많지 않은 듯하다. 공급량이 수요량을 초과하는 초과공급 상태에서는 시장 메커니즘이 작동하여 수요량과 공급량이 비슷한 수준으로 조정된다. 이는 뮤직비디오의 태동과 발전 과정에서도 마찬가지였다.

음악에 영상을 접목시킨 사례는 이전에도 있었다. 하지만 이들 영상물이 단순히 음악에 적합한 배경을 까는 수준에 머물렀다면 음악과 영상을 완벽히 접목해 하나의 독립적인 작품으로 탄생시킨 것은 1975년 발표된 영국의 록 그룹 퀸의 〈보헤미안 랩소디〉가 최초였다. 퀸이 이 영상을 제작한 이유는 음악을 전달하는 새로운 매개체를 만들기 위한 것이 결코 아니었다. 그들은 단지 BBC 방송국의 인기 프로그램에서 자신들의 신곡을 소개해줄 영상을 제작하려 했다. 이처럼 소박한 이유로 제작된 최초의 뮤직비디오는 단돈 4,500파운드를 들여서 4시간 만에 만들어졌다.

하지만 시장의 반응은 뜨거웠다. 당시 BBC 방송국은 이 영상을 9주 연속 방영했으며 〈보헤미안 랩소디〉가 BBC 음악 순위 프로그램에서 9주 연속 1위를 차지하는 데 크게 기여했다. 이 사건은 많은 음악 관계자들에게 홍보 수단으로서의 뮤직비디오가 가신 힘을 알게 해주는 계기가 되었다. 이후 많은 가수들이 새 앨범을 발표할 때마다 뮤직비디오를 함께 제작하기 시작했으며 가수들의 뮤직비디오만 전문으로 만드는 제작 업체들도 속속 등장했다.

그러나 점점 많은 뮤직비디오가 공급되면서 방송사들은 더 이상 이들 뮤직비디오를 감당하기 어렵게 되었다. 즉, 방송사가 수용할 수 있는 수준을 넘어서는 초과공급이 발생한 것이다. 하지만 이미 가수들 사이에서 새 앨범을 발표할 때 뮤직비디오를 함께 준비하는 것은 당연한 일이었다. 그리고 이런 상황에서 뮤직비디오의 초과공급은 어떻게든 해소되어야 할 필요가 있었다.

음악전문 채널의 등장

그때 음악전문 채널이 등장했다. 특히 MTV는 세계 최초로 하루 종일 뮤직비디오 위주의 방송을 내보냈다. 음악전문 채널이 등장하자 뮤직비디오를 통한 경쟁은 더욱 가속화되었다. 가수들은 이제 음악을 만드는 일에만 집중하지 않고 자신들의 외모, 의상, 무대 매너 등에도 신경을 써야 했다. 음악전문 채널들도 시청자에게 강렬한 영상을 보여줄 수 있는 화려한 외모의 가수들을 더욱 선호했다. 이러한 이유로 MTV 초기에는 예쁘고 잘생긴 백인 가수들, 짙은 화장을 하고 멋진 무대 매너를 갖춘 백인 록 밴드들의 뮤직비디오가 주를 이루었다. 즉, 백인 음악 위주의 초과공급이 발생한 것이다. 그러나 백인 음악만을 공급한다는 지적과 함께 음악 채널들은 많은 시청자들로부터 지탄을 받게 된다.

MTV는 백인 음악의 초과공급 상태로 인한 시청자들의 비난에서 어떻게든 벗어나야 했다. 그때 음악성, 댄스, 무대 매너 등을 완벽하게 갖춘 최고의 흑인 가수가 멋진 뮤직비디오와 함께 등장해 MTV를 구원하는데, 그가 바로 마이클 잭슨이다.

지금은 고인이 된 마이클 잭슨은 1982년 팝 역사상 가장 큰 성공을 거둔 앨범인 〈스릴러Thriller〉와 함께 당시로서는 파격적인 뮤직비디오를 발표한다. 당시 흑인 가수의 뮤직비디오가 절실히 필요했던 MTV는 마이클 잭슨의 뮤직비디오를 연이어 방송하며 그가 가진 가치를 적극적으로 홍보했다. 그 덕분에 많은 사람들이 마이클 잭슨의 노래뿐만 아니라 그의 옷차림과 춤을 따라 하는 등 그의 모습에 열광하며 그의 노래를 즐기게 되었다.

결국 마이클 잭슨의 이 앨범은 37주 동안 빌보드차트 1위를 차지하는 대기록을 달성했으며 1983년 그래미상의 여덟 개 부분을 석

권하는 전대미문의 기록을 남겼다. 지금까지도 〈스릴러〉는 단일 앨범으로 세계에서 가장 많이 팔린 앨범이라는 기록을 갖고 있다. 우리가 그를 단순히 노래로만 기억하는 것이 아니라 시각적으로 기억하고 있다는 점만 보더라도 이러한 성과에 뮤직비디오가 적지 않게 기여했다는 사실을 쉽게 이해할 수 있다.

서태지와 아이들도 마찬가지다

국내에 뮤직비디오가 본격적으로 도입된 시기는 가정용 비디오테이프, 레이저 디스크 등이 보급된 1992년에서 1993년 즈음이다. 당시 이승철, 푸른하늘, 변진섭 등의 가수들이 자신들의 노래를 홍보하기 위한 목적으로 뮤직비디오를 제작하기 시작했다. 하지만 대부분 발라드 위주의 가수이라 차분하고 서정적인 장면들이나 가수의 사진 등을 교차해 보여주는 수준의 전통적인 뮤직비디오에 머물러 있었다.

이러한 상황에서 전혀 새로운 영상과 함께 등장한 그룹이 있었으니 바로 서태지와 아이들이었다. 서태지와 아이들의 데뷔곡 〈난 알아요〉가 내포하고 있는 예술적 요소는 앞서 언급한 마이클 잭슨의 그것과 유사하다. 마이클 잭슨의 음악이 단순히 듣는 음악이 아니라 의상, 춤, 무대 매너, 특수효과 등이 결합된 뮤직비디오를 통해 더욱 크게 주목받았듯이 서태지와 아이들의 경우에도 음악 못지않게 그들의 패션과 춤, 뮤직비디오에 나오는 그래피티 등이 함께 소비되었다. 그들의 음악을 제대로 즐기기 위해서는 단순히 음악만을 듣는 것이 아니라 그들의 영상을 봐야만 했다. 그리고 서태지가 만들어낸 이러한 분위기에 편승해 국내에서도 Mnet이나 KMTV와 같은 뮤직비디오 전문 채널 등장했다.

최근 들어 한국의 뮤직비디오는 새로운 전환점을 맞이했다. 유튜브에 올린 뮤직비디오의 조회 수가 15억 건에 육박한 가수가 등장했기 때문이다. 가수 싸이나 BTS 이후 많은 가수들이 뮤직비디오를 어떻게 활용할지, 뮤직비디오에 새로운 초과공급이 유발되어 또 다른 변화가 일어날지 주목해볼 일이다.

만년 '2인자' 케이블방송과 라디오의 생존전략

— 대체재와 보완재 —

오늘날 우리는 각종 미디어를 통해서 문화생활을 즐긴다. 음악을 듣고 공연을 보고 미술품을 감상하는 일련의 행동들이 대부분 각종 미디어를 통해 행해진다. 멀리서 연주하는 음악을 들려주는 라디오와 듣는 것뿐 아니라 보는 문화생활도 가능하게 해준 TV 역시 한때는 신규 미디어였다 그런데 최근에도 새로운 기술을 활용한 각종 미디어가 지속적으로 등장하고 있다. 쌍방향 소통의 길을 열어준 인터넷, 3차원의 현실감을 체험하게 해주는 3D 기술 등 다양한 신규기술 덕분에 우리는 더욱 풍성한 문화생활을 누릴 수 있게 되었다. 하지만 이러한 과정에서 각종 미디어는 우리의 문화생활 방식과 그 내용을 결정하는 제약조건이 되었다. 따라서 우리의 문화소비 행태를 이해하기 위해서는 먼저 각종 미디어가 어떻게 진화해왔는지를 이해할 필요가 있다.

특정 미디어가 어떤 계층을 대상으로 콘텐츠를 만들 것인지 혹은 어떤 내용과 구성으로 콘텐츠를 채울 것인지는 매체 본연의 특성에 의해 좌우되기도 한다. 그러나 많은 경우는 신규 미디어와의 관계 속에서 자신들의 생명력을 연장하기 위한 전략적인 측면에서 형성된 경우가 대부분이다.

역사적으로 새로운 미디어가 등장할 때마다 기존 미디어들은 커다란 위기의식을 갖게 되었다. 텔레비전의 등장으로 라디오는 경쟁력을 유지하기 위한 새로운 방법을 모색할 수밖에 없었다. 케이블 TV는 공중파 TV와의 관계 속에서 진화해온 결과 오늘날과 같은 내용과 형식을 취하게 되었다. 그렇다면 신규 미디어가 등장할 때마다 기존 미디어들은 어떻게 변화했을까? 기존 미디어들이 생명력을 연장하기 위해 선택한 전략은 무엇일까?

대체재와 보완재

이에 대한 대답에 앞서 먼저 재화 간의 관계를 이해할 필요가 있다. 대부분의 재화들은 서로 영향을 미치지 않는 것이 보통이다. 즉, 다른 재화의 가격이 변했다 하더라도 전혀 영향을 받지 않는다는 것이다. 이 경우 두 재화를 **독립재**라 부른다. 하지만 일부 재화나 서비스 중에는 동일한 효용을 제공해주는 재화들이 있다. 예를 들어 콜라와 사이다, 쇠고기와 돼지고기 등이 여기에 해당한다. 콜라와 사이다는 갈증을 해소하는 탄산음료라는 점에서 소비자들에게 비슷한 만족감을 제공한다. 쇠고기와 돼지고기 역시 유사한 만족감을 주기 때문에 육류를 선택할 때 어느 것을 먹을까 고민하도록 만든다. 이처럼 특정 욕구를 충족시키는 과정에서 둘 중 무엇을 택해야 할지 고민하게 만드는, 서로 경쟁 관계에 놓인 재화들을 대체재라 한다. 대체재의 특성상 한 재화의 가격이 상승할 경우 다른 재화의 수요가 증가하게 된다. 소비자들의 입장에서는 비슷한 만족감을 주는 두 재화 중에서 상대적으로 가격이 저렴한 재화를 구매하는 것이 당연하기 때문이다. 예를 들어 콜라 가격이 올라갈 경우 사이다에 대한 수요가 증가하고, 쇠고기의 가격이 올라갈 경우 돼지고기의 수요가 증가한다.

이와 달리 특정 효용을 증가시키기 위해 두 재화를 함께 사용해야 하는 경우도 있다. 커피와 설탕, 컴퓨터와 소프트웨어와 같은 재화가 여기에 해당한다. 이러한 재화들은 따로 사용했을 때보다 함께 사용했을 때 효용이 배로 증가한다. 이러한 재화를 보완재라 한다. 보완재의 경우 두 재화 중 하나의 가격이 오르면 다른 재화의 수요가 감소한다. 반대로 다른 보완재의 가격이 하락하면 관련된 생산물의 수요가 증가한다.

기존 미디어들 역시 새로운 미디어가 등장할 때마다 재화 간의 관계를 고민해야만 했다. 그리고 그들이 내린 결론은 신규 미디어와 보완재 관계를 유지해야 한다는 것이었다. 많은 사람들이 신규 미디어에 현혹되더라도 신규 미디어와 상호보완 관계에 놓인다면 살아남을 수 있다는 전략이다.

TV와 라디오

TV의 등장이 기존 미디어에 어떠한 영향을 미쳤는지를 보면 이를 명확히 알 수 있다. TV의 등장과 함께 라디오는 주요 청취 대상을 변경하기 시작했다. 미국의 경우 미국 전역을 대상으로 한 TV 방송국이 등장하자 전국을 대상으로 송출했던 일부 라디오 방송국은 특정 지역의 거주자들을 위한 방송으로 탈바꿈했다. 미국 전역에 대한 소식은 TV를 통해서 얻고 거주 지역에 대한 정보는 지역 라디오 방송을 통해서 얻도록 유도하는 전략이었다. 이렇게 해서 TV의 등장에도 여전히 라디오는 귀 기울여야 하는 매체로 살아남을 수 있었다.

초창기 TV 방송은 주로 성인이나 가족 단위를 대상으로 한 프로그램이 주를 이루었다. 성인 시청자를 대상으로 한 TV의 성공은 라디오 방송사들로 하여금 새로운 수용자를 찾도록 압력을 가했다. 그 결과 라디오 방송사는 TV 시청자들과는 다른 집단을 대상으로 한 프로그램의 비중을 높이기 시작했다. 청소년층으로 눈을 돌린 것이다.

우리는 누구나 부모님과 단절된 채 자신의 방에 틀어박혀 있었던 사춘기 시절을 기억할 것이다. 라디오 방송국 입장에서는 바로 그들이 대안이었다. 많은 라디오 방송국들이 청소년들을 대상으로 한 프로그램을 확충하기 시작했다. 그 결과 일부 청소년들은 즐겨 듣는 라디오 프로그램이 시작할 때면 TV를 끄고 라디오를 듣기 위해 자신의 방으로 들어가기도 했다. 최근에도 젊은 층이 좋아하는 라디오 DJ가 저녁 시간과 심야 시간에 많이 배치된 이유가 여기에 있다.

오늘날의 라디오 방송은 도로 상황을 전달하는 주요 창구 역할을 한다. 모바일 시대에 라디오 방송에 더욱 귀 기울이도록 만들 수 있는 대안은 거리에서 운전하는 수많은 사람들을 청취 대상으로 삼는 것이다. 운전 중에는 교통 정보가 필요할 뿐만 아니라 TV 화면에 시선을 고정시킬 수 없기 때문이다. 휴대폰으로 아무 때나 방송을 볼 수 있는 모바일 시대에 자동차 운전자들이 없었다면 과연 라디오 청취율이 얼마나 나올지 의문이다. 짐작컨대 라디오는 또 다른 신규 미디어가 등장하더라도 신규 미디어에서는 얻을 수 없는 의미 있는 정보들을 제공할 수 있다. 또한 신규 매체와 함께 수용해야 하는 보완재로 변모하고 자신들에게 관심을 보일 또 다른 청취자들을 찾아낼 것이다.

지상파 방송과 케이블 방송

케이블 방송도 크게 다르지 않다. 출범 당시부터 지상파 방송의 경쟁 매체로서 등장했다기보다는 지상파 방송이 도달하지 못하는 지역을 커버하는 보완매체로 도입되었다. 지금은 가입자가 전국적으로 확대되면서 광고의 효용성이 인정되고 일정 수준 지상파 방송과 경쟁관계를 보인다. 하지만 케이블 방송의 본질은 수신료를 재원으로 하는 유료 방송서비스이다. 따라서 케이블 방송이 지상파 방송과 공존할 수 있는 유일한 방법은 틈새시장에 더욱 집중하는 것이다. 이러한 이유로 케이블 방송은 여러 분야의 전문 채널로 구성되어 있다. 바둑, 게임, 다큐멘터리, 영화, 패션 등 특정 분야에 전문화된 내용을 송출하고 이러한 분야에 관심이 많은 시청자들을 유도한다. 그러면서 자신들만의 부가가치를 만들어내고 있는 것이다.

케이블 방송이 24시간 방영되는 이유 또한 마찬가지이다. 케이블 방송이 지상파 방송의 대체재가 되려고 했다면 지상파 방송과 동일한 시간대에만 방송을 송출했을 것이다. 하지만 그들은 애초부터 지상파 방송과 대결하고 싶지 않았다. 이는 지상파 방송의 프로그램이 모두 종료된 이후 아무것도 볼 것이 없는 시청자들을 케이블 방송으로 유도하려는 전략이라 할 수 있다.

대체재로 보일지라도 시너지를 일으킨다

미디어 간의 관계는 생각보다 복잡하다. 예를 들어 비디오테이프 내지는 DVD의 보급의 늘면서 TV 시청률이 떨어질 것이라고 생각하기 쉽다. 하지만 예상과는 달리 비디오테이프의 보급이 TV 시청자를 더 늘리는 계기가 되었다는 연구 결과도 많다. 문화생활의 방식을 사람들이 모니터 화면을 통해 바라보는 방법으로 변화시키고 이를 습관화했기 때문이라는 것이다.

모니터는 이제 단순히 TV를 볼 때만 쓰이지 않는다. 영화를 보거나 게임을 할 때도 유용한 도구로 쓰인다. 우리는 일상생활에서

지루함을 달래기 위해 모니터 앞에 앉는 경우가 많다. 처음에는 영화 DVD를 감상하려고 자리에 앉았지만 영화 한 편을 다 봤다고 해서 바로 자리를 뜨는 경우는 그리 많지 않다. 곧이어 지상파 방송이나 케이블 방송 채널을 돌려가며 또 다른 재미있는 프로그램이 없나 탐색하는 경우가 비일비재하다. 이처럼 신규 미디어가 등장했다고 해서 그리고 일견 그 둘 간의 관계가 경쟁관계로 보일지라도 실제로는 상호 시너지 효과를 일으키기도 한다.

미디어 관련 많은 학자들은 새로운 미디어들이 자생적이고 자발적으로 생성되는 것이 아니라 기존 미디어의 변형이라는 과정을 거쳐서 천천히 등장한다고 주장한다. 또한 새로운 미디어가 등장한다고 해서 기존의 미디어들은 사라지는 것이 아니라 계속해서 새로운 환경에 적응해 나간다고 말한다. 기존 미디어가 자신들의 생명력을 연장하기 위해 선택한 방식은 대체재와 보완재라는 경제적 개념이었던 것이다.

유튜브는 기존 미디어의 대체재일까 보완재일까?

미디어 분야에서 가장 최근에 전개되고 있는 새로운 현상으로는 지상파들의 고전을 꼽을 수 있다. 평균 시청률은 매년 최저치를 갱신해가고 있으며, 이 과정에서 2010년과 비교하면 시청률은 반 토막 수준으로 낮아진 상황이다. 당연히 지상파 방송국의 주요 수익

원인 광고 수입도 그에 맞춰 매년 줄어들고 있다.

이유는 당연히 넷플릭스, 유튜브, 네이버 TV 등 디지털 기반 서비스의 등장 때문이다. 한때 방송국에서 가장 핫한 시간대인 월화드라마는 이러한 경영란으로 인해 KBS, MBC 모두 잠정 폐지된 상황이다. 이제 전 국민이 안방에서 같은 드라마를 시청하는 국민드라마를 기대하긴 어려운 상황이 되었다. 심지어 최근에는 넷플릭스뿐만 아니라 유튜브도 자체 콘텐츠를 제작하기로 선포한 상태이다.

그렇다면 유튜브, 넷플릭스 등은 지상파와 같은 전통 매체의 대체재일까? 최근 전개되는 모습은 아직 속단하기 어렵게 만든다. 지상파와 케이블 콘텐츠들이 자신들의 신규 콘텐츠를 홍보하기 위한 대표적인 채널로 유튜브를 적극 활용하기 시작했으며, 유튜브를 통해 오히려 시청률을 끌어올리는 경우도 등장하고 있기 때문이다. 또한 넷플릭스와 같은 디지털 기반 서비스를 통해서 추가적인 수익을 확보하고 있다. 온라인동영상서비스OTT 등 온라인으로 콘텐츠 소비 형태가 변화하는 가운데, 국내 드라마 내지 영상 콘텐츠가 해외 여러 국가에서도 서비스되기 시작했다. 즉, 국내 콘텐츠 시장 자체를 국내에서 글로벌로 확장해 준 기회를 가져다 준 것이다. 이러한 상황에서 최종적으로 전통 지상파와 온라인 동영상 서비스 간의 관계가 대체재로 정립될지 보완재로 정립될지 궁금해진다.

왜 푸치니의 오페라는
언제나 볼 수 있을까

— **시장실패와 외부효과** —

시장경제 체제에서는 수요와 공급의 법칙이 시장 내에서 생산과 소비에 대한 자원배분의 효율성을 높여 경제를 성장시키고 국민복지를 향상시키는 데 기여한다. 그러나 모든 부분에서 시장 기능이 제대로 작동하지는 않는다. 여러 가지 제약으로 인해 시장 기구가 자원배분 및 소득분배를 하지 못하는 경우가 발생한다. 이를 **시장실패**라고 한다.

시장실패가 발생하는 대표적인 원인으로는 독과점, 공공재, **외부효과** 등이 있다. 이 중 외부효과란 어떤 시장 참여자의 경제적 행위가 사람들에게

시장실패
독과점, 공공재, 외부성이 존재하는 경우 시장가격은 그 재화의 가격을 제대로 반영하지 못하게 되는데, 이를 시장실패라 한다. 따라서 시장실패가 발생할 경우 효율적인 자원배분을 달성하지 못하므로 정부가 개입할 필요가 있다.

외부효과
어떤 경제주체의 소비나 생산 행위가 시장을 거치지 않고(가격 지불 없이) 제3자에게 의도하지 않은 혜택(긍정적 외부효과)이나 손해(부정적 외부효과)를 발생시키는 것을 뜻한다.

의도하지 않은 혜택이나 손해를 가져다주는데도 아무런 대가를 받지도, 지불하지도 않는 현상을 말한다. 이때 손해를 가져다주는 경우 부정적 외부효과가 발생했다고 하며, 혜택을 가져다주는 경우 긍정적 외부효과가 발생했다고 한다.

긍정적 외부효과와 부정적 외부효과

우리 집에서 밝힌 외등이 어두운 골목길을 비추면 골목길을 다니는 사람들은 비용을 지불하지 않고도 안전하게 밤길을 갈 수 있다. 내가 우리 집에 외등을 설치한 것은 우리 가족의 편의를 도모하기 위해서 한 행위이지만, 이로 인해서 의도하지 않게 다른 사람에게 혜택을 가져다주게 된 것이다. 따라서 이는 대표적인 긍정적 외부효과에 해당한다. 반면, 주택가 한가운데서 소음과 악취를 뿜어내는 화학공장이 있다면 공장 주변에 사는 사람들은 이로 인해 많은 피해를 입는다. 공장주가 공장을 운영하는 목적은 자신의 영리를 추구하기 위함이다. 하지만 이 과정에서 의도하지 않게 지역 주민들에게 피해를 주기 때문에 이는 부정적 외부효과에 해당한다.

긍정적 외부효과와 부정적 외부효과가 유발될 때 원활한 시장 기능이 작동하지 않는다고 말하는 이유는 사회적으로 최적의 수준에서 경제활동이 전개되지 못하기 때문이다. 긍정적 외부효과를 유발하는 경제활동의 경우에는 사회적인 최적 수준보다 낮은 수준에서 해당 경제활동이 수행된다.

앞서 언급한 외등 사례를 다시 살펴보자. 자녀의 밤길을 걱정하는 한 아버지가 대문에 두 개의 외등을 설치했다고 가정하자. 외등이 설치된 집 앞을 지나는 모든 사람들은 외등의 혜택을 볼 것이다. 그렇다고 해서 이 사람들이 아버지에게 통행료를 지불하거나 고맙다는 인사를 건네지는 않는다. 그냥 무심히 "어, 밝으니까 좋은데?" 하며 지나갈 뿐이다. 이와 동시에 "더 밝아도 좋은데. 주위에 몇 개만 더 설치하지!"라고 생각할 수도 있다. 이러한 외부인의 반응은 긍정적 외부효과가 재화나 서비스를 과소 공급하는 상황을 전형적으로 묘사한다고 볼 수 있다. 아버지가 외등을 설치할 때는 자녀의 편익만을 고려해서 두 개를 설치했지만 외등 설치로 발생하는 사회적 편익을 고려했다면 더 많은, 더 밝은 외등을 설치해야 할 것이다. 이와 같이 긍정적 외부효과가 유발되는 경제 상황 속에서는 항상 사회적인 최적 상태보다 더 적은 수준에서 해당 경제행위가 전개되는 특성이 있다.

일상에서 긍정적 외부효과를 유발하는 경제행위 중 하나가 예술 활동이다. 이를 통해서 발생하는 모든 편익은 예술가 개인에게만 돌아가지는 않는다. 개인적인 만족을 위해 그린 그림이나 조각품일 경우에도 이를 감상하는 모든 사람에게 의도하지 않게 감정적인 편익을 제공해줄 수 있기 때문이다. 자신이 제작한 예술품을 누군가에게 돈을 주고 판매했다 하더라도 구매한 사람 외에 그 작품을 감상할 기회를 갖게 된 다른 사람의 편익도 증가시킬 수 있다.

예술 활동은 긍정적 외부효과를 유발한다

예술 활동이 긍정적 외부효과를 유발하기에 정부는 다양한 방식으로 예술 활동을 지원하곤 한다. 물론 최근에는 문화 역시 산업으로 분류되면서 시장 메커니즘을 통해서 생산되고 소비되는 추세다. 하지만 시장 기능에만 전적으로 의존하게 되면 사회적으로 적정한 수준의 예술 활동이 공급되지 못할 가능성이 있다.

시장에서 환영받지 못하는 예술 장르나 작품들이 적절히 공급되지 않는 현상도 종종 목격된다. 이와 같은 현상이 계속되면 예술가들이 펼칠 수 있는 예술적 행보에 대한 운신의 폭이 좁아지고, 대중들에게 검증받은 바 없는 새로운 시도들은 펼쳐질 기회조차 얻기 어려워진다.

오페라 공연의 예를 들어 설명해보자. 실제로 대부분의 대형 오페라하우스들은 공연 티켓이 거의 대부분 매진되어야만 운영이 가능한 구조로 만들어져 있다. 세계적인 메트로폴리탄 오페라하우스의 경우에는 입장권의 96퍼센트가 팔릴 것으로 가정하고 예산을 편성한다고 한다. 이러한 이유로 대부분의 오페라하우스들은 푸치니, 베르디와 같은 이미 검증받은 고전적인 작품들의 공연을 선호한다.

긍정적 외부효과가 유발되는 경제 현상에서 시장실패가 일어나는 것을 보정하기 위한 대표적인 방법으로 정부의 개입을 들 수 있다. 정부는 긍정적인 외부효과를 일으키는 경제행위를 독려하기 위해서 해당 경제행위를 하는 사람에게 보조금을 지급하곤 한다.

메트로폴리탄 오페라하우스에서 공연된 〈라보엠〉의 한 장면

　　만약 보조금의 혜택을 받은 오페라하우스가 다양한 종류의 오
페라 공연을 시도한다면 이는 시장실패를 정부의 개입으로 적절하
게 해결했다고 볼 수 있을 것이다. 하지만 정부의 개입이 늘 긍정적
효과를 거두지는 못한다.

　　실제로 정부로부터 보조금을 받고 있는 오페라하우스들을 조사
해보면 현대적인 작곡가들의 작품이 한 편도 공연된 적이 없는 시즌
도 수두룩하며, 아직도 대부분 고전적인 작품들 위주로 공연되고 있
는 것이 현실이다. 미국 오페라 공연에 대한 정보를 제공해주는 오
페라 아메리카 사이트의 자료에 의하면 1992년부터 2002년까지 미
국 지역에서 가장 많이 공연된 오페라 10위 목록에 세 편은 푸치니
의 작품이고, 다른 세 편은 모차르트의 작품이라고 한다. 뿐만 아니
라 2002년 이후에 오페라하우스에서 가장 많이 공연된 오페라로 이

름을 올린 작곡가는 단지 11명에 불과하다.

　미국의 오페라하우스가 전적으로 민간자본에 의해서 운영된다면 이에 대해 문제를 제기하기는 어려울 수 있다. 하지만 대부분의 오페라하우스가 공적자금을 통해서 보조를 받고 있는 상황에서는 분명 문제가 있다.

　지속적으로 혁신적인 예술 활동이 전개될 수 있는 환경을 제공해주어야 하는 것도 정부의 역할이라는 점을 고려할 때, 이는 명백한 **정부실패**이다. 정부실패란 정부의 시장개입이 시장의 실패를 보완하기보다는 시장의 효율성을 떨어뜨리는 결과를 초래하는 경우를 의미한다. 즉, 정부 개입으로 인해 개입하기 이전보다 더 비효율적인 상태가 되거나 공정성이 훼손된 상태가 초래되면 정부실패가 일어났다고 본다.

> **정부실패**
> 정부의 시장개입이 시장의 실패 보완보다는 시장의 효율성을 떨어뜨리는 결과를 초래하는 경우를 의미한다. 즉 정부 개입으로 인해서 정부 개입 이전보다 더 비효율적인 상태가 되거나 공정성이 훼손된 상태가 초래되면 정부실패가 일어난 것이다.

　우리는 종종 예술 활동에 정부의 보조금이 지원될 때 이에 대한 적절성 논란이 일어나는 것을 접하곤 한다. 예술산업의 시장실패를 막기 위해 정부가 개입했다가 오히려 더 큰 비효율을 낳는 정부실패가 일어나는 현상을 많이 목격했기 때문이다. 예술산업에서 정부실패를 막을 수 있는 근본적인 방법은 없는지 최선의 정책을 고민해야 하는 대목이다.

공연표가 항상 남아돌거나
모자라는 이유

— 초과공급과 초과수요 —

만약 어떤 시장에서 가격이 균형가격보다 높은 상태에 놓여 있다면 공급량이 수요량보다 많은 상태이다. 이를 초과공급 상태에 있다고 말한다. 이런 상황에서는 시간이 지남에 따라 가격이 하락할 것으로 예상한다. 반대로 수요량이 공급량을 초과하는 상태를 초과수요라고 말한다. 초과수요의 상태에서는 가격 상승을 예상할 수 있다.

시장경제 체제 아래에서 가격은 생산자와 소비자 모두에게 일종의 신호 역할을 한다. 높아진 가격은 생산자들에게는 더 많이 생산하라는 신호를 보내고 소비자들에게는 구매량을 줄이라는 신호를 보낸다. 이러한 신호 작용을 통해서 일시적인 비균형 상태가 되어도 자유로운 시장에서는 가격이 신속하게 변동하여 균형으로 돌아간다.

그런데 시장경제에서는 지극히 당연한 이러한 작용이 공연장에서는 전혀 작동되지 않는다. 공연표는 항상 남아돌거나 모자란다.

즉, 공연장은 늘 초과공급 상태나 초과수요 상태에 놓이게 되는 것이다. 이유가 뭘까? 이는 시장수요곡선으로 설명할 수 있다.

우상향하기 힘든 공연의 공급곡선

공연장에서의 시장수요곡선은 일상적으로 목격되는 시장수요곡선과 별반 다를 것이 없다. 소비자들은 자신의 선호도, 소득 등의 제반 상황을 고려하여 주어진 가격 수준에서 수요하고자 하는 의사를 표시하는데, 수요곡선은 수요량이 가격에 따라 어떻게 영향을 받는지 보여준다. 수요의 법칙에 의하면 가격이 상승함에 따라 수요량이 감소한다. 따라서 수요곡선은 우하향한다. 문화 예술품 역시 우하향하는 시장수요곡선을 갖는 것이 일반적이다.

시장공급곡선은 공급량이 가격에 의해 어떻게 영향을 받는지 보여준다. 공급의 법칙에 의하면 가격이 상승함에 따라 공급량은 증가하여 일반적으로 공급곡선은 우상향한다.

하지만 공연장에서는 그렇지 않다. 티켓 가격이 올라갈 경우를 생각해보자. 생산자들은 공급을 늘려서 총수입을 올리기 위해 더 많은 상품을 제공하고 싶을 것이다. 즉, 이론대로라면 가격이 올라가서 공급이 증가하는 우상향의 공급곡선을 갖는다. 추가적으로 제품을 공급하기 위해서는 공연장에 투여되는 인력에게 초과시간의 노동을 요구해야 하고 그 과정에서 추가적인 비용이 들 수 있지만, 높아진 가격이 이를 상쇄할 것이기 때문이다.

하지만 실제 공연은 우상향하는 공급곡선을 갖기가 어렵다. 그 이유는 우선 초과 인력을 투여하는 것, 즉 공연 횟수를 늘리기가 불가능한 경우가 많기 때문이다. 가수나 연주자의 경우는 특정 횟수의 공연을 치르고 난 뒤에 연이어 공연을 진행하기가 불가능하다. 공연 횟수를 늘리는 것이 어렵다면 공연당 관람할 수 있는 관객을 늘리는 방법을 모색할 수 있을 테지만 이 역시 쉽지 않다. 공연장이라는 것은 관객 수요를 확인하기 전에 이미 특정 장소로 섭외되는 경우가 대부분이다. 1만석 규모의 공연장에서 공연을 하기로 확정되었는데 인기가 많아진다고 해서 갑자기 5만석의 공연장으로 바꾸거나 혹은 5만 명을 추가로 입장시키기란 실질적으로 불가능하다.

만약 특정 공연이 크게 히트했다고 가정해보자. 사실 이 공연의 티켓 가격은 공연이 시작하기 전에 결정된다. 즉, 수요가 어떻게 될지 알지도 못하면서 가격이 측정되어 시장에 나온다. 그리고 그 뒤에도 일반적으로 가격을 바꾸는 법이 없다. 따라서 공연이 메가 히트를 기록하고 초반에 전회 매진이 되었다고 해서 좀 더 큰 극장 쪽으로 이동하거나 이미 예매한 사람들에게 추가 요금을 내라고 요구할 수는 없다. 이후 진행되는 회차의 공연에서 갑자기 가격을 올린 사례도 전무하다. 만약 어떤 공연 공급자가 1~2회 차 공연이 매진되었다고 해서 3회 차부터 가격을 올린다면 관객들에게 커다란 지탄을 받을 것이다. 결국 가격 조정이 이루어지지 않기 때문에 해당 공연은 계속해서 초과수요 상태에 놓이고, 그 결과 암시장이 형성된다.

어떤 상태가 달성되면 새로운 교란 요인이 없는 한 그대로 유지되는 상태를 균형이라 한다. 이를 시장에 적용하면 수요와 공급이라는 상반된 힘이 서로 맞아 떨어진 상태를 의미한다. 즉, 일반적으로 우하향의 수요곡선과 우상향의 공급곡선이 교차하는 한 점에서 균형이 이루어진다.

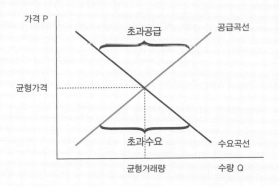

균형가격보다 낮은 가격에서는 초과수요가 발생한다. 초과수요는 현재의 가격에서 수요량이 공급량보다 클 때 일어난다. 한편 균형가격보다 높은 가격에서는 초과공급이 발생한다. 초과공급은 초과수요와는 반대로 현재의 가격에서 공급량이 수요량보다 더 클 때 일어난다.

반대로 성공하지 못한 공연의 경우에도 가격을 조정하기란 쉽지 않다. 역시 공연이 시작되기 전에 가격이 설정되어 있기 때문에 예매가 잘 이루어지지 않는다고 해서 중간에 가격을 낮출 수가 없다. 이미 티켓을 구입한 사람들에게 커다란 반발을 살 수 있기 때문이다. 공연 공급자 역시 가격을 무작정 낮추기를 바라진 않는다. 가격을 낮추면 자신이 거둘 수 있는 소득의 양이 줄어들 수 있기 때문이다.

초과공급 문제를 해결할 수는 없을까?

이 같은 초과공급의 문제점을 해결하기 위해서 공급자들은 다양한 대안을 모색하기에 이른다. 브로드웨이에서는 매주 특정 시간에 특정한 장소에서만 당일 판매되지 않은 모든 공연의 티켓을 할인된 가격에 판매하는 전략을 사용했다. 공급자들은 마지막까지 자신들의 판매수익을 거둘 수 있는 기회를 추가적으로 얻을 수 있기 때문에 이를 선호했다. 이러한 전략을 반긴 것은 수요자 역시 마찬가지였다. 자신이 원하는 공연을 원하는 시간에 원하는 좌석에서 보고자 하는 사람은 미리 티켓을 예매하면 된다. 하지만 굳이 좌석을 확정할 필요가 없는 사람들은 저렴한 가격에 이 기회를 이용하면 되기 때문이다.

여기서 한 가지 재미있는 사실이 있다. 초과공급 상태에 놓여 있는 공연의 경우 정부가 이를 지원하기 위해 보조금을 지급하기도 한다는 사실이다. 이는 예술의 가치를 단순히 수요의 여부로만 평가할 수는 없다는 입장에서 나온 것이다. 현재는 수요가 없어 초과공급 상태라 하더라도 다양한 예술적 성과와 번영이 이루어질 수 있는 토대를 제공하고, 예술 분야에서 혁신 활동이 다양하게 전개될 수 있는 제반 환경을 제공하기 위해서이다. 공연장이 문을 닫으면 해당 예술은 결국 사라지고 말 것이기 때문이다.

보조금 외에 세제 혜택을 주는 방법도 있다. 외부에서 자금을 조달해 손실을 메울 수 있는 기회를 제공해주려는 목적이다. 공연예술에 기부한 경제주체들에게 세제상의 혜택을 제공함으로써 공연예술 분야에 지원하도록 유도하는 것이다. 외국에서는 이미 세제상의 혜택이 공연예술을 활성화시키는 데 기여해왔다는 연구 결과들이 확인되기도 했다.

문화예술품의 가치는
어떻게 측정하는가

— 공급탄력성과 소득탄력성 —

2011년 7월, 언론을 통해 외규장각 의궤의 모습이 최초로 공개되었다. 외규장각이란 조선 왕실의 도서관인 규장각의 부속 도서관 정도라고 생각하면 이해하기 쉬울 것이다. 이 외규장각에는 왕실의 주요 행사 등을 정리한 의궤儀軌를 비롯해 총 1,000여 권의 서적이 보관되어 있었다.

외규장각 의궤는 1866년 병인양요丙寅洋擾 때 프랑스군이 강화도를 습격하면서 약탈해갔다. 그것도 일부만 약탈했으며 나머지는 불타 없어졌다고 한다. 프랑스가 외규장각 의궤를 약탈했다는 사실이 처음 우리에게 알려진 것은 1975년 프랑스 국립도서관 직원으로 일하던 박병선 박사를 통해서였다.

이후 우리 정부는 줄곧 외규장각 의궤를 반환해달라고 요청했지만 별다른 소득을 얻지 못했다. 프랑스 측은 오히려 우리 문화유산을 담보 삼아 경부고속철도 부설권을 따내려고 했다.

오랜 기다림 끝에 결국 2010년 11월 12일 G20 정상회의에서 외규장각 도서를 임대 형식으로 대여해주기로 합의했고(5년마다 임대 여부를 갱신한다는 조건이 붙은 상태로) 외규장각 의궤는 그렇게 145년 만에 대한민국으로 돌아올 수 있었다.

문화예술품은 공급탄력성이 0이다

외규장각 의궤에 대한 그간의 정황을 듣다보면 일견 떠오르는 의문이 있다. 우리 입장에서야 우리 문화유산이기에 돌려받기를 원하는 것이 당연하지만 외규장각 의궤의 가치가 도대체 얼마기에 프랑스는 그토록 되돌려주려 하지 않은 것인가? 이러한 질문을 좀 더 일반화하여 문화재의 가치가 천문학적인 이유를 경제학적인 방법을 통해 살펴보자.

문화예술품도 일반적인 제품과 마찬가지로 수요 공급의 원칙에 의해 가치가 결정된다. 하지만 일반적인 제품과 다른 점이 있다. 문화예술품은 '공급의 탄력성'이 전혀 없다는 점이다.

공급의 탄력성은 가격이 변화할 때 공급량이 변화하는 정도를 나타내는 척도이다. 상품 가격의 변화보다 공급량의 변화가 더 커서 공급의 가격탄력성이 1보다 크게 나타나면 탄력적이라고 말한다. 일반적으로 공산품의 공급이 탄력적이다. 반대로 재화의 가격 변화보다 그 재화의 공급량 변화 정도가 더 적어 공급의 가격탄력성이 1 보다 작은 경우를 비탄력적이라고 한다. 주로 농산물의 공급이 비탄력적이다.

공산품이 탄력적인 상태를 보이고, 농산물이 비탄력적인 상태를 보이는 이유는 해당 재화의 생산 방식과 연관된다. 공산품의 경우에는 해당 제품의 가격 상승을 확인한 즉시 더 큰 수익을 얻기 위해 기업들이 즉각적으로 공급량을 증가시킬 수 있다. 그러나 농산물의 경우에는 즉각적인 대응이 힘들다. 농산물을 생산하기 위해서는 적어도 몇 달에서 1년여의 기간이 소요되기 때문이다. 배추 가격이 올랐다고 해서 농부들이 곧바로 배추를 만들어 공급할 수는 없다.

공급의 가격탄력성이 0으로 나타나는 완전 비탄력적인 상황은 고가의 예술품이나 골동품에서 주로 찾아볼 수 있다. 작고한 유명작가의 그림이나 역사적인 유물들은 공급량을 늘릴 수 있는 방법이 전혀 없다. 즉, 공급량이 고정된 제품이다. 따라서 가격이 아무리 변화한다 하더라도 공급량의 변화가 없는 완전 비탄력적인 상태를 띤다.

일반적인 제품들의 경우에는 가격이 상승하면 생산량을 늘리고 이를 통해 가격이 조절될 수 있다. 하지만 문화예술품은 가격이 아무리 많이 올랐다 하더라도 더 생산할 수 없는 재화이다. 즉, 공급의 가격탄력성이 0인 상태다. 공급의 가격탄력성이 0일 경우 공급곡선은 수직의 형태를 띤다. 이러한 경우는 통상적인 우상향 공급곡선에 비해 수요가 조금만 변해도 가격에 큰 영향을 미친다. 즉, 구입을 원하는 사람이 한두 사람만 늘어나도 가격이 천정부지로 올라갈 수

있는 것이다. 한국과 프랑스가 외규장각 의궤를 놓고 벌였던 그간의
과정을 떠올리면 쉽게 이해할 수 있다.

소득탄력성으로 문화예술품의 가치를 평가한다

소득탄력성을 통해 문화예술품의 가치 평가를 이해하는 방법도
있다. 소득탄력성은 소득 변화에 따른 수요의 변화 정도를 측정하는
척도이다. 일반적으로 우리는 소득탄
력성을 통해서 특정 재화가 열등재인
지 정상재인지 구별할 수 있다.

> 소득탄력성(εm)
> 수요의 가격탄력성과 달리 수
> 요의 소득탄력성은 부호에 따
> 라 재화의 성격을 구분한다.
>
> εm 〉0 → 정상재
> 소득이 증가함에 따라 그 수요
> 가 증가하는 재화
>
> εm 〈0 → 열등재
> 소득이 증가할 때 오히려 수요
> 가 감소하는 재화

정상재는 소득이 증가할 경우 수
요량이 함께 증가하는 재화이지만 열
등재는 소득이 증가하면 오히려 수요
량이 감소하는 재화이다.

따라서 소득이 증가하여 소득의
변화율이 양(+)의 값을 가질 때, 수요량도 증가하는 방향으로 양(+)
의 변화율을 가져 수요의 소득탄력성이 양수 값을 가질 경우 우리
는 이 재화를 정상재라 한다. 반대로 소득의 변화와 수요량의 변화
가 반대 방향을 이루어 분자와 분모의 부호가 상반되어 소득탄력성
이 음수 값을 가질 경우 이 재화를 열등재라 한다.

소득탄력성은 재화가 사치품인지 생필품인지에 따라서도 다르

게 나타난다. 즉, 소득이 높아지면서 해당 물건에 대한 수요가 얼마만큼 증가하는지를 측정하는 방법이다. 생필품의 경우에는 소득이 늘어났다고 해서 수요가 급격히 증가하지는 않는다. 아무리 돈이 많다 하더라도 일상생활에서 사용하는 물건에 대한 수요는 어느 정도 정해져 있기 때문이다. 하지만 고가의 미술품, 문화예술품은 다르다. 이들 재화는 소득이 증가하면 생필품에 비해 상대적으로 수요가 크게 증가하고, 소득이 감소하면 수요도 크게 감소하는 경향을 보인다. 세계적인 경제학자 케인즈 역시 제2차 세계대전으로 인해 폭락해버린 프랑스의 미술품들을 샀다가 유럽 경기가 회복되었을 즈음에 다시 판매해 상당한 이익을 취한 것으로 알려져 있다.

소득탄력성의 이치는 국민소득이 3만 달러를 넘고 OECD 국가로 성장한 우리나라에서도 그대로 적용된다. 국민소득이 높아지면서 생필품 이외의 다양한 문화예술적 욕구가 늘어나게 되었고 그 과정에서 우리 문화유산을 돌려받고자 하는 욕구는 자연히 커질 수밖에 없었다. 외규장각 의궤를 돌려받기 위한 노력이 점점 커져갔다는 사실이 이를 방증한다 할 수 있다.

국내에 있는 조선왕실의궤는 이미 유네스코 세계기록유산으로 등재되어 있다. 이러한 사실을 차치하더라도 우리 선조의 문화유산이라는 이유 하나만으로 이미 외규장각 의궤는 그 가치를 따질 수 없을 만큼 소중한 우리의 것이다. 소중한 문화유산을 경제적 논리를 갖고 따진다는 것은 어리석은 일이지만 문화유산의 가치 평가에서도 경제원리가 작동하고 있다는 사실만은 분명하다.

미술관은 왜
그림을 모두 전시하지 않을까

— 이윤극대화 원리 —

　표면적으로는 비합리적인 행태로 보이지만 그 이면을 들여다보면 경제적으로 합리적인 행동이라는 사실을 확인하게 되는 경우가 종종 있다. 미술관에서 미술품을 전시하지 않고 대부분의 작품을 창고에 보관하는 것 역시 여기에 해당한다.

　세계적인 미술관들뿐만 아니라 개인이 운영하는 갤러리들도 대부분 전시하고 있는 그림보다 더 많은 수의 그림을 일반인들에게 공개하지 않은 채 창고에 보관하고 있다고 한다. 경제학자 프레이Frey는 논문을 통해, 미술관에서 전시되는 미술품의 비율은 전체 보유 미술품 중에서 2분의 1, 심할 경우에는 4분의 1 수준에 그친다고 발표했다.

　《이코노미스트》의 보도에 따르면, 스페인 프라도미술관이 보유한 작품은 1만 9,000여 점의 작품에 달하지만 이 중 전시된 작품은 고작 1,781점에 불과하다고 한다. 상황이 이렇다 보니 지금까지 한 번도 전시되지 못한 작품들도 있다. 우리나라의 국립현대미술관도 보관실에 소장하고 있는 작품의 수가 무려 6,000여 점에 달한다고 전해진다.

미술관은 경제원리에 어긋난다?

경제학적인 시각에서 바라봤을 때 이러한 현상은 상당히 흥미롭다고 할 수 있다. 경제학에서는 각 개별 경제주체가 자신의 이익을 극대화하는 방식으로 행동한다고 믿는다. 하지만 미술관장들이 보여주는 이 같은 행태는 경제학의 가장 기초적인 가정인 '개별 경제주체는 자신의 이윤극대화를 위해 행동한다'는 가정에 어긋나는 듯한 행동이기 때문이다.

구체적으로 살펴보자. 위에서 언급한 미술관 경영진의 행위는 경제적인 측면에서는 다분히 비효율적인 부분이 많다. 먼저 미술품을 아무도 보지 못하는 창고에 보관한다는 것은 해당 미술품을 전시함으로써 얻을 수 있는 다양한 편익을 포기하는 행위이다. 많은 작품을 전시함으로써 관람객들의 만족감을 높여 사회 전체의 후생을 증대시킬 수 있는 기회를 포기하고 있기 때문이다. 뿐만 아니라 전시를 통해서 해당 미술품을 일반인에게 판매할 경우 판매 수입을 미술관의 보수, 미술품의 보관 설비에 대한 재투자 등에 효과적으로 사용할 수 있다. 그럼에도 불구하고 이를 스스로 포기하고 있는 것이다. 이처럼 미술관에서 미술품을 보이지 않는 창고에 보관하는 것은 얼핏 비경제적인 행위처럼 보인다. 하지만 사실 이는 미술관과 미술관 운영자의 이윤을 극대화해주는 가장 주요한 전략이다.

특정 경제행위를 통해 **이윤극대화**를 달성하기 위해서는 한계비용과 한계편익이 일치하는 수준에 이를 때까지 경제행위를 해야 한다. 한계편익은 우리가 어떤 행위를 하나 더 할 경우에 추가적으로 얻는 편익을 말한다. 반대로 한계비용은 우리가 어떤 행위를 하나 더 할 경우에 추가적으로 드는 비용을 말한다.

> **이윤극대화**
> 기업이 이윤을 극대화하기 위해서는 한계비용과 한계편익이 일치하도록 생산량을 결정하게 된다.

예를 들어 내가 햄버거를 한 개 더 먹을 때 느끼는 만족이 한계편익이라면, 햄버거를 한 개 더 사기 위해 지불해야 하는 값이 한계비용이다. 기업이 컴퓨터를 한 대 더 생산함으로써 버는 수입이 한계편익이며, 컴퓨터를 한 대 더 생산하는 데 드는 비용이 한계비용이다. 이윤을 극대화하기 위해서는 이러한 한계비용과 한계편익을 고려하여 의사결정을 해야 한다.

만약 어떤 활동을 추가로 하나 더 할 때의 한계편익이 한계비용보다 크다면 그 활동을 계속해야 한다. 자동차 회사가 자동차를 한 대 더 생산함으로써 버는 한계편익이 1,000만 원이고 한계비용이 900만 원이라고 가정해보자. 이러한 경우 자동차를 한 대 더 생산한다면 100만 원의 순편익, 즉 이윤을 늘릴 수 있다. 따라서 이 회사는 자동차를 한 대 더 생산해야 한다. 이러한 논리를 적용한다면 우리는 한계편익이 한계비용보다 단 1원이라도 더 크다면 이 회사는 자동차 생산을 늘려야 한다는 사실을 알 수 있다.

반대로 만약 한계편익이 한계비용보다 작다면 그 활동을 줄여야 한다. 이 회사가 자동차를 한 대 더 생산할 때 버는 한계편익이 1,000만 원이고 한계비용이 1,100만 원이라고 할 때 자동차를 한 대 더 생산한다면 100만 원의 순편익을 상실하는 것이다. 반대로 이 회사는 자동차 생산을 한 대 줄임으로써 순편익을 늘릴 수 있다. 한계편익이 한계비용보다 단 1원이라도 더 작다면 이 회사는 자동차 생산을 줄임으로써 순편익을 증가시켜야 한다.

이상의 두 가지 경우를 종합하면 이 자동차 회사가 순편익을 최대화할 수 있는 방법이 나온다. 이 회사는 한계편익이 한계비용과 같아질 때까지 생산을 늘리거나 줄임으로써 순편익을 최대화할 수 있다. 이것이 바로 위에서 이야기했던 한계의 원리이다.

이윤극대화의 원리는 미술관에도 그대로 적용된다. 미술관에서 소장하고 있는 모든 미술품을 전부 전시하기 위해서는 그만큼 미술관을 크게 지어야 한다. 이 경우 한계 상황에 해당하는 것은 미술관을 한 평 넓히는 것이다. 미술관 한 평을 넓히는 데 드는 비용이 한계비용에 해당하며, 미술관 한 평을 넓혀 더 많은 관람객을 유치함으로써 발생하는 이익이 한계편익에 해당한다. 한계비용보다 한계편익이 더 큰 경우에는 미술관을 확장하거나 보유하고 있는 미술품을 추가로 전시하는 것이 이윤을 극대화하는 방법이다.

미국 뉴욕에 위치한 구겐하임 미술관, 건축가 프랭크 로이드 라이트의 설계로 유명하다.

하지만 보유하고 있는 미술품들이 모두 대중에게 커다란 반응을 불러일으키는 작품은 아닐 것이다. 이러한 작품들까지 전시하기 위해 미술관을 크게 확장한다면 이는 한계비용이 한계편익보다 큰 수준이라고 할 수 있다.

마케팅의 측면에서 보면 모든 작품을 한 번에 전부 공개하기보다는 부분적으로 순환해서 전시하는 것이 미술관에 대한 대중들의 지속적인 관심을 유도하여 매출을 더 높이는 방법일 수도 있다. 결국 그 근거가 어떠한 측면이든지 간에 이제는 아무도 미술관이 보유한 모든 작품을 전시하지 않는다고 해서 비합리적인 경제적 의사결정이라고 치부할 수는 없을 것이다.

어떤 미술품은 왜 일반인들에게 공개되지 않는가?

　　미술관의 측면에서뿐만 아니라 미술관 운영자 입장에서도 미술품을 대중에게 전부 공개하지 않는 쪽이 유리하다. 첫 번째로 창고에 보관하고 있는 작품들에 대해 미술관 관계자들이 부과하는 가치가 시장에서 평가받는 가치보다 높기 때문에 그와 같은 현상이 발생할 수 있다. 즉, 미술관 관계자들은 해당 작품에 대해 높은 가치를 부여하나 현재의 시장가치는 이보다 낮기 때문에 해당 작품에 대한 평가가 높아질 때까지 보관하고 있을 가능성이 크다. 시장에서 이 작품에 대한 적절한 가치를 평가해줄 때 전시하고 이를 판매하고자 하는 의도 때문일 수도 있는 것이다.

　　두 번째는 해당 미술관에 근무하는 사람들의 개인적인 평판 효과가 원인일 수도 있다. 특정 미술관의 관계자가 보관실에 보관하고 있는 작품을 지속적으로 외부에 판매하여 현금화하고 있다는 말이 미술계에 돈다든가, 특히 작품을 해외에 판매했다는 소문이 미술계에 형성되면 해당 관계자는 미술계에서 거의 매장당할 수도 있다. 소장 미술품을 판매하는 관리자라는 사실이 널리 알려지면, 해당 미술관에 미술품을 기증하고자 하는 사람들이 줄어들 것이고, 이는 지속적으로 미술품을 거래하는 데 결정적인 차질을 빚는다. 이렇듯 미술관 관계자들이 소장하고 있는 미술품을 외부에 판매하여 그 수익금으로 미술관의 발전을 도모하지 않는 것은 평판 효과를 고려하여 자신의 이익을 실현하고자 하는 노력의 결과라고 볼 수 있다.

마지막으로, 인센티브가 제공되지 않는 것이 원인일 수도 있다. 세계적인 미술관들은 대부분 정부 소유인 경우가 많다. 이 공공미술 관들은 소장품을 판매하여 수익이 발생했다 하더라도 해당 미술관 관계자들에게 어떠한 인센티브도 제공하지 않는다. 심지어 미술관 재정에도 기여하지 못하는 경우가 많다. 미술품 판매로 인한 수익은 일반 공공기금으로 처리되기 때문이다. 따라서 더 정확히 말하면 오 히려 손실이 유발된다고 볼 수 있다. 미술관이 미술품으로 판매 수 익을 거둘 경우, 정부는 예산 지원금에서 해당 수익금만큼의 금액을 줄이려고 할 수도 있다. 이럴 경우 판매로 얻은 수익은 일시적이지 만 예산의 삭감은 상대적으로 지속적인 현상이기 때문에 미술품을 공개 전시한 후 판매하는 것은 오히려 손해가 된다.

　　이처럼 우리는 주변에서 흔히 비합리적인 행태, 비경제적인 행 태로 보이는 일들을 많이 목격한다. 하지만 알고 보면 그러한 행태 역시 우리의 생각보다 훨씬 더 치밀한 경제적인 관점에 의해 도출되 었다는 사실에 주목해야 할 것이다.

세계적인 명화에 숨겨진
인간의 과시적 욕망

— 과시적 소비 행태 —

세계적인 명화를 감상할 때 일반인들이 자주 범하는 오류가 있다. 그것은 해당 그림의 배경, 색감, 구도 등을 순전히 작가의 관점에서만 분석하여 미술품의 의미를 파악하려는 행동이다. 얼핏 들으면 이것이 뭐가 잘못되었다는 건지 의아해하기 쉽다. 하지만 과거에 화가들은 오늘날처럼 예술가로 대접받지 못했고, 기능공 정도의 대우만 받았다는 점을 떠올리면 쉽게 이해할 수 있을 것이다.

과거의 화가들은 소비자들이 원하는 그림을 그려주는 사람이었다. 소비자들은 그림을 주문할 때 배경이나 주인공 인물의 숫자, 옷차림, 옷의 색깔 등까지 어떻게 그려야 하는지 세세하게 주문하곤 했다. 그래야 자신이 원하는 그림을 얻을 수 있었기 때문이다. 뿐만 아니라 당시에는 오늘날과는 달리 염료 가격이 비쌌다. 즉, 그림을 그리기 위해 필요한 물감은 대부분 고가였다. 따라서 제품을 제작하는 과정에서 발생하는 비용은 가난한 기능공인 화가들이 부담하는 것이 아니라 그림을 주문한 사람이 부담해야 했다.

그림을 통해 부를 과시하려는 욕망

위와 같은 이유로 그림을 주문할 때 어떤 색깔을 얼마만큼 사용해서 그림을 그려야 하는지는 그림 자체 못지않게 중요한 결정 사항이었다. 주문 사항에 맞춰 그림을 그려야 했던 처지는 수많은 무명의 작가에게만 해당하지 않았다. 레오나르도 다빈치 같은 세계적인 거장들 역시 마찬가지였다.

사람들은 화가에게 값비싼 염료, 특히 해외에서 어렵게 구한 고급스러운 염료를 사용하거나 심지어 보석을 사용하여 그림을 그리도록 주문했다. 그리고 그것을 거실 등에 걸어둠으로써 집을 찾아오는 사람들에게 자신의 부를 과시하기 위한 수단으로 사용했다.

경제학에서는 이를 **과시적 소비**라 한다. 과시적 소비란 소비자가 특정 재화를 구입할 때 타인의 시선을 고려하여 소비를 결정하는 것을 말한다. 즉, 필요에 의해서가 아니라 자신의 부와 명성 등을 자랑하기 위해 소비를 하는 것이다.

그림을 통해서 자신의 부와 명성

> **과시적 소비**
> 소비자가 특정 재화를 구입할 때 타인의 시선을 고려해 소비를 결정하는 것을 말한다. 즉, 필요에 의해서가 아닌 자신의 부와 명성 등을 자랑하기 위해서 소비하는 행위를 뜻한다.

〈앤드루 부부〉(토마스 게인즈버러, 1750년작)

을 과시하고자 했던 소비자들이 단순히 고급 염료만으로 자랑하는
데 그칠 리는 없었다. 그들은 그림에 담아낼 풍경 속에서도 자신의
부를 과시하는 방법을 찾아냈다. 그것은 그림의 배경에 자기 소유의
땅과 농작물 등을 함께 그려넣도록 강요하는 것이었다. 그럼으로써
초상화나 풍경화를 보는 모든 사람들에게 자신이 부유한 지주라는
사실을 간접적으로 알리고 싶어 했다.

　토머스 게인즈버러Thomas Gainsborough가 그린 초상화 〈앤드루 부부〉
를 보면 이러한 사실을 쉽게 확인할 수 있다. 이 그림은 그가 자신의
친구인 앤드루 부부에게 그려준 초상화인데, 미술에 문외한인 사람
이 보더라도 그림에서 뭔가 작위적인 부분을 쉽게 찾을 수 있다.

　한적한 시골 마을임에도 두 주인공인 앤드루 부부는 한껏 치장
한 모습이다. 앤드루 부인은 방금 파티장에서 나온 듯한 복장을 하
고 실내용 의자에 앉아 있으며, 앤드루 역시 사냥과 어울리지 않은

시골 농가에서 멋스럽게 총을 들고 아내 옆에 서 있다. 이러한 두 부부를 공경하는 듯한 표정으로 혈통이 좋아 보이는 사냥개 한 마리가 주인 옆에 함께 그려져 있다.

그림을 보는 모든 이들은 이러한 몇 가지 설정을 보고 이 두 부부가 나름 풍족하고 부유한 계층임을 쉽게 확인할 수 있었을 테다. 더욱 놀라운 사실은 그림의 배경에 있다. 시골 농가 역시 화가의 순수한 창작물이 아니다. 배경은 바로 앤드루 부부가 소유하고 있는 땅이다. 앤드루 부부는 초상화에 자신이 소유한 토지와 임야 등을 함께 그려 넣음으로써 자신들이 넓은 농지와 임야를 가진 지주라는 사실을 알리고 싶었던 것이다. 그것도 수확철 들판의 모습으로 그려 넣음으로써 기름진 땅, 즉 가치가 높은 땅의 주인이라는 사실을 과시하고 있다.

시골 영주인 앤드루의 마음이 이러할진대 하물며 궁전에서 살고 있는 왕족들은 어떠했겠는가. 왕족들 역시 그림을 바라보는 마음, 화가를 통해서 얻고자 하는 것은 동일했다.

주문자의 요구와 표현의 자유

가장 사치스럽고 허영심이 많은 국왕 중 한 사람은 루이 14세였다. 루이 14세는 사치스런 치장을 극대화해 초상화를 그리게 함으로써 다른 유럽의 많은 국왕들의 부러움을 샀다고 한다. 때로는 초상화에 그려지는 자신의 복장을 대부분 왕실 의식이나 행사를 주관할 때 입는 대관식 예복으로 그리게 하여 자신이 막대한 권력을 갖고 있다는 사실을 전달하고자 했다.

초상화의 크기 또한 화가가 마음대로 결정할 수 없었다. 루이 14세를 비롯한 대부분의 군주는 초상화를 대형 크기로 그려주길 원했다. 그것은 초상화에 담긴 자신의 모습을 일반인보다 크게 그림으로써 스스로의 위용을 과시하고 권위를 높이고지 하려는 의도였다. 이 그림들은 대부분 자신의 궁궐이나 저택 입구, 사람들이 대기하는 장소, 또는 환담을 나누는 로비 등에 걸렸다. 이러한 장소에 그림을 배치해뒀다는 것은 소비자 입장에서는 자신이 구매한 제품 즉, 초상화 내지 풍경화를 본연의 목적에 맞게 잘 사용한 흔적이라고도 볼 수 있다.

지금까지의 사실을 종합할 때, 어떤 의미에서는 오늘날의 예술가보다 과거에 활동했던 예술가들이 표현의 자유를 더욱 억압받지 않았나 하는 생각이 든다. 그들은 열악한 환경과 많은 제약조건 속에서도 최대한 자신만의 분위기와 색감을 연출하기 위해 노력했다. 비록 요구사항에 따라 정해진 대상들을 묘사해야 했지만 그 과정에서 작가주의적 기지를 발휘했던 예술가들의 노력에 찬사를 보내고 싶다.

눈을 붙잡는 포스터에 담긴
마케팅 전략

— 편승효과와 스놉효과 —

문화산업이라는 말은 지금은 너무나도 자연스럽지만 불과 얼마 전만 해도 이 말은 금기시되는 단어였다. 문화를 '산업'이라는 금전적인 부분과 결탁시킨다는 점이 일부 예술가들에게 큰 반감을 샀기 때문이다. 이들은 자신들의 콘텐츠를 차별화하기 위해 문화를 상업문화와 순수문화로 나누고 두 분야를 엄밀하게 다른 분야로 구분 지어가며 자신들이 가진 정체성을 유지하고자 했다.

이러한 논란이 불거진 근본적인 원인은 예술 활동을 전개하는 방식이 새롭게 변화했기 때문이다. 원초적으로 예술행위는 소수의 사람들에 의해 공급되어 다시 개인이나 소수의 사람들에게 수요되는 형태를 오랫동안 유지해왔다. 음악은 소수의 사람들에 의해 연주되어 공연장에 참석한 일부 사람들에게만 향유될 수 있었다. 책도 마찬가지였다. 하지만 인쇄술이 발달하면서 이제 책은 많은 사람들이 공유할 수 있는 문화 콘텐츠로 자리잡았다. 음악 역시 건축술의 발달로 거대한 공연장이 지어지면서 많은 사람들이 동시에 연주를 감상할 수 있게 되었을 뿐만 아니라 후에는 축음기 등의 음원 저장 기술이 등장하여 대량생산, 대량소비가 가능한 길이 열렸다.

문화 콘텐츠에는 포스터가 수반된다

책이나 음악처럼 오래전부터 생산되어왔던 문화 콘텐츠들의 경우, 내구성을 지닌 도서나 음반 형태로 공급되기 때문에 특정 기간 동안 수익이 나지 않아도 추후 지속적으로 수익을 창출하여 비용을 회수할 수 있다. 구매자 역시 도서나 음반 같은 내구성 있는 제품으로 한 번 구입하면 반영구적으로 사용이 가능하기 때문에 강하게 애착을 갖고 지속적으로 구매를 하게 된다.

하지만 근대 이후 등장한 예술 장르들은 내구성 있는 제품으로 나오는 것이 아니었다. 영화나 TV 프로그램이 대표적이다. 이러한 매체를 통한 예술의 또 다른 특징은 개인에 의해서 생산된 작품이 아니라 다수의 사람들에 의해 생산된 문화 콘텐츠라는 점이다. 여러 사람들이 동시에 참여하다 보니 콘텐츠를 생산하는 데 있어서도 자연히 비용이 증가하기 마련이다. 따라서 이전의 문화 콘텐츠들에 비해서 해당 문화 활동으로 인한 반대급부에 관심이 높아질 수밖에 없다. 이러한 분야의 문화 콘텐츠들은 집단적인 수요가 가능하기 때문에 수요자의 수는 크다. 하지만 선택의 가능성이 제한되어 있어서 도서나 음반에 비해 수동적인 선택이 이루어지는 것이 일반적이다.

그렇다고 도서나 음반 등과 같이 일찍부터 형성된 문화 콘텐츠들의 위기가 없는 것은 아니다. 과거에 비해 다수의 콘텐츠들이 공급됨으로써 개별 콘텐츠에 대한 노출 정도가 줄어들었다. 이 과정에서 수요자들로부터의 반응이 일어나기도 전에 새로운 콘텐츠들에 의해 묻혀버리는 현상이 나타나게 되었다. 문화 예술인들은 더 이상 과거와 같이 앉아서 수요자들을 기다릴 수는 없었다. 그런 이유로 등장한 것이 우리가 잘 알고 있는 '포스터'이다.

포스터poster라는 단어는 기둥을 의미하는 영어 단어 'Post'에서 유래되었다고 한다. 기둥에 붙이는 홍보성 게시물이라는 의미이다. 포스터는 처음 등장했을 때부터 거리, 기둥, 벽 등에 붙으면서 많은 사람들의 관심을 유도하는 주요한 수단이 되어주었다.

집단적인 예술행위로 인해 탄생되는 문화 콘텐츠에는 반드시 포스터가 수반된다. 대표적인 집단 예술작품인 영화의 경우 뤼미에르가 처음으로 시네마토그래프로 대중 앞에서 상영을 했을 때부터 포스터가 함께 제작되었다. 에디슨이 만든 영사기 키네토스코프는 대중 상영이 아닌, 한 명이 하나의 기계에 대고 관람하는 방식이었음에도 불구하고 역시 포스터를 통해서 이를 대중들에게 알렸다고 한다.

홍보물이거나 예술품이거나

포스터의 목적은 수요자들로부터 **편승효과**가 유발되는 데 있다. 편승효과는 밴드왜건효과 bandwagon effect 라고도 불리는데, 이는 많은 사람들이 소비하는 재화를 나도 덩달아 소비하는 것을 말한다. 특정 청바지가 유행한다고 해서 나도 하나 구입해본 경험이 있다면 밴드왜건효과를 몸소 실천한 것이라 할 수 있다. 즉, 영화 포스터 등을 제작하는 목적은 직접적인 홍보 효과뿐만 아니라 많은 사람들이 영화를 보러 오게 만들고, 그 과정에서 '다른 사람들도 봤는데 나도 봐야 하는 거 아닌가' 하는 심리가 형성되길 기대하는 데 있다.

> 편승효과
> 어떤 재화를 소비할 때 대중적으로 유행하고 있다는 정보에 영향을 받아 그 소비 형태를 따라가는 현상
>
> 스놉효과
> 특정 제품에 대한 소비가 증가하면 그 제품의 수요가 줄어드는 현상

반대로 스놉효과를 유발하기 위해 포스터가 제작되기도 한다. **스놉효과** snob effect 는 밴드왜건효과와는 정반대의 효과를 나타낸다. 즉, 소비자가 많이 팔리는 제품에 대해 오히려 소비량을 줄이는 현상이다. 앞에서 제시한 사례처럼 다른 사람들이 너도 나도 구입하는 바람에 너무 흔해 보여서 정작 사고 싶었던 옷이었지만 구매하지 않았던 경험이 있다면 이것이 바로 스놉효과에 해당한다.

대중적인 호응도가 떨어질 수 있는 작가주의 영화나 제3세계 영화의 포스터들은 스놉효과를 유발하여 관객을 동원하려고 한다. 이를 위해 영화를 제대로 볼 줄 아는 소수만을 위한 영화라든가, 기

영화 〈전함 포템킨〉의 포스터

존 영화에 식상한 사람들을 위한 영화, 오피니언 리더들이 봐야 할 영화 등의 콘셉트로 포스터를 제작하기도 한다. 이러한 관점은 오히려 남들이 잘 보지 않는 영화, 즉 남들이 잘 사용하지 않는 제품이나 서비스라는 점을 알리고 이 과정에서 스놉효과가 유발되길 기대하는 것이다.

한 가지 재미있는 사실은 포스터 자체도 예술품이 되었다는 점이다. 요즘 대부분의 영화 포스터는 주인공들의 얼굴이나 영화 장면을 사용해서 제작된다. 하지만 1990년 이전에는 다양한 스케치와 이미지를 사용해서 포스터를 제작했다. 영화 속 장면을 넣는다 하더라도 이를 그대로 갖다 쓰지 않고 영화의 주제에 맞게 새롭게 해석한 사진을 사용했다. 즉, 디자인 개념이 들어간 포스터들이었다. 〈전함 포템킨〉 포스터는 블라디미르 스텐베르크와 게오르기 스텐베르크 형제가 디자인했는데, 이 영화의 감독인 세르게이 에이젠슈타인 Sergei Eisenstein 이 영화에서 시도했던 몽타주 기법을 포스터에 차용해 포토 몽타주 방식으로 포스터를 제작했다.

초창기 영화 포스터에는 디자인적인 요소가 다분히 들어가 있었기 때문에 이 자체로 예술품의 대우를 받기에 손색이 없었다. 그래서 할리우드 영화라 해도 프랑스에서 개봉될 때는 포스터가 새롭게 만들어지기도 했다. 이를 통해 생각해보면 소더비나 크리스티 경매소에서 초창기 영화 포스터가 고액에 거래되는 사실이 크게 놀랄 일도 아닌 것 같다.

디자이너의 아버지는
경제다

— 재구매 유인 전략 —

디자인은 제품의 부가가치 창출에 가장 크게 기여하는 요소로 평가받는다. 개별 소비자들을 대상으로 한 여러 연구결과에서도 물건을 구매할 때 디자인이 가장 중요한 고려 요인이라는 점이 확인된 바 있다. 그야말로 오늘날은 디자인을 모르면 살아남기 힘든 시대라 해도 과언이 아니다.

하지만 실제로 인류는 우리의 생각보다 훨씬 먼 과거부터 디자인에 영향을 받았다. 석기 시대 토기에서도 예쁘게 꾸미기 위해 단순한 문양을 새겨 넣은 모습을 볼 수 있는데, 이는 심미적 요소를 추구하는 것이 인류의 본능과 가깝다는 사실을 확인시켜준다.

산업화와 대공황 그리고 디자이너의 탄생

디자인은 오래전부터 우리에게 직접적인 영향을 미쳐왔지만 디자이너라는 직업과 업무가 등장한 지는 불과 얼마 되지 않았다. 더욱이 흥미로운 사실은 디자이너의 탄생과 발달에 경제원리가 큰 역할을 했다는 점이다.

디자이너라는 직업을 탄생시킨 경제원리는 바로 '분업'이있다. 산업혁명 이전에는 한 사람이 제품의 설계부터 최종 조립까지의 모든 공정을 혼자 담당했다. 이러한 사람들을 흔히 장인이라고 하는데 일반적으로 제품을 직접 생산할 수 있는 고도의 기술을 보유한 사람들로 묘사된다. 그런데 장인이 특정 제품을 만들기 위해 가장 먼저 수행해야 할 일은 해당 물건을 어떻게 만들지에 대한 도안이나 설계 작업, 즉 디자인 작업이다. 따라서 장인의 업무에는 디자인 업무가 포함되어 있었다.

그러나 산업혁명 이후에는 상황이 달라졌다. 산업혁명 이후 공장제 수공업이 제품 생산에 본격적으로 도입되며 생산 절차는 철저히 분업화되었다. 공장은 각 작업 공정별로 특정 노동자를 배치했고 노동자들은 제품 생산에 있어 특정 공정만을 담당하게 되었다. 즉, 노동의 분업화가 시작된 것이다. 당연히 이 과정에서 제품을 어떠한 형태로 만들지, 제품의 색깔은 무엇으로 할지에 대한 의사결정을 담당하는 사람이 필요하게 되었는데, 바로 이 역할을 맡은 사람이 오늘날 디자이너의 원형이라 할 수 있다.

노동의 분업화는 비숙련 노동자를 생산 과정에 참여시켰다. 이전에는 숙련된 기술을 체득한 장인만이 제품을 생산할 수 있었다. 하지만 분업화된 이후로는 각 노동자들이 아주 작은 업무만을 담당하기 때문에 비숙련 노동자라 하더라도 작업에 투입될 수 있었다.

이런 과정에서 디자인은 더욱 중요한 요소로 주목받게 됐다. 디자인을 담당하는 직원은 제품을 어떻게 만들어야 하는지에 대한 청사진을 제시해주는 역할이었기 때문에 각각의 노동자들에게 어떤 업무를 맡겨야 하는지, 또 조업 과정을 어떻게 배분해야 하는지를 결정하는 역할을 맡게 됐다. 이때부터 디자이너는 가장 중요한 조업 담당자로 부상한다.

디자이너의 탄생이 분업 때문이라면, 디자이너의 중요성은 대공황으로 인해 드러났다. 대공황 이전에는 공급이 수요를 창출한다는 세이의 법칙을 신봉하는 사람들이 많았다. 이 법칙은 고전학파 경제학자들의 내세우는 논거이다. 이들이 수요보다 공급을 중시한 이유는 물건을 공급하는 과정에서 이에 참여한 경제주체들이 소득을 얻고, 이러한 소득에 기반해 수요가 창출된다고 보았기 때문이다.

구체적으로 말하자면, 어떤 물건을 만들어 공급하는 과정에서 노동력을 제공한 사람은 임금이라는 소득을 얻고, 자본을 빌려준 사람은 이자라는 소득을 얻으며 토지를 빌려준 사람은 임대료라는 소득을 얻는다. 이렇게 소득이 생긴 사람들이 결국 물건을 필요로 하기 때문에 공급만 원활히 되면 수요는 저절로 창출된다는 원리였다.

실제로 대공황을 경험하기 이전에는 원활한 공급으로 인해 수요에 큰 문제가 생기지 않았다. 하지만 대공황 때는 상황이 달랐다. 공급은 원활했지만 수요가 창출되지 않은 것이다. 이때부터 케인즈를 비롯한 많은 경제학자들이 수요에 관심을 두기 시작했다. 대공황을 계기로 많은 사람들이 수요라고 다 같은 것이 아니며 구매력이 뒷받침된 수요가 중요하다는 사실도 깨닫게 되었다.

다양한 디자인이 재구매를 유인한다

대공황 이전에는 자신이 구매한 제품이 망가져 더 이상 사용하기 어려워질 때가 아니면 새로운 물건을 구매할 이유가 없었다. 제품별로 성능이나 디자인의 차이가 크지 않았기 때문이다. 당시에는 새로운 물건이라고 해봐야 자신이 이미 사용하고 있는 물건과 동일한 형태와 색상인 경우가 대부분이었다. 이러한 상황에서 많은 경영자들은 기존 제품의 수명이 다 하거나 망가지기를 기다릴 뿐이었다. 예를 들어 포드에서 만든 최초의 양산 대중차 'T형 포드'의 경우만 해도 단 한 가지 검은 색상에 모두 같은 형태였다. 따라서 이미 포드 자동차를 구매한 사람이라면 그 자동차가 망가지지 않는 한 또 다른 자동차를 구매할 필요가 없었다.

이런 상황에서 많은 경영자들은 이미 많은 사람들이 자기 회사의 물건을 갖고 있어서 더 이상 소비자가 별로 없다는 사실을 알고 낙심하게 된다. 고심 끝에 그들은 기존 구매자들에게 다시 구매를 이

(위) 레이먼드 로위와 그가 디자인한 증기기관차
(아래) 헨리 드레이퍼스가 디자인한 전화기

끌어낼 수 있는 방법을 생각해낸다. 그것이 바로 디자인이었다. 그들
은 색상이나 형태를 바꾸는 것이 신제품 구입을 유도하는 유용한 방
법이라는 사실을 깨달았고 본격적으로 디자인을 활용하기 시작했다.

이러한 시대적 흐름에 맞춰 큰 성과를 거둔 디자이너들이 하나둘 나타나기 시작했다. 대공황 이후 레이먼드 로위^{Raymond Loewy}나 헨리 드레이퍼스^{Henry Dreyfuss} 등의 스타 디자이너들이 탄생하게 된 것이다. 당시 디자이너들은 오늘날의 디자인 회사처럼 수십 명에서 100명 이상 규모의 디자이너를 고용해 다양한 제품을 디자인했다.

그들의 활약으로 인해 제품이란 못쓰게 될 때까지 사용하는 것이 아니라 '유행'이 지나면 더 이상 사용할 수 없는 것이 되어버렸다. 그 이후부터 여성들은 옷이 다 해지지 않았어도 새로운 옷을 사야 했으며, 남성들 역시 자신이 타고 다니는 차가 망가지지 않았어도 새로 출시된 차량을 구매하기 시작했다.

실제로 의류 분야는 디자인을 가장 적극적으로 활용하는 산업 분야이다. 우리가 옷을 사는 이유도 옷이 다 떨어져서가 아니라, 새로운 유행을 따라가기 위해서 또는 새로운 디자인이 마음에 들기 때문이라는 점을 떠올려보면 쉽게 이해할 수 있을 것이다. 그 결과 미국의 경우 의류 시장은 영화 시장의 12배, 출판 시장의 30배, 의료 시장의 5배 이상에 해당하는 규모로 발전했다. 이러한 사실만 보더라도 디자인이 신규 수요를 창출하는 가장 유용한 수단임은 분명하다.

오늘날 많은 산업이 서로의 발전에 기여하면서 공존하고 있지만, 특히 디자인만큼 경제학에 신세를 진 분야가 또 있을까 하는 생각을 조심스럽게 해본다.

클래식 공연의 티켓값은
왜 그리도 비쌀까

— 신용재의 특징 —

19세기 후반에 이르러 노동자 계층의 소득이 늘고 문화 예술의 대량생산 체제가 갖추어지면서 자연스럽게 대부분의 예술 분야에서 대중화가 진행됐다. 가장 먼저 대중화된 장르는 문학이었다. 문학은 인쇄술의 발달로 쉽게 복제되어 다른 사람들에게 전파될 수 있었다. 곧이어 라디오, 음반 등이 등장하면서 음악 역시 소수의 유산계급만이 영위할 수 있는 장르에서 일반 대중들도 쉽게 접할 수 있는 대중 예술 분야로 거듭나게 되었다.

전근대에는 국왕과 교회 지도자들의 지원으로 예술 분야가 발전했고 근대 이후에는 신흥 부호로 등장한 중산층의 구매로 인해 예술이 발전할 수 있었다. 특히 19세기 후반에 진행된 대중예술의 발달은 수많은 불특정 다수가 지출한 소액들이 모여 이루어낸 성과라 할 수 있다. 한마디로, 이 시기에는 과거처럼 특정 재력가가 후원한 거액의 지원금에 의존하여 예술 활동이 이루어지지 않았다. 수많은 대중들이 예술 작품을 접할 수 있는 환경 속에서 이들의 작은 금액들이 모였기에 예술 분야가 지속적으로 발전할 수 있었다.

'서비스재'로서의 공연예술

하지만 현대적인 예술품 소비 방식에 부응하지 못하는 예술 분야가 하나 있었으니, 다름 아닌 공연예술 분야이다.

최근에는 공연예술도 단순히 예술적 차원을 넘어 일종의 상품으로 접근하는 경우가 많다. 공연예술을 하는 데 있어 상당한 비용과 인력, 노력 등이 투입된다는 사실을 떠올려 본다면 이는 어쩌면 당연한 일이다. 하지만 공연예술에 대한 경제적 접근은 1960년대 와서야 미국과 유럽 지역에서 본격적으로 시작됐다. 이때부터 공연예술은 하나의 '서비스 상품'으로 인식되기 시작했고, 그 때문에 다른 예술에 비해 공연예술의 대중화가 덜 진행되었다는 분석도 나온다.

공연예술은 서비스 재화가 가지는 고유의 특성과 동일한 특성을 가진다. 다른 여타 서비스 재화처럼 공연예술도 무형의 재화다. 또한 다른 서비스 상품이 서비스를 제공하는 사람과 분리될 수 없듯이 공연예술 역시 공연을 수행하는 연기자가 분리될 수 없다. 뿐만 아니라 여타의 서비스산업과 마찬가지로 매번 제공될 때마다 구체적인 서비스 내용이 조금씩 차이가 난다는 특징을 갖는다. 연기자들

뉴욕에 위치한 메트포폴리탄 오페라하우스

의 연기가 매번 똑같을 수는 없기 때문이다.

공연예술은 서비스 재화가 지니는 일반적인 특성 이외에도 몇 가지 독특한 속성을 갖고 있다. 먼저 일반적인 서비스재와 달리 제품으로서의 수명이 한정적이다. 금융, 운송, 숙박 서비스 등은 언제든지 이용하고 싶을 때 이용할 수 있지만 공연예술은 상연 기간이 정해져 있다. 일반적인 서비스재와 달리 특정 시점에서만 소비가 가능하다는 특징을 가진다.

게다가 공연예술은 제품의 품질을 측정하기 어렵다. 여타의 일반적인 서비스 품목은 해당 회사가 만족할 만한 서비스를 제공했는지 소비자가 분명히 알 수 있다. 그러나 공연예술은 관람객들이 공연예술을 평가할 수 있는 수준까지 훈련되지 못한 경우가 많기 때문에 정확한 평가가 이루어지기 어렵다. 실제로 클래식, 발레, 오페라 등의 공연을 살펴보면 관람객 중 상당수가 처음이거나 이전에 두세 차례 공연을 관람한 정도가 대부분이다. 더군다나 같은 공연을 두 번 이상 보는 사람은 별로 없기 때문에 관람객들이 해당 공연 내용에 대해 정확한 평가를 내리기 힘들다.

소비자 평가가 어려운 '신용재'

경제학에서는 이처럼 소비자가 자신이 소비한 제품에 대해 정확하게 평가하기 어려운 제품을 **신용재**라고 부른다. 그래서 해당 제품에 대한 평가가 다양하게 형성되어 있다. 공연예술을 기획하는 사람들 역시 자신들이 제공하는 서비스의 이런 특성을 잘 알고 있다. 따라서 그들은 자신들의 작품을 평가하는 데 도움을 주기 위한 일련의 행위들을 한다. 그와 같은 행위는 공연예술 자체가 아니라 공연예술을 둘러싼 일련의 환경을 통해 전개된다.

> 신용재(신뢰재)
> 의료서비스, 법률서비스, 고급 공연예술 등 제품 서비스를 평가하는 데 전문성이 필요한 재화들을 의미한다. 이러한 신용재의 평가는 일반적으로 해당 재화의 브랜드에 따라 이루어진다.

소비자들의 평가를 돕기 위한 첫 번째 장치가 바로 공연 장소이다. 우리가 공연예술을 관람하러 가는 이유는 단순히 공연을 보기 위한 면도 있지만 우아한 공간에서 품위 있는 휴식을 만끽하고자 하는 욕구도 크다.

두 번째 장치로는 공연장에서 판매하는 프로그램 카탈로그가 있다. 카탈로그에는 해당 공연에 대한 전문가의 평론과 공연자에 대한 각종 수상경력 등이 기재된다. 뿐만 아니라 관람객이 해당 공연을 어떻게 관람해야 좋은지에 대한 가이드라인과 함께 감상 포인트 등이 수록되어 있다. 그리고 이와 같은 정보를 바탕으로 관객들은 해당 공연의 가치를 한층 높게 평가하게 된다.

세 번째 장치로는 공연과 관련된 기념품을 판매하는 것이다. 기념품은 일시적일 수밖에 없는 공연의 감동을 오래 간직할 수 있는 하나의 방법이다. 이를 통해 관람객들은 공연에 대한 추억을 되새기고 다른 사람들에게 자신이 고급문화를 즐기는 사람이라는 사실을 드러내줄 수도 있다. 이러한 기념품 사업은 공연 자체에 대한 평가에도 영향을 미치지만 관람료 이외의 부가수입도 가져다주기에 다양한 방식으로 시도되고 있다.

이외에도 티켓을 구매하는 방법이나 기타 편의시설, 공연장 직원들의 복장과 태도 등도 해당 공연에 대한 품질 평가에 영향을 미친다. 고급 공연예술이 상연되는 장소에서 일하는 직원들은 호텔에서 일하는 직원들처럼 단정한 복장을 착용하고 깍듯한 태도로 관객들을 대한다. 그 이유 또한 앞서 제시한 일련의 내용과 맥을 같이한다.

다양해지는 공연예술 마케팅

공연예술 기획자들이 이상에서 열거한 방법들을 활용하기 시작한 이유는 관람객들에 대한 다양한 연구결과가 제시됐기 때문이다. 어떤 사람들이 공연을 보러 오는지, 공연장에 오는 사람들은 어떤 심리상태인지, 공연 관람 후 관객들은 어떤 감정을 갖고 돌아가는지에 대한 다양한 연구가 수행되면서 여러 가지 마케팅 전략을 구사할 수 있었다.

이제 고급 공연예술장이 왜 그렇게 고급스런 분위기를 자아내는지 이해가 갈 것이다. 오늘날 공연예술은 공연 자체뿐만 아니라 여러 가지 보조적인 장치가 함께 제공되는 종합 서비스 상품이라 할 수 있다.

물가와 미술품 가격의
상관관계

— **다양한 경기지표** —

　우리는 국가 경제의 전반적인 상황을 객관적으로 확인하기 위해서 다양한 경제지표를 만들어 사용한다. 가격 변화 또한 마찬가지다. 그러나 일상생활에서는 수많은 상품들이 거래되고 있고 상품 가격은 제각각 오르고 내리기 때문에 전반적인 가격 변화를 관찰하기가 어렵다. 경제학은 이런 문제를 해결하기 위해 가격의 전반적인 움직임을 나타내는 '물가'라는 개념을 사용하여 각종 물가지수를 만들어 발표한다. 경제지표가 주는 유용성에 주목해 여타 다른 분야에서도 다양한 지표들을 만들어 사용하고 있는데, 미술품 시장에서 전반적인 가격 변동을 나타내는 지표인 '미술품 가격지수'도 그중 하나다.

물가지수로 경기를 판단하다

경제학에서는 물가지수를 크게 세 가지 측면에서 활용하는데 구매력을 측정하는 수단, 경기 판단의 지표 역할, 디플레이터의 기능이 그것이다. 먼저 어떻게 물가지수가 화폐의 구매력을 측정하는 수단이 되는지 살펴보자. 물가가 상승한다는 것은 소득이 일정한 경우 구입할 수 있는 상품의 양이 줄어든다는 것을 의미한다. 즉, 화폐의 구매력이 떨어진다는 의미이다.

둘째로 물가지수를 통해 경기동향을 판단할 수 있다. 일반적으로 물가는 경기가 상승 국면에 있는 경우에는 수요 증가에 의하여 상승하고, 하강 국면에 있는 경우에는 수요 감소에 의해 하락한다. 이처럼 물가지수는 경기동향을 민감하게 반영해 움직이기 때문에 경기를 판단하는 지표로 활용 가능하다.

마지막으로 디플레이터^{deflator}의 기능이 있다. 경제현상을 분석하다 보면 서로 다른 시점 간의 금액을 비교해야 할 때가 있다. 이때 현재의 금액을 과거 시점의 금액으로 환산해야 하는데 물가지수가 그러한 기능을 한다. 이를 디플레이터의 기능이라고 한다.

> **디플레이터**
> 일정 기간의 경제현상을 분석하는 경우 물가 상승으로 인한 증가분을 제거하기 위해 쓰이는 가격 변동 지수

미술품 가격지수를 사용할 경우 우리는 미술품 시장에 대해서 위와 유사한 정보를 얻을 수 있다. 먼저 미술품 가격지수가 전반적으로 상승할 때 미술품 수요자의 소득

이 일정할 경우 구입할 수 있는 미술품의 양이 줄어든다는 점을 확인할 수 있다. 또한 미술품 가격지수를 통해서 전반적으로 미술품 시장이 어느 정도 활발한 상태인지를 가늠해볼 수도 있다. 미술품 가격지수가 높다는 의미는 그만큼 미술품에 대한 수요가 높다는 뜻이기 때문이다. 위와 같은 내용은 우리가 물가지수를 통해서 얻게 되는 정보와 유사하다고 볼 수 있다.

지수는 용도에 따라 세분화된다

경제학에서 사용하는 다양한 물가지수는 그 물가지수를 만드는 과정에서 사용한 품목이 무엇이었는지에 따라 우리에게 시사하는 바가 크게 달라진다. 대표적인 물가지수인 GDP 디플레이터와 소비자물가지수의 경우, 그 집계 대상이 다르다. GDP 디플레이터는 국내에서 생산되는 모든 재화와 서비스의 가격을 반영하는 데 반해, 소비자물가지수는 소비자가 구입하는 재화와 서비스의 가격만 포함한다. 그래서 소비자가 피부로 느끼는 장바구니 물가를 측정하고자 할 때는 소비자물가지수를 활용하는 것이 더욱 유용하지만, 국가의 전반적이고 총체적인 물가 변화를 측정하는 데 있어서는 GDP 디플레이터가 더 적합하다.

미술품 가격지수도 다양한 하위 그룹을 설정해 집계하곤 한다. 대표적인 미술품 가격지수인 메이모제스 지수Mei-Moses Fine Art Index는 작

1808년 런던에서 진행됐던 크리스티 경매의 한 장면 삽화

품을 하위 카테고리로 구분하여 집계한다. 이 지수는 세계적인 미술품 경매시장인 소더비와 크리스티를 통해 거래된 미술품들을 미국American, 옛 거장Old Master, 인상주의와 모던Impressionist and Modern 등으로 구분해 산정한다. 이를 통해 미술 사조별로 상이하게 전개되는 가격 동향을 확인할 수 있다.

심리를 반영하는 지수

경제학에서는 현재의 경기 상황이 각 개별 주체가 앞으로 경기 상황에 대해 느끼는 심리 상태에 크게 영향을 받는다는 점에 주목해 소비자나 기업가의 심리 상태를 바탕으로 한 경기 관련 지표도 만들어 활용하고 있다. 대표적으로 기업실사지수[BSI]와 소비자태도지수[CSI]가 여기에 해당한다.

먼저 기업실사지수란 기업활동의 실적, 계획 및 경기동향에 관한 기업가의 의견을 직접 조사하여 이를 지수화한 것이다. 전월 대비 또는 전분기 대비 경기 상황에 긍정적으로 대답한 업체에서 부정적으로 대답한 업체의 비율을 차감한 다음 여기에 100을 더해 계산한다. 따라서 기업실사지수가 100 이상이면 경기를 긍정적으로 보는 업체가 부정적으로 보는 업체 수에 비해 많다는 의미이며, 100 이하면 그 반대를 나타낸다. 따라서 100보다 크면 기업 현장에서는 앞으로의 경기를 낙관하고 있다고 본다.

기업실사지수 = 긍정적인 답변(%) − 부정적인 답변(%) + 100

기업실사지수는 다른 경기지표와는 달리 재고나 설비투자 판단, 고용 수준 판단과 같은 주관적, 심리적 요소까지도 반영한다는 장점이 있다. 반면에 기업가의 예상이나 계획은 항상 유동적이고 사후적 계획집행의 차질 등에 따라 어느 정도 오차가 생기는 것은 불가피하다는 점을 감안해야만 한다.

한편 소비자동향지수는 소비자의 소비지출 계획 및 경기에 대한 인식을 조사한 것이다. 1946년 미국 미시간대학에서 최초로 작성된 이후 현재는 세계 각국에서 편제하여 공표하고 있다. 조사 항목은 소비자의 현재 경제상황에 대한 판단, 향후 경제상황에 대한 전망, 향후 소비지출에 대한 계획 등과 관련된 17개 항목으로 구성된다. 조사 대상은 성별, 연령별, 주거지역별, 업종별, 직업별, 학력별, 소득계층별로 구분한다. 소비자동향지수는 0에서 200까지의 값을 갖는데 지수가 100을 초과한 경우 긍정적인 답변을 한 소비자가 부정적인 답변을 한 소비자보다 많다는 의미이며 100 미만인 경우는 그 반대를 의미한다.

기업경기실사지수가 경기에 대해 좋음, 보통, 나쁨 세 가지로 응답하는 데 반해 소비자동향지수는 매우 좋아짐, 약간 좋아짐, 변동 없음, 약간 나빠짐, 매우 나빠짐 등 다섯 가지로 구성되어 있어 정도에 따라 상이한 가중치를 부여한다.

이와 마찬가지로 미술계에서도 미술시장 신뢰지수Art Market Confidence Index라는 심리 지수를 만들어 사용하고 있다. 이 지수는 미술시장에 참여하는 사람들이 미술시장의 가격 변동에 대해 어떻게 예측하고 있는지를 보여준다. 전망하는 내용이 중립적일 때는 0, 긍정적일 때는 플러스 값을, 부정적일 때는 마이너스 값을 보인다.

기업실사지수와 소비자동향지수는 각 경제주체의 예측에 의거하기 때문에 앞으로의 경기 예측에 유용하다. 미술시장 신뢰지수 역시 미술시장 참여자들의 심리 상태에 기반한 지표이기 때문에 미술시장의 전망을 담고 있다고 할 수 있다.

이처럼 우리는 국가 경제의 상황을 총체적으로 확인하기 위해 다양한 경제지표를 사용하며 복잡한 경제 현상을 객관적이고 비교 가능한 수치로 변화시켜 활용하고 있다. 경제 외 다른 분야에서도 경제지표와 유사한 지표를 만들어 활용한다는 점은 경제지표의 유용성에 대한 방증이 아닐까 생각한다.

제 4 장

사람은
왜 그렇게
행동하는가

공유지의 비극에 대처한
조선인의 지혜

— 공유지의 비극, 배제성과 경합성 —

경제학에는 **공유지의 비극**tragedy of commons이라는 개념이 있다. 이는 소유권이 없는 공유지 또는 공유자원이 과다소비로 인해 고갈되는 현상을 가리킨다. 공유자원은 재산권이 확립되어 있지 않기 때문에 누구든지 마음대로 사용할 수 있는 자원을 말한다. 소유자가 정해져 있지 않은 호수

> 공유지의 비극
> 소유권이 없는 공유지 또는 공유자원이 과다소비로 인해 고갈되는 현상을 의미한다.

의 물고기, 생수의 취수원이 되는 지하수 등은 공유자원의 대표적인 예라고 할 수 있다.

공유지의 비극을 최초로 언급한 사람은 생물학자 가레트 하딘 Garrett Hardin으로, 그는 1968년 12월 13일 《사이언스》에 실린 논문에서 이 개념을 설명했다. 하딘은 개인주의적인 사리사욕은 결국 공동체 전체를 파국으로 몰고 간다고 언급하면서 그 유명한 목초지의 예

를 들었다. 한 목초지가 모두에게 개방되어 공유자원으로 사용된다면 무슨 일이 벌어질까? 소를 키우는 사람들은 저마다 개방된 공유지에서 가능한 한 많은 소를 키우려고 할 것이다. 왜냐하면 그들이 합리적 선택을 한다면 무료로 주어진 자원에서 최대한의 이익을 추구하려 하기 때문이다.

공유자원이 내포하는 비극적 최후

의식적이든 무의식적이든 그들 각자는 "소를 한 마리씩 늘려가면 나에게 얼마나 효용이 생길까?"라는 질문을 던질 것이다. 소를 한 마리 늘리면 일장일단의 효용이 있다. 먼저 긍정적인 효과로는 한 마리의 소가 증가하는 것이다. 그 소를 팔면 +1이라는 효용을 얻을 수 있다. 하지만 부정적인 효과도 유발된다. 소가 한 마리 더 늘어나면 그만큼 풀을 많이 뜯어먹으니 목초지가 훼손된다.

그러나 과도한 방목으로 인한 부정적인 효과는 나에게만 돌아오는 것이 아니라 모든 소 치는 사람들과 함께 나눌 수 있다. 예를 들어 소 치는 사람이 n명이라면 나에게 돌아오는 손해는 -1/n밖에 되지 않는다. 따라서 합리적으로 계산해보면 소 치는 사람은 소를 한 마리 더 키우는 게 낫다.

이러한 사고 속에서 결국 과도한 방목으로 인해 풀이 없어지면 소가 굶어 죽거나 소가 소를 잡아먹는 결과마저 초래할 수 있다. 이

것이 공유자원이 내포하고 있는 비극적 최후를 단적으로 보여주는 예이다. 이러한 메커니즘을 최초로 제시한 하딘이 이를 '공유지의 비극'이라 부르면서 새로운 경제용어가 등장하게 되었다.

우리나라 산림자원 역시 조선 후기에 공유지의 비극을 치른 역사가 있다. 당시 인구가 급격히 증가하면서 더 많은 경작지와 건축용 목재가 필요해졌다. 또한 겨울철에는 난방용 연료로 더 많은 땔감이 필요했다. 이 때문에 흔히 무주공산이라 불리는 주인 없는 산들에서 수많은 나무들이 벌목되기 시작했다. 1차적으로 나무들을 베어 땔감과 건축용 목재로 사용했고, 나무들을 베고 남은 땅은 일구어 밭이나 논으로 사용했다. 이러한 추세는 인구가 늘어남에 따라 점점 더 가속화됐다. 농토가 부족한 사람들이 화전을 통해 무주공산을 농토로 바꾸는 추세가 더욱 증가하면서 산림은 점점 황폐해지고 말았다.

공유지의 비극은 왜 일어나는가?

배제성
타인을 소비로부터 배제시킬 수 있는 재화의 특성

경합성
한 사람이 더 많이 소비하면 다른 사람의 소비가 줄어드는 재화의 특성

공유지의 비극이 발생하는 가장 근본적인 이유는 공유자원이 가진 재화의 특성에서 비롯된다. 공유자원은 '비배제성'과 '경합성'을 가지고 있다. **배제성**이란 타인을 소비로부터 배제시킬 수 있는 재화의 특성을 말하고, **경합성**이란

구분		경합성	
		있음	없음
배제성	있음	사용재 예) 아이스크림, 유료도로	요금재 예) 영화, 유선방송
	없음	공유자산 예) 공유지, 바닷속 물고기	공공재 예) 공원, 가로등

한 사람이 더 많이 소비하면 다른 사람의 소비가 줄어드는 재화의 특성을 말한다. 따라서 공유자원은 타인의 소비를 배제하지 못하는 비배제성을 갖고 있는 동시에 한 사람이 소비하면 다른 사람의 소비가 줄어드는 경합성을 갖고 있기 때문에 먼저 소비하는 사람이 임자가 되어버리는 재화인 것이다. 공유자원의 이러한 특성이 자원의 남용을 가져올 것은 불 보듯 뻔한 일이다.

우리나라의 국립공원은 언제 형성된 것일까? 가장 직접적인 계기는 일제 시대를 꼽을 수 있다. 당시 일제는 한국 산림에 대해 임적조사林籍調査를 실시했다. 임적조사는 산림자원의 소유권을 조사한 것으로, 산림자원을 크게 국유림, 사유림, 주인 없는 산림 등으로 구분했다. 일본은 주인 없는 산림으로 분류된 산림은 민간에게 소유권을 넘겼다. 그런데 무조건 소유권을 이양한 것이 아니라 일정 수준 이상의 나무를 심는다는 조건을 붙여 소유권을 양도했다.

일제가 주인 없는 산림자원에 소유권을 부과한 방식은 지금까지 공유지의 비극을 해결하는 방법 중 가장 성공적인 사례로 알려져 있다. 공유자원의 비극을 해결하는 방법으로는 크게 세 가지가 있다. 먼저 공유자원의 이용자와 이용량을 직접적으로 제약하는 것이다. 공유자원의 이용 한도를 정한다든가, 일정 기간 이후에는 이용을 금지하는 등의 방식이 그 예라 할 수 있다.

다음으로는 공유자원에 소유권을 부여하는 것이다. 누군가에게 소유권을 부여하면 그 사람은 자신의 재산(공유자원)을 적극적으로 활용해 이익을 추구한다. 또한 공유자원에 대한 소유권을 가지지 못한 사람들 역시 소유권을 가진 사람들에게 일정한 대가를 지급하고 공유자원을 이용함으로써 자신들이 원하는 바를 얻을 수 있다. 이렇게 되면 공유자원을 원활하게 이용할 수 있으며 공유자원의 가치가 훼손되는 것도 막을 수 있다. 하지만 이러한 방식은 공유자원의 범위가 방대하거나, 범위가 모호하여 소유권을 행사하기 어렵거나, 소유권을 가진 사람과 가지지 않은 사람들 사이의 거래비용이 클 경우 본연의 기능을 발휘하기 어렵다는 단점이 있다.

공유지의 비극을 해결하는 마지막 방식은 공유자원을 실질적으로 이용하는 사람들 간에 자치기구를 만들어 공유자원의 남용을 막고 합리적인 이용 방법을 상호 합의하는 것이다.

공동체의 협력으로 비극을 해결한다

앞서 언급한 일본의 해결 방법은 바로 두 번째였다. 조선의 산림자원을 회복시키려는 본연의 의도가 일본의 이익을 위한 것인지의 여부는 차치하더라도 일제가, 조선의 산림자원에 소유권을 부여해서 황폐화된 우리의 산림을 복원하는 데 기여한 것은 사실이다.

그렇다면 조선 사람들은 자신들의 금수강산이 훼손되는 것을 그냥 보고만 있었는가? 우리의 금수강산은 일제가 아니고서는 절대 회복되지 못할 뻔했던 것인가? 물론 그렇지 않았다.

조선 후기 사람들이 공유자원인 산림이 훼손되는 것을 막기 위해 사용한 방법은 자치기구의 결성이었다. 송계^{松契}가 바로 그것이다. 송계란 마을 및 친족의 삼림을 보호하고 활용하기 위하여 결성한 조직을 말한다. 이를 통해 타지 사람이 마을의 산림을 이용하는 것을 관리할 뿐만 아니라 자신들이 이용하는 데 있어서도 일정한 규칙을 정해 산림을 관리했다. 자치기구를 통해서 공유지의 비극 문제를 해결하고자 하는 이 방식은 앞선 두 가지의 해결 방식보다 비교적 최근에 규명되었다.

이와 같이 공동체를 중심으로 한 협력 체계를 통해서 공유지의 비극을 해결할 수 있다는 사실을 증명한 엘리너 오스트롬^{Ellinor Ostrom} 교수는 그 공로를 인정받아 2009년 노벨경제학상을 받았다. 하지만 우리 선조들은 공동체를 중심으로 한 협력 체제를 통해서 공유지의 비극을 충분히 해결할 수 있다는 사실을 이미 알고 있었던 셈이다.

공자의 주유천하는
발로 하는 투표였다

— 찰스 티부의 티부 모형 —

최근 UN 등 국제기구에서 전 세계적으로 가장 크게 불거지고 있는 이슈를 하나 꼽으라면, 단연코 이민 문제가 빠지지 않는다. 1960년부터 2005년까지 50만 명 이상의 이민자를 보유한 나라는 64개국으로 기간 중 2배 이상 증가했으며, 2009년에는 1억 명 이상의 이민자가 발생했다. 우리나라 역시 단순 노동력을 포함한 국내 외국인수는 2010년 120만 명을 넘어선 바 있다. 이처럼 이민자의 급증 문제는 우리나라에만 일어나는 것이 아니라 전 세계의 선진 경제에서 공통적으로 일어나고 있다. 미국, 유럽 각국과 일본 등은 오래전부터 이런 경험을 가지고 있고 또 시대와 여건의 변화에 따라 신축적으로 이주노동력을 포함한 외국인 입국, 정주 정책을 변화시키고 있다.

그렇다면 왜 이렇게 많은 사람들이 오랜 터전을 버리고 다른 나라로 이주하려 하는 것일까? 이민의 원인은 주로 경제적 원인, 정치적 원인, 사회적 또는 인도적 원인이 있을 수 있다. 개인적 또는 문화적 요인도 있다. 경제적 요인은 주로 이주노동의 형태이며 통상적으로는 임금이나 소득 또는 근로나 생활여건이 못한 곳에서 더 나은 곳으로 이동하는 형태이다. 정치적 원인은 망명, 유출국의 정치적, 경세적, 군사적 원인에 의해 발생하는 난민 등이 있으며 이 누가지 요인은 인도적 요인으로 분류할 수도 있다.

이민이 유발되는 원인은 이처럼 여러 가지로 분류되지만 사실 경제적으로, 문화적으로, 사회적으로 보다 살기 적합한 지역을 찾아 이동한 것이다. 기술발달로 인해 국가 간의 이동이 더욱 원활해지고, 자신에게 적합한 공간이 어딘지를 보다 쉽게 알 수 있게 되자, 많은 사람들이 새로운 터전을 찾아 이동한 것이다.

그런데 한 가지 흥미로운 사실은 이러한 이민의 모습이 기원전 춘추전국시대에도 목격할 수 있었다는 점이다. 그 대표적인 당사자가 '공자'라는 점은 더욱 흥미로운 점이다.

공자의 경제관은 백성의 삶을 풍요롭게 하는 것

런던대학의 버나드 퓨어러Bernhard Fuehrer 교수는 중국 고대 문헌 및 주석 해석 분야의 권위자이다. 그에 따르면 공자가 우리에게 던지는 메시지는 특정한 방식으로만 해석될 수 없으며, 시대 상황에 따라

공자의 초상

달리 해석되어야 한다고 한다. 실제로 경제학적 관점에서 바라보는 공자의 행적은 또 다른 시사점을 던져준다.

《논어》에 수록된 공자의 사상은 관료적인 관점에서 기술한 내용들이 많다. 즉, 국왕을 보좌하는 관료의 입장에서 유능한 위정자가 갖추어야 할 인격과 소양에 대해 설명하고 백성의 생명과 재산을 보장해야 한다는 관점으로 기술되어 있다. 이는 일반 백성이 국왕을 어떻게 섬겨야 하는지에 대한 것이 아니다. 자신과 같은 관료가 어떠한 자세를 갖고 국정에 임해야 하는지에 대해 서술한 것이다.

이러한 관점에 빠질 수 없는 것이 바로 경제관이다. 공자의 경제관은 한마디로 부민사상富民思想이라고 할 수 있다. 공자는《논어》를 통해 많은 백성들이 부와 귀를 원하고 빈과 천을 싫어한다고 설명하면서 위정의 지향점은 백성을 풍요롭게 하는 데 있다고 강조한다. 이는 '국가의 부'보다 '백성의 부'를 중시하는 경제관이라고 할 수 있다.

《논어》의 〈요왈〉에는 "백성늘이 이롭게 여기는 것을 봉해 이롭게 하라."라는 구절이 나온다. 개인의 경제적 유인을 중심으로 정책을 수립해야 한다는 의미다. 즉, 백성들이 자신들의 이익을 추구하는 본성을 거스르지 말고 그러한 순리를 존중하는 형태로 국가를 운영해야 한다고 공자는 강조했다.

이 밖에도《논어》에는 오늘날의 경제상황에도 적용할 만한 많은 경제관들이 담겨 있다. 하지만 저술뿐만 아니라 그의 행적 자체에서도 통찰력 있는 경제적 시사점을 얻을 수 있으니, 14년 동안 그가 행한 유랑 생활이 바로 그것이다.

순탄하지 못했던 공자의 공직 생활

많은 사람들의 예상과 달리 공자의 공직 생활은 그리 순탄하지 못했다. 공자가 처음 맡은 관직은 '위리'라는 창고지기였다. 그것도 국가의 중요 문서를 관장하는 창고가 아니라 당시 집권 가문 중 하나인 계季씨 집안의 창고지기였다. 그러나 얼마 지나지 않아 공자는 자신의 능력을 인정받아 '승전'이라는 목장 관리자로 승진하게 된다. 그가 관리한 목장은 소와 말이 아주 잘 번식했다는 기록이 남아 있다. 하지만 이 보직 역시 말단 관직일 뿐이었다.

공자의 이름이 본격적으로 알려지게 된 것은 기원전 500년 노나라 정공과 제나라 경공의 회담 때 예법의 전문가로서 의례를 맡게 되면서부터이다. 하지만 많은 사람들의 시기와 질투로 인해 그 이후의 벼슬길도 순탄하지만은 않았다. 그러한 가운데서도 공자의 역량을 먼저 알아본 사람은 노나라의 정공이었다. 그는 공자를 고을을 다스리는 직책인 '읍재'로 삼았다. 그 이후 공자의 관직 생활은 점차 풀리는 듯했다. 그는 오늘날 검찰총장에 해당하는 '대사구'의 자리까지 올랐으며 56세에는 재상의 일을 맡게 되었다.

하지만 노나라의 성장을 경계했던 제나라는 계략을 꾸며냈다. 노나라의 임금과 신하들을 미인계를 이용해 나랏일을 뒷전으로 미루게 한 것이다. 왕실에 크게 실망한 공자는 벼슬길을 버리고 여러 나라를 돌아다니며 학문에 정진했다. 이를 공자의 주유천하周遊天下라고 부르는데 이 과정에서 그는 여러 제자들을 얻는다. 그리고 제자들과 주고받은 대화를 통해 우리에게 뜻깊은 교훈을 남긴다. 공자에 대해 연구하는 많은 학자들은 공자가 주유천하를 하지 않았다면 《논어》와 유가 철학이 빛을 보지 못했을 것이라고 말하곤 한다. 그만큼 공자의 업적에 있어 주유천하가 미친 영향은 지대하다고 볼 수 있다.

주유천하에 대한 경제학적 해석

현대 경제학의 관점에서 공자의 주유천하는 그 자체만으로도 커다란 시사점을 준다. 노나라의 정치에 실망해 떠난 공자가 유랑을 선택한 자체가 '발로 하는 투표'의 시초이기 때문이다.

1956년 경제학자 찰스 디부Charles Tiebout는 민간 시장에서는 재화의 적정 공급이 쉽게 달성되는 데 반해 공공재는 왜 그렇지 못한지에 대해 관심을 갖게 되었다. 그는 공공재가 적정 공급 수준을 달성하지 못하는 이유는 구매 행위와 경쟁이 부족하기 때문이라고 생각했다. 민간 시장에서는 소비자들의 구매 행위를 통해서 효율성이 달성된다. 특정 기업이 다른 경쟁 기업에 비해 열등한 재화를 생산해 팔려고 한다면 소비자들은 해당 기업의 제품을 외면할 것이다. 이러한 과정이 반복되면서 민간 시장은 생산의 효율성을 얻게 된다.

그러나 공공재는 개별 경제주체의 구매 행위가 애초에 존재하지 않는다. 예를 들어 개별 경제주체는 국가가 어떠한 국방 서비스를 제공할지, 경찰 병력을 얼마나 투입하여 치안 서비스를 제공할지, 공원을 얼마나 많이 건설할지 등에 대한 의사결정에 직접적으로 참여할 수가 없다. 물론 선거를 통해서 어느 정도 영향을 미칠 수는 있지만 투표에는 다양한 요인들이 복합적으로 작용한다. 앞서 열거한 공공재는 우리가 투표를 하는 데 아주 작은 영향만 미칠 뿐이다.

그러나 찰스 티부는 공공재가 시나 읍과 같은 지방정부에서 공급될 경우 상황은 달라질 수 있다고 주장했다. 이 경우 앞서 공자의 사례처럼 거주지를 이전하는 '발로 하는 투표'가 가능하기 때문이다. 즉, 특정 지역에 거주하는 사람이 해당 지자체에서 제공하는 공공재가 마음에 들지 않을 경우, 다른 지역으로 이사할 수 있다는 것이다.

예를 들어 교육 서비스를 중앙정부에서 획일적으로 제공하고 있다고 하자. 이를 거부하기 위해 외국으로 이주하기란 쉽지 않다. 하지만 지역구마다 다른 교육 서비스를 제공하는 경우, 서비스에 따라 다른 지역구로 이주하는 것은 가능한 일이다. 특히 자신이 납부한 지방세로 제공되는 공공재가 비효율적이라고 생각할 경우, 다른 지역으로 이주하는 거주자가 늘 것이다. 이러한 상황에서는 많은 지자체들은 각자 노력을 기울이게 되고 공공재의 효율적 공급이 달성될 수 있다. 티부는 경쟁이 민간 시장에서 공급되는 일련의 재화와 서비스에 효율성을 부여했듯이, 지방 정부끼리의 경쟁이 이러한 효율성을 가져다줄 수 있다고 보았다.

그런데 이러한 **티부 모형**이 현실에서 구현되기 위해서는 몇 가지 조건이 필요하다. 먼저 개인들이 발로 하는 투표를 원할 뿐 아니라 실제로도 움직일 수 있어야 한다는 점이다. 만약 이주 비용보다 이주해서 늘어나는 편익이 더 크지 않다면 발로 하는 투표를 할 사람은 아무도 없을 것이다.

> **티부 모형**
> 티부는 여러 개의 지역사회가 존재하고 사람들이 '발로 하는 투표'를 하게 된다면 지방 공공재의 배분이 효율적으로 이루어진다는 것을 입증하는 모형을 제시했다.

또한 그보다 먼저 개인들이 해당 지역에 거주함으로써 누리게 되는 편익과 그로 인해 지불해야 하는 대가가 얼마인지 명확히 인식해야 한다는 조건도 충족해야 한다. 이러한 정보를 바탕으로 명확한 의사결정을 내릴 수 있기 때문이다.

발로 하는 투표는 춘추 시대였기 때문에 가능했다

공자가 '발로 하는 투표'를 몸소 실천할 수 있었던 배경에는 당시의 시대적 환경이 티부 모형의 기본 가정들을 어느 정도 충족하고 있었기 때문이다. 공자가 다른 나라로 유랑을 떠나게 된 직접적인 계기는 노나라의 실정失政 때문이었다. 자신이 주장하는 정책들을 받아들이지 않고 제나라의 계략에 놀아난 노나라에 실망하여 백성들을 위한 정책을 수행할 수 있는 나라를 찾아 떠난 것이다. 그리고 당시 공자가 발로 하는 투표를 과감히 실행할 수 있었던 또 하나의 이유는 바로 춘추 시대였기 때문이었다.

춘추 시대는 기원전 770년 이후부터 기원전 221년 진시황이 통일하기 전까지의 시기를 말한다. 공자가 사서인 춘추에 당대의 역사적 사실들을 기록한 데서 유래하여 춘추 시대라 불리게 되었다. 춘추 시대는 지방분권적인 양상을 띠고 있어서 많은 군주들이 자신의 지역에서 나름의 방식과 철학을 바탕으로 정치활동을 전개할 수 있었다. 때문에 군주들은 나라의 부국강병에 도움이 될 수 있는 인재라면 평민, 귀족, 왕족 가릴 것 없이 등용했고 개인들도 재능만 뛰어나다면 얼마든지 기회를 얻을 수 있었다. 춘추 시대에 제자백가와 같은 다양한 사상이 나올 수 있었던 것도 이 때문이다.

춘추 시대에 풍성한 철학적 담론이 나오고 문화적 성숙이 이루어질 수 있었던 또 다른 배경은 생산성 향상에서 기인한다. 춘추 시대는 처음으로 철기를 사용한 시대였다. 병기구, 제례용품 등 다양한 생활용품에 철을 사용하기 시작했으며 농기구에 철을 사용함으로써 산림을 개간하거나 넓은 농지를 경작할 수 있게 되었다. 특히 땅을 깊이 갈 수 있게 되어 농사의 생산성이 크게 향상되었다. 철의 사용으로 기초적인 경제 문제가 해결되자 많은 사람들이 생산활동 이외에 여러 문화활동에 참여할 수 있었고 이 과정에서 다양한 철학적 담론이 성숙했다.

이러한 시대적 환경 속에서 군주들은 저마다 특색 있는 통치 철학을 내세웠으며 다양한 조세 제도와 공공재 생산 방식을 구현했다. 자연히 백성들도 각 지역마다 어떠한 특색을 지녔는지, 어떠한 방식의 조세 제도가 운영되는지 쉽게 이해할 수 있게 되었다.

공자는 개인의 의지를 표현하는 새로운 방식을 국가에 보여준 셈이었다. 어쩌면 그는 군주가 펼치는 정치가 마음에 들지 않는다면 더 좋은 나라로 옮겨감으로써 해당 군주의 실정을 꾸짖을 수 있다는 사실을 알려주고 싶었는지도 모른다. 백성이 없는 국가는 존재할 수 없으므로 백성이 자꾸 떠난다면 군주는 자신의 실정을 깨닫게 될 것이다. 그리고 이러한 방식은 다른 지역의 군주에게도 경각심을 불러일으켰다. 결국 여러 군주들은 백성들을 위한 정치를 펼치는 데 상호 경쟁하게 되었고 그 과정에서 백성들은 커다란 혜택을 누릴 수 있었다.

1950년대 경제학자가 제시한 정책 이론을 2,500년 전 공자의 행적에서도 엿볼 수 있다는 사실은 무척 놀라운 일이 아닐 수 없다.

한국인이 매운 음식을
좋아하게 된 까닭은?

경제학에서는 미묘한 차이로 다른 의미를 내포하고 있는 단어들이 꽤 있다. 그중 대표적인 것이 '수요량의 변화'와 '수요의 변화'다. 먼저 '수요량의 변화'란 소비자가 가격이 변화함에 따라 구입하고자 하는 의도와 양이 달라지는 경우를 말한다. 즉, 제품 가격이 상승해 구입할 의도가 줄어드는 경우를 '수요량의 감소'라 표현하며, 제품 가격이 하락하여 구입할 의도가 늘어나는 경우를 '수요량의 증가'라 표현한다.

이에 반해 '수요의 변화'란 구매 의도에 영향을 줄 수 있는 가격 외의 다른 요인들이 변화하여 해당 재화를 구매하고자 하는 의도가 달라지는 경우를 말한다. 실제 소비자들은 가격 이외에도 다양한 요인들을 고려하여 해당 물건의 구매 여부를 결정한다. 이러한 '수요의 변화'를 야기하는 대표적인 요인들로는 인구의 증가, 소득의 증가, 연관재의 가격 변화, 소비자의 취향 등을 꼽을 수 있다.

한국인은 처음부터 매운 맛에 열광했을까?

한국인이 고추를 즐겨 먹게 된 배경 또한 이러한 일련의 수요 증가 요인들을 설명하는 데 적합한 사례라 할 수 있다. 지금은 우리 식탁에서 빼놓을 수 없는 식자재인 고추를 즐겨 먹기 시작한 지는 그리 오래되지 않았다. 고추가 국내에 보편적으로 활용된 시기가 조선 후기인 18세기부터이기 때문이다. 즉, 한국의 대표 음식이라 할 수 있는 김치, 깍두기, 고추장 등이 오늘날의 모습을 갖춘 것은 불과 200~300년 전이었다.

멕시코와 안데스 고원이 원산지인 고추는 15세기 들어 서유럽 탐험가들이 아메리카 대륙의 고추를 가지고 오면서 유럽에 알려지게 되었다. 유럽인들은 고추를 후추 대신 사용하려 했는데, 맛이 너무 맵고 후추처럼 쉽게 가루로 만들기 어려워 크게 각광받지는 못했다. 이로 인해 유럽 일부 지역에서는 붉은 색 고추 열매를 관상용으로 정원에 심기도 했다.

고추는 아시아에 소개되고 나서야 식재료로서의 위상을 조금씩 갖추게 됐다. 물론 초창기에는 유럽과 마찬가지로 너무 매운 맛 때문에 크게 활용되지는 못했고, 인도와 중국 일부 지역에서만 고추를 즐겨 먹었다고 한다.

고추의 국내 유입 경로에 대해 한국과 일본의 기록은 서로 상이하다. 한 가지 재미있는 사실은 다른 여타 부분에서는 서로가 자신이 상대방에서 먼저 전파했다고 주장하는 경우가 많은데, 고추만큼은 오히려 상대방으로부터 유입되었다는 기록들이 남아 있다는 점이다. 우리나라에서는 이수광의 《지봉유설^{芝峰類說}》에서 처음으로 고추에 대해 언급했는데, 고추는 일본에서 온 것이라 하여 '왜개자^{倭芥子}'라 표현되어 있다. 반면 일본의 경우에는 1709년에 편찬된 《대화본초^{大和本草}》라는 책에 고추를 도요토미 히데요시가 조선에서 가져왔다고 소개하며 그 이름을 '고려호초^{高麗胡椒}'라 칭한 바 있다.

유입 경로에 대한 논쟁은 제쳐두고서라도 고추가 보편화된 시기에 있어서는 두 기록 모두 17~18세기경이라는 사실을 추정케 한다. 고추가 한국과 일본에 소개된 것은 16세기인데, 18세기 들어서야 우리 선조들이 고추에 급격히 관심을 보이게 된 이유는 무엇일까? 다시 말해 고추에 대한 '수요의 증가'를 유발한 요인은 무엇일까?

고추는 어떻게 쌀의 보완재가 되었을까?

먼저 연관재와의 관계 속에서 고추의 수요 증가 요인을 확인할 수 있다. 특정 물건들은 단독으로 구매하여 사용하기보다는 다른 연관 제품과 함께 구매할 때 더 큰 만족을 가져다주는 경우가 많다. 따라서 특정 제품의 수요는 이러한 연관재의 가격에 영향을 받게 된다.

대표적인 예가 컴퓨터와 소프트웨어이다. 컴퓨터를 샀어도 사용할 소프트웨어가 없다면 유용성이 떨어진다. 따라서 컴퓨터에 대한 수요는 함께 사용할 소프트웨어의 가격이 떨어지면 더 늘어난다. 반대로 소프트웨어의 가격이 비싸다면 컴퓨터에 대한 수요 역시 떨어지게 될 것이다. 이처럼 한 재화의 가격이 하락함에 따라 다른 한 새화의 수요가 증가하는 경우, 두 새화는 보완새complements 관계에 놓여 있다고 말할 수 있다.

이와 반대의 개념으로 대체재substitutes 관계가 있다. 대체재는 한 재화의 가격이 하락함에 따라 다른 재화의 수요가 감소하는 경우를 말하는데, 핫도그와 햄버거가 대표적인 예라 할 수 있다. 핫도그와 햄버거는 맛이나 식사 방법, 파는 곳이 비슷한 재화다. 이런 경우 핫도그 가격을 올리면 햄버거에 대한 수요가 증가한다. 반대로 핫도그의 가격이 낮아지면 햄버거의 수요가 감소한다.

고추에 있어서 보완재는 쌀, 더 정확히 말해 밥이라 할 수 있다. 고추는 반찬을 만드는 주재료기 때문에, 쌀에 대한 수요가 증가할 경우 반찬에 대한 수요 또한 증가할 것이기 때문이다. 조선 후기에는 오늘날의 모내기법과 유사한 이앙법移秧法의 보편화로 쌀 생산량이 급격히 증가했다. 이앙법은 고려시대부터 시행된 농법이지만 물을 많이 사용하기 때문에 가뭄에 취약하다는 단점이 있었고, 이런 이유로 조선 전기까지 금지되었다. 그러나 적은 노동력으로 많은 수확량을 올릴 수 있다는 사실이 알려지자 농민들은 하나둘 이앙법을 도입했고, 조선 후기에는 전국적으로 확산되어 보편적인 농법으로 자리 잡게 되었다. 이앙법을 통해 주식인 쌀 생산량이 증가하면서 반찬에 대한 수요 또한 증가했고, 비로소 고추가 주목 받기 시작한 것이다.

그리고 쌀 생산이 증대된 또 하나의 이유는 바로 대동법의 실시였다. 대동법은 공납을 쌀로 납부하도록 한 제도다. 원래 공납은 현물로 납부했는데, 수송과 저장이 어렵기도 하고 그 지역에서 생산되지 않는 물건을 부담시키는 경우도 있었다. 이러한 문제를 해결하기 위해 공납을 현물 대신 쌀로 납부하도록 한 것이 대동법이다. 대동법은 1608년 광해군 때 경기도 지방에서 시범적으로 도입된 후, 1708년 숙종 때 함경도와 평안도를 제외한 모든 지역에서 시행되기에 이른다. 이렇게 대동법의 확대 실시 이후 납세 등을 이유로 쌀 생산이 더욱 증대되었고, 이앙법 확산과 맞물리면서 반찬으로서의 고추 활용도를 높일 수 있는 기초 환경이 만들어지게 된 것이다.

고추, 소금의 자리를 대신하다

고추가 보편화되기 전까지 반찬을 만드는 데 가장 중요한 양념은 소금이었다. 하지만 고추의 지위가 상승하면서 소금의 대체재 역할까지 넘보기 시작했다. 한국학중앙연구원의 주영하 교수는 이러한 사실에 주목하고, 자신의 저서 《음식인문학》에서 18세기 고추 사용의 증가를 설명하려면 소금 사용량이 늘어난 원인을 분석해야 한다고 말한다. 17세기 이후 향교와 서원의 급격한 증가로 소금 사용량이 증가했기 때문에 소금을 구하기 어려웠던 일반 서민들은 소금 대신 고추로 양념하기 시작했다는 것이다. 오늘날로 치면 서원은 지방사립학교, 향교는 지방국립학교에 해당하는데, 이들의 주된 교육 내용은 유교를 기반으로 한 각종 의례를 보급하는 것이었다. 이 과정에서 제사가 급격히 증가하게 되었고, 수요 제사 음식 중 어류 등의 부패를 방지하기 위해 소금 사용이 급증했다는 주장이다.

소금의 수요가 늘어났지만 공급은 늘지 않았기 때문에 일반인들이 소금을 구하기는 쉽지 않았다. 당시 소금은 국가의 통제를 받던 필수품으로 왕실과 서원 등에서 직접 생산과 유통, 관리를 도맡았다. 이러한 상황에서 일반인들은 소금을 대신해 간을 할 수 있는 양념을 찾았고, 마침내 고추에 주목하게 된 것이다.

일본의 식품학자 기무라 슈이치는 고추의 매운 성분인 캡사이신이 식염 농도를 낮춘다는 사실을 발견했는데, 이는 고추가 소금을 대체할 수 있다는 사실을 확인해준다. 이처럼 고추의 '수요의 증가' 요인은 쌀이라는 보완재와의 관계 속에서, 그리고 소금이라는 대체재와의 관계 속에서 설명할 수 있다.

'수요의 증가'를 유발하는 또 다른 요인으로는 소비자 취향의 변화를 들 수 있다. 취향은 수요를 결정하는 가장 분명한 변수 중 하나다. 소득도 그대로고, 대체재나 보완재와 같은 연관재의 가격도 그대로임에도 불구하고 해당 물건에 대한 선호도가 높아져 수요가 증가하는 경우가 이에 해당한다. 이러한 취향의 문제는 경제적 문제를 벗어나 심리적, 사회적, 문화적 요인에 의해 결정되는 경우가 많다.

조선 후기에 주목해야 할 문화적 요인으로는 관혼상제 풍습의 일반화를 들 수 있다. 조선 후기 들어 일반인들까지 관혼상제 의식을 철저히 지키고자 하는 풍습이 보편화되면서 이러한 의식에 필요한 다양한 음식을 마련해야 할 필요성이 증가했고, 이 과정에서 다시 고추의 '수요의 증가' 요인으로 작용했을 것이다.

인구 증가 또한 주목할 부분이다. 해당 재화를 사용하려는 전체 수요자의 증가는 '수요의 증가'를 유발하는 가장 중요한 원인이 되기 때문이다. 실록을 보면 17세기에는 인구가 급격히 줄어들었는데, 1670년(경술), 1671년(신해) 두 해에 걸쳐 조선은 최대의 기근을 경험하면서 100만 명 정도가 사망했다. 하지만 18세기부터는 인구가 다시 증가했는데, 고추의 보급이 확대되는 18세기에는 연평균 0.62퍼센트의 속도로 인구가 늘었다.

경제적 요인이 식탁을 바꾼다

오늘날 우리 식탁을 고추가 점령하게 된 가장 주된 배경은 조선 후기 일련의 사회적 문화적 변화 요인들로 인해 발생한 고추의 '수요의 증가' 때문이라고 할 수 있다. 조선 후기 인구의 증가와 대체재인 소금의 수요의 증가, 쌀의 생산 증가와 같은 경제적 요인이 고추를 우리의 대표적인 식자재로 이끈 것이다.

최근에는 고추를 향신료를 넘어 비타민A와 C가 풍부한 건강식품으로 보기도 하며, 발한, 건위, 구충을 위해 활용하기도 한다. 양방에서도 신경통, 류마티스, 기관지염을 완화시키는 효과가 있는 것으로 알려져 있다. 특히 스트레스를 많이 받는 현대인들은 매운 음식을 더욱 찾게 된다는 연구 결과가 발표된 바 있다.

지금 우리 민족은 그 어느 민족 못지않게 매운 음식을 즐겨 먹는다고 알려져 있다. 인구 기준 소비량을 볼 때 우리나라는 세계에서 고추를 가장 많이 소비하는 국가 중의 하나로, 국민 1인당 하루 5.1그램, 연간 2~4킬로그램에 이른다고 한다. 오늘날 우리가 매운 음식을 즐겨 먹게 된 배경이 무엇이든 간에, 처음 우리가 고추에 주목했던 이유 중 하나가 경제적 요인이었다는 점은 분명하다. 또한 이러한 사실을 통해 우리의 일상생활을 설명하는 데 있어 경제적 요인이 얼마나 커다란 설득력을 가지게 되는지도 주목해야 할 것이다.

귀족에게 등을 돌렸던
모차르트의 최후

— 세이의 법칙과 유효수요 —

모차르트는 서른다섯 살의 나이로 요절했다. 모차르트의 음악적 천재성에 대한 아쉬움 때문에 사람들은 그의 죽음을 쉽게 받아들이려 하지 않았다. 그래서인지 당시 빈에서는 모차르트의 죽음을 둘러싸고 온갖 소문이 돌았다. 급기야 당시 황실의 궁정악장이었던 살리에리가 그를 질투해 죽였다는 소문까지 흘러나왔다. 훗날 〈모차르트와 살리에리〉라는 희곡과 오페라가 만들어졌을 정도이니 당시의 소문이 어느 정도인지 쉽게 짐작할 수 있을 것이다.

하지만 경제적 관점에서 본 그의 죽음은 유효수요를 잘못 예측해 경제적으로 고통받았던 한 예술가의 비극적 최후로 규정할 수 있다.

대공황 속 유효수요 이론

유효수요 이론은 영국의 대표적인 경제학자 존 메이너드 케인즈John Maynard Keynes가 1930년대 대공황을 직접 체험한 내용을 바탕으로 만들어낸 이론이다. 케인즈가 유효수요 이론을 제시하기 전에는 많은 사람들이 고전학파 경제학자들의 주장에 따라 공급이 수요를 창출한다고 믿었다. 이를 **세이의 법칙**Say's law이라고 한다.

고전학파들은 물건을 생산하는 과정에서 노동력과 자본 등을 제공한 사람들에게 대가가 지불된다는 사실에 주목했다. 그들은 생산 과정에 참여한 사

> **세이의 법칙**
> 공급이 수요를 창출하여 국민 총수요가 항상 총공급과 일치하게 된다는 법칙이다.

람들이 소득을 얻고 이 소득으로 필요한 물건을 구매할 것이기 때문에 공급만 하면 수요는 저절로 창출된다고 보았다. 그리고 공급이 수요를 만들어낸다는 생각을 국가 차원으로 확대 적용하면 국가 경제의 총수요는 항상 총공급과 일치한다고 생각했다. 따라서 특정 시장에서 초과수요나 초과공급이 발생할 수는 있어도 이는 다른 시장의 초과공급이나 초과수요에 의해 다시 상쇄되기 때문에 국가 경제 전체적으로 보면 균형이 맞는다는 이론이다.

문제는 이러한 가정을 따르면 재화나 서비스가 판매되지 않아 기업들이 휴업을 하거나 실업자가 발생하는 상황을 설명하기 어렵다는 것이다. 더 정확히 말하자면 고전학파의 이론 속에서는 그러한 현상 자체가 일어날 수가 없다. 하지만 1929년, 공급 측면에서 아무

대공황 초기, 뉴욕의 아메리칸 유니온뱅크 앞으로 사람들이 모여든 모습

런 문제가 없었음에도 이를 뒷받침해주는 수요가 창출되지 않아 대공황이 발생했다. 그리고 이에 대해 고전학파는 설득력 있는 대답을 내놓지 못했다. 즉, 대공황으로 인해 세이의 법칙이 지닌 이론상 약점이 극명하게 드러나게 된다.

　　대공황과 같은 현상을 설명하기 위해 케인즈는 유효수요 이론을 생각해냈다. 그는 구매력을 수반하지 않는 욕망은 단지 잠재적 수요에 지나지 않으며 실제로 돈을 지불하고 물건을 구매할 수 있는 **'유효수요'**에 주목해야 한다고 주장했다. 장기적으로는 인구 증가와 같은 공급 측면이 경제활동의 수준을 결정하는 데 중요할 수

> **유효수요**
> 시장에서 구매력이 뒷받침된 수요를 말한다. 이에 반해 구매력에 관계없이 물건을 갖고자 하는 것을 절대적 수요라고 한다.

있지만, 단기적으로는 유효수요의 크기에 따라 경제활동의 수준이 결정된다고 보았다. 이러한 케인즈의 설명에 따라 공급에 문제가 없어도 유효수요가 창출되지 않으면 대공황과 같은 극심한 불황이 발생할 수 있다는 사실을 인식하게 되었다.

그런데 사실 대공황이 유효수요의 부족으로 발생한 최초의 사례는 아니다. 모차르트 역시 유효수요 부족으로 인해 피해를 본 대표적인 인물이다.

모차르트와 프리메이슨의 시대

모차르트가 활동하던 당시는 근대사회로 전환되던 과도기적인 시대로, 종교적 권위에서 벗어나 개인의 인권을 존중하고 정치적, 경제적으로는 민주주의와 자본주의가 싹트기 시작한 시기였다.

여행을 즐겼던 모차르트는 유럽 전역에 퍼지고 있는 이러한 변화를 누구보다도 잘 알고 있었다. 모차르트는 비록 짧은 생애였지만 일생의 많은 시간을 독일, 이탈리아, 네덜란드, 영국, 프랑스 등 유럽 각지에서 보냈다. 그는 여행을 통해 유럽 대륙 전역에서 불고 있는 자유의 흐름이 더 이상 거스를 수 없는 대세임을 확인했고 그 중심에 프리메이슨이 있음을 알고 있었다. 모차르트가 활동하던 당시 빈의 상류층에도 프리메이슨 단원이 많았는데 그 역시 1784년 12월 프리메이슨에 가입했다. 모차르트를 연구하는 사람들은 프리메이슨이라는 비밀결사 단체를 알지 못하면 그의 음악을 이해할 수 없다고 말할 정도로 그는 근대적 정신에 매료되어 있었다.

프리메이슨에 가입한 이후 모차르트의 음악은 더 이상 궁궐에서 연주되기에는 적합하지 않은 내용과 형식으로 바뀌었다. 그는 고루하고 구태의연한 귀족 사회보다는 근대적 정신과 함께 부상하고 있는 신흥 중산층을 위해 작곡하고 연주하기 시작한다. 모차르트는 프리메이슨이 다양한 사업 활동으로 상당한 부를 축적했기 때문에 귀족을 대신해 자신의 음악을 기꺼이 소비해줄 새로운 수요자가 될 것이라 예상했다. 이미 귀족의 지원도 없이 스스로 극장을 인수해 자유롭게 음악활동을 했던 헨델의 사례도 모차르트에게는 좋은 귀감이 되었을 것이다.

근대음악의 유효수요는 생각보다 적었다

당시 모차르트의 행적을 보면 귀족의 지원을 받지 않고 자유롭게 음악활동을 하려 했음을 알 수 있다. 모차르트는 빈에서 신흥 중산층을 대상으로 작곡, 연주, 교습 활동을 하면서 그들을 타깃으로 한 실험적인 곡들을 작곡하기 시작한다. 그는 잘츠부르크의 궁정음악가로도 활동했고 황실 궁정악단 작곡가로 임명받는 등 비교적 귀족 사회와 가깝게 지냈다. 그래서 귀족들이 무엇을 원하는지 누구보다 잘 알고 있었다. 하지만 모차르트는 귀족 계층을 풍자한 〈피가로

322

의 결혼〉과 조화롭고 자유로운 사회의 모습을 표현한 〈마술 피리〉와 같은 작품을 연이어 발표한다.

당시 문학이나 미술 등 다른 예술 분야에서는 근대적인 모습을 쉽게 찾아볼 수 있었지만 음악 분야만큼은 유효수요가 부족했다. 그 이유는 음악이라는 예술 장르의 특수성에서 비롯된다. 그림이나 문학작품을 즐기는 데 필요한 비용에 비해 음악을 즐기는 데 들어가는 비용이 훨씬 크기 때문이다. 미술 시장은 근대적인 정신을 담아낸 소규모의 그림 위주로 형성되고 있었으며, 근대문학 시장에서도 책한 권 정도 구매하는 것은 그리 어려운 일이 아니었다.

그러나 음악은 달랐다. 과거 왕궁이나 귀족의 대저택에서 주로 공연되어 온 음악을 신흥 중산층이 곧바로 수용하기는 어려운 일이었다. 대규모 공연장인 오페라하우스 역시 한정된 공간에서 한정된 인원만을 대상으로 공연이 이루어지고 있었기 때문에 이곳만으로는 근대적 음악의 수요를 안정적으로 확보하기 어려웠다. 더군다나 오페라하우스는 여전히 귀족의 영향력 아래 놓여 있었기 때문에 공연 자체도 쉽지 않았다.

당시의 미술이나 문학 등 다른 분야의 예술적 흐름을 고려할 때 근대음악에 대한 수요도 분명히 형성되어 있었던 듯하다. 하지만 '구매력이 뒷받침된 유효수요'가 제대로 형성되지 못한 상태였다. 근대음악은 근대문학 및 근대미술과는 달리 한두 세기 뒤에 이르러서야 본격적으로 시장이 형성되었다.

이런 이유로 자유 음악가를 꿈꾸던 모차르트는 더 이상 귀족사회로부터 지원을 받을 수 없게 되었다. 엎친 데 덮친 격으로 오스트리아와 오스만 제국의 오랜 전쟁으로 귀족들의 주머니 사정도 여의치 않았다. 게다가 전염병까지 돌아 대부분의 귀족들이 빈을 떠나게 되면서 그는 죽기 직전까지 심한 경제적 어려움을 겪었다.

만약 모차르트가 유효수요 이론을 정립한 케인즈를 만나 구매력이 뒷받침된 유효수요의 중요성을 전해 들었더라면 어땠을까? 인류의 귀한 문화유산 중 하나인 모차르트의 곡들이 지금보다 더 많이 남겨졌을지도 모를 일이다.

이직의 연속이었던
아인슈타인의 인생

— 마찰적 실업 문제 —

20세기 최고의 물리학자로 꼽히는 앨버트 아인슈타인^{Albert Einstein}은 대학 졸업 직후에 뭘 하고 있었을까? 그때 이미 물리학 연구나 대학 강의를 하고 있었을 거라고 생각하기 쉽지만 그렇지 않았다. 1900년 스위스의 취리히 연방공과대학을 졸업한 아인슈타인은 놀랍게도 약 2년간 청년실업자로 지냈다.

실업자 아인슈타인

그가 일자리를 얻지 못한 이유는 스위스 경제상황이 나빠서가 아니었다. 당시 스위스 경기는 특별한 문제가 없었고, 취리히 연방공과대학 졸업생들은 모교에서 쉽게 조교 자리를 얻을 수 있었다.

그러나 아인슈타인은 학창시절 잦은 결석 등으로 교수들의 눈 밖에 나 있던 상태였기 때문에 조교로 채용되지 못했다. 다른 대학에서도 강사 자리를 구하지 못한 아인슈타인은 보험회사에서 일하던 친구로부터 임시직을 제안받기도 했다. 하지만 그 시간에 공부를 하는 게 낫다는 생각에 거절했다.

가정교사와 임시교사 등을 전전하던 아인슈타인은 1902년 베른에 위치한 특허사무소에 하급 심사관으로 취직하게 된다. 특허사무소에서 그가 맡은 업무는 특허신청서를 검토하는 일이었다. 외견상으로는 학문과 전혀 관계없어 보이지만, 발명가의 논리 중 잘못된 부분을 찾아내는 이 일은 그의 논문 작성 실력을 향상시키는 데 큰 도움을 주었다. 근무 후 남는 시간마다 연구에 몰두한 아인슈타인은 1905년 상대성이론을 발표하며 학계의 주목을 받기 시작했다.

하지만 그가 대학에서 교수직을 제안받은 것은 그로부터 4년이 더 지나서였다. 아인슈타인은 1909년 취리히대학으로부터 교수직을 제안받지만 대학 측이 제시한 연봉이 특허사무소에서 받던 것보다 적어 처음에는 거절했다고 한다. 아인슈타인은 더 높은 연봉을 약속받은 후에야 특허사무소를 그만두고 취리히대학 부교수로 취임했다. 그리고 2년 후에는 프라하대학으로부터 정교수직을 제안받고 스위스를 떠나 오스트리아-헝가리 제국으로 옮겨갔다. 그러나 1912년 마리 퀴리Marie Curie의 추천으로 모교 취리히 연방공과대학의 교수직 후보가 되자 사직을 하고 스위스로 다시 돌아오게 된다.

그러나 아인슈타인의 이직은 여기서 끝나지 않았다. 1913년 독일대학으로부터 더 좋은 연구 환경을 약속받자 모교 교수직을 버리고 다시 스위스를 떠난 것이다. 독일 히틀러 정권에서 유대인 탄압이 시작된 이후에는 미국으로 망명해 프린스턴 고등연구소 교수가 되는 등 그의 인생은 이직의 연속이라고 해도 과언이 아니었다.

물론 일시적이기는 하지만 사직을 하고 다른 대학으로 옮기는 과정에서의 아인슈타인은 실업자라고 할 수 있다. 하지만 아인슈타인과 같이 직장을 옮기는 과정에서 실업자가 되는 것은 경기침체로 인해 해고되는 것과는 분명한 차이가 있다. 앞에서 설명했다시피 경제학에서는 새로운 일자리를 탐색하거나 이직을 하는 과정에서 일시적으로 발생하는 실업을 **마찰적 실업** 혹은 탐색적 실업이라고 부른다. 새로운 일자리를 탐색한다는 것은 구직자와 구인자 사이에 서로의 요구조건이 일치하지 않아, 즉 일종의 마찰이 생겼기 때문이라고 볼 수 있으므로 마찰적 실업frictional unemployment이라는 이름이 붙여졌다.

> **마찰적 실업**
> 새로운 일자리를 탐색하거나 이직을 하는 과정에서 일시적으로 발생하는 실업. 구인자와 구직자의 탐색 행위에 드는 비용을 그 근본 원인으로 볼 수 있다.

서로에 대한 탐색 때문에 실업이 발생한다

노동을 일종의 상품에 비유한다면 노동자들의 임금은 노동의 가격이라 할 수 있다. 전통적인 경제학 이론*은 임금 수준에 따라 노동의 공급량과 수요량이 정해지고, 실업이 발생하면 임금이 신속하게 하락해 노동시장이 균형을 되찾는다고 가정한다. 그러나 현실에서는 경기가 좋고, 많은 일자리가 열려 있어도 실업이 발생한다. 따라서 많은 학자들은 그동안 비현실적인 가정을 수정하는 이론을 찾기 위해 노력해왔다.

1982년에 노벨경제학상을 수상한 조지 스티글러^{George Stigler}는 1961년이 탐색이론을 개발하여 경제학에 새 바람을 불어넣었다. 스티글러 교수에 따르면 생산물 시장에서 소비자는 더 낮은 가격의 상품을 찾기 위해 노력하는데, 탐색 행위를 통한 이익이 탐색에 드는 비용을 초과하는 한 소비자는 탐색 행위를 계속한다.

스티글러는 1962년 탐색이론을 노동시장에 적용했다. 노동시장에서도 사람들은 탐색으로 얻는 이익이 탐색에 드는 비용을 초과해야만 탐색 행위를 계속한다는 것이다. 예를 들어 구직자의 경우에 높은 임금이 기대된다면 실업기간이 길어지더라도 구직 행위를 계속한다. 스티글러 교수의 탐색이론은 후에 노동경제학뿐만 아니라 재정학, 주택경제학 등에도 큰 영향을 끼쳤다.

1970년대 초부터 탐색이론을 활용한 실업 문제 연구는 활기를 띠기 시작했으며, 1970~80년대에 많은 연구결과들이 발표되었다. 탐색마찰^{Search Friction} 이론 연구에 크게 공헌한 MIT의 피터 다이아몬

---

*   경제학의 아버지 애덤 스미스에서 시작해 데이비드 리카도, 토마스 맬서스, 존 스튜어트 밀, 알프레드 마샬, 아서 세실 피구로 이어지는 고전학파 경제학을 의미한다.

드[Peter Diamond], 노스웨스턴대학의 데일 모텐슨[Dale Mortensen], 런던정경대학의 크리스토퍼 피서라이즈[Christopher Pissarides] 등 세 명의 학자는 2010년에 노벨경제학상을 수상하기도 했다. 이들은 구직자들이 동일한 품질을 지닌 상품이 아니며 서로 각기 다른 능력과 특징을 가졌다는 점에 주목했다. 구인자들이 제공하는 일자리 역시 동일한 조건을 가지고 있지는 않다. 그렇기 때문에 구인자들은 좀 더 나은 인재를 찾기 위해, 구직자들은 좀 더 나은 일자리를 찾기 위해 탐색 행위를 한다. 그러나 탐색 행위에는 시간과 비용이 소요되므로 구직자와 구인자 모두 마음껏 탐색 행위를 하기는 현실적으로 힘들다. 따라서 수요와 공급이 불일치하는 경우가 많고, 이러한 탐색마찰로 인해 마찰적 실업이 발생하게 되는 것이다.

없앨 수는 없지만 줄일 수는 있다

아인슈타인의 경우 그가 처음부터 자신을 원하는 세계의 모든 대학들의 정보를 정확히 알고 있었더라면 가장 조건이 좋은 대학으로 가 그곳에서 평생을 몸담았을지도 모른다. 그리고 대학들이 일찍부터 그의 재능을 알아봤다면 그가 2년 동안 청년실업자로 있다가 특허사무소에 취직하는 일도 일어나지 않았을 것이다.

하지만 앞에서 언급했듯이 탐색 비용 때문에 구인자와 구직자가 탐색할 수 있는 범위에는 한계가 있기 마련이다. 또한 새로운 직장을 찾기 위해 탐색 행위를 하지 않는 경제는 효율적이라 보기 어렵다. 결국 마찰적 실업은 필연적으로 발생할 수밖에 없다.

　마찰적 실업을 없애는 것은 불가능하지만 구직자와 구인자 사이의 정보 교환을 원활하게 하는 등의 방안을 써 적정 수준으로 유지하는 것은 가능하다. 미국의 경우 2019년 9월 실업률을 3.5퍼센트로 집계해 발표하였다. 이러한 실업률은 1969년 12월 이후 50년 만의 최저 수준으로, 이 정도 실업률은 '사실상 완전고용' 상태로 평가한다. 이러한 사실 완전고용상태라 하더라도 일정 수준의 실업자가 존재할 수밖에 없음을 반증한다. 즉, 새로운 직장을 찾아 기존 직장을 그만두는 마찰적 실업자는 항상 존재하는 것이다.

　마찰적 실업 문제는 우리나라에도 그대로 적용된다. 우리나라도 몇 년 전부터 청년실업 문제가 심각하게 대두되었지만 중소기업에서는 적합한 인재를 찾지 못해 구인난에 시달리는 경우를 심심치 않게 볼 수 있다. 만약 고용센터 등에서 구직자와 구인자를 적절히 연결시켜준다면 마찰적 실업은 상당 부분 줄어들 수 있다. 앞으로 마찰적 실업을 줄일 슬기로운 정책들이 많이 나오길 기대한다.

구두쇠 스크루지는
어떻게 행복해졌을까

— 사회적 기업 —

　　어떻게 하면 돈을 잘 벌 수 있을지를 고민하는 사람들은 많지만 돈을 잘 쓰는 방법에 대해 고민하는 사람들은 많지 않다. 기업 역시 마찬가지이다. 오랫동안 기업들은 더 많은 수익을 창출하는 방법만을 고민해왔다. 그런데 최근 들어서 기업활동을 통해 벌어들인 수익을 어떻게 써야 할지 고민하는 기업들이 많아지고 있다. 이들은 의사결정을 내릴 때 해당 지역사회와 국가 경제에도 기여할 수 있는지, 더 나아가 분배 정의에도 기여할 수 있는지를 함께 고려한다.

　　심지어 이윤 추구가 목적이 아닌 사회적 목적을 위해 회사를 설립하고 운영하는 형태마저 등장하고 있다. 이러한 기업들을 **사회적 기업**이라고 한다. 사회적 기업의 활동 목적은 일반 기업과 다

> **사회적 기업**
> 주주나 소유자를 위해 이윤 극대화를 추구하기보다는 우선적으로 사회적 목적을 추구하면서 이를 위해 이윤의 일부분을 사업 또는 지역공동체에 다시 투자하는 기업

르다. 예를 들어 일반 기업이 빵을 만들기 위해 사람을 고용한다면, 사회적 기업은 취약 계층을 고용하기 위해 빵을 만든다.

하지만 사회적 기업이 공익을 추구한다고 해서 비영리법인과 똑같이 볼 수는 없다. 비영리법인은 회사 활동을 통해서 일체 수익을 추구하지 않지만 사회적 기업은 분명히 영리를 추구하기 때문이다. 우리나라 상법에 따르면 사회적 기업은 수익 및 이윤 발생 시 전체 이윤의 3분의 2 이상을 사회적 목적 실현을 위해 재투자해야 한다.

과거 전통적인 기업관에서는 영리를 추구하는 기업이 이익의 일부를 무조건적 공익에 사용할 경우, 성장에 필요한 재투자 자금을 유실하게 되어 결국 회사의 운영이 어려워진다고 생각했다. 따라서 공익을 목적으로 하는 기업은 공익만을 추구하고 영리를 추구하는 기업은 따로 분류하는 것이 효과적이라고 생각했다. 사회적 기업 형태가 등장해 성장하기 전까지 이러한 논리는 충분히 설득력이 있었다.

사회적 기업가로 변신한 스크루지

그런데 찰스 디킨스가 170년 전에 발표한 소설인《크리스마스 캐럴》은 선한 목적으로 회사를 운영하는 것이 얼마든지 가능하다는 사실을 보여준다.

이 작품의 주인공 스크루지는 물질적으로 성공한 사람이다. 그러나 그는 크리스마스에도 함께 지낼 친구나 가족이 없는 구두쇠 영

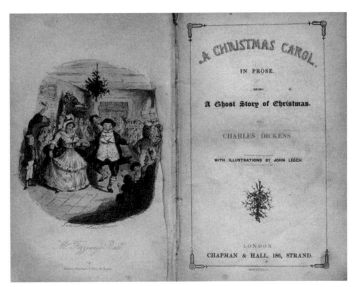

《크리스마스 캐럴》 작품 (1843년작)

감으로, 오늘날로 치면 영리만을 추구하는 기업가였다. 스크루지는 크리스마스 전날 꿈속에서 오래전 함께 사업을 하다가 7년 전에 죽은 말리의 유령을 만나게 된다. 그는 말리를 통해 과거로 돌아가 그동안 자신이 회사 직원이나 친척 등 주위 사람들을 얼마나 불행하게 만들었는지 생생히 목격한다. 젊은 시절 사랑했던 연인이 돈만을 중시했던 자신에게 실망해 떠났던 장면도 다시 마주하게 된다.

스크루지는 자신이 커다란 부를 거두긴 했지만 주위 사람들에게는 불행을 안겨주고 있었다는 사실을 깨닫는다. 그 때문에 자신의 미래는 결국 불행한 삶으로 마감하게 될 거라는 사실 또한 확인하게 된다. 그렇다면 스크루지가 행복하게 살 수 있는 방법은 무엇일까? 디킨스는 이 작품 안에 그에 대한 대답 역시 마련해두었다.

스크루지는 크리스마스 정령을 통해 자신의 과거, 현재, 미래의 모습을 목격한 뒤, 주위 사람들과 더불어 살기로 마음먹는다. 다음 날 그는 자기 회사의 직원인 봅 크래칫의 가족들을 위해 커다란 칠면조를 선물하고 다리가 불편한 그의 막내아들을 돕는다. 재미있는 사실은 봅과 그의 가족뿐만 아니라 스크루지 본인도 자신의 선행에 감사하고 기뻐한다는 점이다.

경제적 의사결정의 주요 요인인 정서적 만족감

경제학에서는 개별 경제주체가 각자 이윤 극대화를 추구한다고 전제한다. 하지만 여기서 말하는 이윤이란 물질적인 부분만이 아니라 정서적인 만족 등 감정적인 부분까지 포함하는 포괄적 개념이다. 즉, 경제주체는 감정적인 부분까지 고려해 만족감을 누릴 수 있는지 여부를 판단해 경제활동의 수행 여부를 결정한다.

스크루지 역시 마찬가지이다. 그는 회사 직원과 주위 사람들을 돕는 이타심을 발휘하는 과정에서 커다란 만족감을 얻을 수 있었다. 물질적 이익만을 추구했던 과거와는 달리 정서적 부분까지 함께 고려해 경제적 의사결정을 내리면서 스스로 더 나은 결과를 얻은 것이다.

여기서 우리는 사회적 기업을 지속가능하게 만드는 근원적인 동인을 찾을 수 있다. 사회적 기업에 참여하는 사람들은 금전적인 이득이 적을지라도 사회에 기여하고 있다는 자부심과 만족감 때문에 이와 같은 기업활동에 기꺼이 참여하는 것이다.

사회적 기업에서 만든 제품이나 서비스를 이용하는 고객 역시 마찬가지이다. 고객들은 선의의 목적을 달성하기 위해 만들어진 제품을 구매하여 사회 공헌에 기여했다는 뿌듯함에 사회적 기업에서 생산된 제품을 선택한다. 사회적 기업이 유지될 수 있는 근원적 요인도 바로 여기에 있다.

찰스 디킨스가 《크리스마스 캐럴》을 집필하던 당시 영국에서는 많은 사람들이 산업혁명의 과도기를 겪으며 경제적으로 고통받고 있었다. 디킨스 역시 다섯 번째 아이의 출산을 앞두고 있었고 많은 빚 때문에 집안 형편이 매우 어려운 시기였다. 그는 이 소설을 집필했던 시기에 대해 "울다 웃다, 다시 울었고, 한밤중에 캄캄한 런던 거리를 이삼십 킬로미터씩 걸어 다닐 정도로 흥분한 상태로 글을 써 나갔다."고 언급한 적이 있다.

개인의 행복은 단순히 이윤 극대화만 추구하는 데 있지 않다. 《크리스마스 캐럴》이 보여주듯 사람은 더불어 살며 얻는 만족감으로도 행복할 수 있다. 디킨스는 이러한 메시지를 많은 기업가들에게 알려주고 싶었는지도 모른다.

대중문학의 부흥을 이끈
노동자들과 시장원리

— 수요로 인한 시장 형성 —

오늘날 문학은 가장 대중적이며 보편적인 문화예술의 장르 중 하나다. 1년에 미술관이나 음악회 한 번 안 가는 사람은 있어도 책 한 권을 사서 집에서 틈나는 대로 읽는 일은 어렵지 않다. 이렇듯 누구나 쉽게 읽을 수 있는 문학을 우리는 대중문학이라고 부른다. 우리가 일상생활에서 가장 쉽게 접하는 문화 장르이기도 하다.

하지만 19세기까지만 해도 대중문학이라는 장르는 형성되지 못했다. 음악이나 미술과는 달리 문학작품을 즐기기 위해서는 책을 읽는 '시간'이 필요했고 무엇보다도 글을 해독할 수 있는 '능력'을 겸비해야 했기 때문이다. 당시에는 글을 읽을 수 있는 능력을 갖추고 여가 시간을 충분히 가진 소비자들이 많지 않았다. 따라서 대중문학이라는 장르가 형성되기 쉽지 않았다. 이러한 상황에서 최초로 대중문학의 수요자로 등장한 계층은 다름 아닌 하녀, 집사, 문지기,

가정교사와 같은 일련의 가사노동자들이었다.

책 읽는 가사노동자의 등장

산업화 과정에서 적지 않은 부를 축적한 신흥 중산층들은 귀족 흉내를 내기 시작했다. 그들은 보통 두세 명의 하인을 두었고 많게는 40명 가까운 하인들을 고용한 중산층 가정도 있었다. 이러한 분위기 속에서 19세기에는 전체 노동자 가운데 마부, 집사, 하녀, 가정교사, 유모 등 가사노동자가 상당한 비중을 차지하기에 이른다. 1851년 당시의 노동 관련 통계를 보면 영국에는 하녀가 100만 명에 달했다고 하니 당시 가사노동자가 전체 직업군에서 차지하는 비중이 얼마나 컸는지 쉽게 짐작할 수 있다.

가사노동자들은 공장노동자와 같은 기존의 노동자 계층과는 다른 특성을 보였다. 가장 큰 차이점은 가사노동자들은 글을 읽을 줄 알았다는 점이다. 가사노동자들을 고용하는 계층은 과거 귀족들을 비롯한 신흥 부유층들이었는데 이들은 글을 읽고 쓸 줄 아는 하인이 훨씬 더 유용하다는 사실을 깨달았다. 그러다 보니 자연스럽게 문자 해독력을 갖춘 가사노동자들이 더 쉽게 일자리를 구할 수 있었다. 이러한 사실이 알려지면서 기존의 가사노동자 중에서 글을 읽을 줄 몰랐던 사람들도 글을 배우기 시작했다.

더군다나 글을 배우는 일은 어렵지 않았다. 그들 주위에는 이미 글을 읽고 쓸 줄 아는 동료들이 넘쳐났을 뿐만 아니라 주인의 서재에서 쉽게 책을 구할 수 있었기 때문이다. 이러한 환경 덕분에 얼마 지나지 않아 많은 가사노동자들이 글을 읽을 줄 아는 새로운 소비계층으로 떠오르기 시작했다.

가사노동자들은 공장근로자와 달리 여유 시간도 많았다. 그들에게는 주인의 부름을 기다리는 시간도, 주인과 담소를 나누는 것도 업무의 일환이었다. 어쩌다 모시는 주인이 장기간 집을 비우기라도 하면 온종일 여유로운 시간을 가질 수 있었다. 그런 날이면 문학작품은 가장 좋은 벗이 되어주었다.

대중문학이라는 새로운 형식

가사노동자들을 중심으로 한 새로운 문학 수요층이 생기면서 이에 부응하는 형식의 문학작품이 공급되기 시작했다. 가장 먼저 등장한 건 오늘날의 타블로이드 신문과 유사한 내용으로 구성된 '이야기 신문story paper'이었다. 일반적인 신문이 시사와 각종 정보들 위주로 구성된 것에 비해 이야기 신문은 멜로 소설이나 자극적인 이야기에 삽화가 곁들여져 있었다.

특히 이러한 신문은 값이 저렴했기 때문에 글을 읽을 수 있는 노동자 계층에서 크게 각광받기 시작한다. 영국에서는 19세기 중반 1페니짜리 이야기 신문이 발간된 기록이 있으며 미국에서도 3~6센트

〈뉴욕 위클리〉 1885년 12월 26일자

짜리 이야기 신문이 큰 인기를 얻었다. 특히 1850년경에 등장한 〈뉴욕 위클리〉 같은 신문은 주당 35~40만 부 가까이 판매되기도 했다.

　　문자 해독력을 갖춘 노동자들을 대상으로 한 이야기 신문이 성공하자 출판사들은 이들을 대상으로 한 책을 출간하기 시작했다. 당시 가사노동자들에게 중산층이 즐겨 읽던 고가의 순수문학 장정본을 구입하는 건 어려운 일이었다. 따라서 이들을 대상으로 한 서적들은 저가로 생산해야만 경쟁력을 갖출 수 있었다.

출판사들은 원고료를 싸게 줘도 되는 무명작가들을 고용해 싸구려 종이에 자극적인 내용이 가득한 문학작품을 마구 찍어냈다. 당시 이러한 염가 소설들에는 아름다운 하녀 내지는 여공이 주인공으로 등장했는데 여기에서 이들 서적의 주요 고객층이 가사노동자들이었다는 사실을 쉽게 짐작할 수 있다.

출판사 사장들은 중산층 출신들이 많았는데 이들은 하인들을 위한 문학작품을 펴내면서 질적인 부분은 전혀 고려하지 않았다. 출판사들은 신문기자, 초등학교 교사 등 무명작가들을 고용해 등장인물과 구성뿐만 아니라 주요 장면까지 지정해주면서 기계처럼 많은 작품을 생산해낼 것을 요구했다. 이 과정에서 대중문학은 몇 가지 종류로 세분화되기 시작했다. 그중에서도 범죄 미스터리 내지 멜로 소설 등이 당시 가장 인기 있는 장르였다.

문학 장르가 인기를 끌면서 가사노동자 이외에 가내수공업에 종사하던 근로자들도 새로운 독자층으로 편입되었다. 주로 양복, 구두, 제과 등의 생활용품을 생산하던 이들 역시 공장노동자와는 달리 자기 시간을 가질 수 있었기 때문이었다. 또한 은행원, 서기, 개인 비서 등 사무직에 종사하는 노동자도 글을 읽을 수 있었기 때문에 문학 장르의 새로운 수요자로 쉽게 포섭될 수 있었다.

수요층이 늘어나면서 가사노동자와 가내수공업 종사자 그리고 사무직 직원들은 자신들이 즐겨 읽는 서적들이 중산층의 서적들처럼 보다 나은 형태로 발간되길 원했다. 이러한 수요에 부응하고자 등장한 것이 바로 오늘날의 페이퍼백^{paperback} 도서들이다.

페이퍼백은 표지와 본문 모두 중질지 이하의 용지를 사용하여 저렴한 가격에 발간된다. 이들 서적은 주로 대중문학을 염가에 대량으로 제작하여 공급하는 방식으로 여전히 활용되고 있다. 페이퍼백을 처음으로 출간한 출판사는 영국의 펭귄북스였다. 이 출판사의 페이퍼백이 특히 각광을 받았던 이유는 휴대가 편한 작은 크기뿐만 아니라 산뜻한 디자인으로 주목을 받았기 때문이다.

순수문학과 대중문학의 경계를 허물다

초창기 대중문학은 주요 소비층은 물론이고 출간 형태와 내용에 있어서도 기존의 순수문학과는 명확히 구분되는 장르였다. 하지만 곧이어 두 문학 장르 간의 경계는 점점 흐릿해지기 시작한다. 대중문학이 비약적으로 성장하며 상당한 크기의 소비시장을 형성하게 되면서 순수문학 작가들 역시 대중문학에 뛰어들기 시작한 것이다. 그러면서 대중문학의 지위도 크게 상승하게 된다.

더욱 놀라운 사실은 순수문학 역시 대중문학의 영향을 받기 시작했다는 점이다. 상류층의 교양도서로 확고히 자리매김했던 순수문학이 범죄스릴러나 과학소설과 같은 대중문학의 형식을 차용하거나 통속적이고 외설적인 내용을 담아내기 시작했다. 순수문학에서는 금기시되었던 이러한 시도들로 인해 순수문학과 대중문학을 구분하는 것이 무의미해지는 상황에 이르렀다.

하인들이 주로 읽던 대중문학은 주인들의 전유물이었던 순수문학에까지 지대한 영향을 미쳤고 더 나아가 두 문학 사이의 경계마저 허물어버렸다. 대중문학이 이처럼 지속적으로 성장하고 진화해올 수 있었던 가장 큰 힘은 무엇일까? 바로 대중문학에 대한 지속적인 '수요'를 바탕으로 한 '시장'이 형성되었다는 데 있다. 시장원리는 순수문학과 대중문학 사이에 가로놓였던 확고한 가치관과 문화적 행태의 차이를 허물어버릴 정도로 강력했던 것이다.

자동차가 환경오염의
대안이었다고?

— 외부경제와 외부불경제 —

우리는 일상생활 중에 전혀 의도하지 않게 다른 누군가에게 긍정적인 혜택을 주거나 부정적인 영향을 준다. 누군가 독감에 걸리지 않기 위해 독감 예방주사를 맞았다면, 이는 자기 자신을 위한 지극히 개인적인 행동일 것이다. 하지만 이로 인해 의도치 않게 다른 사람이 독감에 걸릴 확률을 낮추는 데 기여할 수 있다.

교육 역시 마찬가지다. 대개 사람들이 교육을 받는 이유는 자신의 생산량을 높이기 위함이나 지적 만족을 위해서다. 하지만 교육을 통해 얻은 지식을 사용함으로써 의도치 않게 다른 사람들의 후생 증대에 기여할 수 있다. 자신의 앞마당에 예쁜 공원을 만드는 이유 역시 개인의 주거환경을 개선하기 위함일 것이다. 하지만 이 과정에서 주변 지역 거주자들의 주거환경에도 긍정적인 기여를 하게 된다.

의도하지 않았는데도 다른 사람에게 악영향을 미치는 경우 또한 많다. 누군가 개를 키우는 이유는 자신의 정서적 삶의 질을 높이기 위함이지, 다른 사람에게 피해를 주기 위해서가 아니다. 하지만 개가 시끄럽게 짖어 그 소리 때문에 원치 않는 피해를 입는 이웃 사람이 생길 수 있다. 기업들이 제품을 생산하는 과정에서 발생하는 환경오염 또한 의도치 않게 다른 사람에게 피해를 주는 대표적인 예다. 기업들은 자신의 이윤을 추구하기 위해 해당 제품을 생산하는 것이지 환경을 오염시키기 위해 물건을 생산하는 것은 아니기 때문이다. 공공장소에서 담배를 피우는 사람이나 시끄럽게 떠드는 아이들 역시 의도치 않게 다른 사람에게 부정적인 영향을 미치는 경우라 할 수 있다.

이처럼 어떤 경제행위를 할 때 해당 경제행위에 참여하지 않는 제3자에게 의도치 않게 이익이나 손해를 가져다줌에도 불구하고 그에 대한 대가나 벌칙을 받지 않는 경우를 '외부효과'라 부른다. 외부효과는 다시 '외부경제'와 '외부불경제'로 나눌 수 있다.

외부효과는 시장 최적화를 방해한다

외부경제는 긍정적 외부효과로, 한 사람의 경제행위가 제3자에게 의도치 않게 이익을 가져다주기는 하지만 시장에서 정당하게 대가를 받지 못한 경우를 말한다. 반대로 외부불경제는 부정적 외부효과로, 어떤 경제행위가 타인에게 경제적 손실을 주었으나 시장에서 정당한 대가를 지불하지 않는 경우를 말한다.

경제학에서 외부효과를 주목하는 이유는 외부효과가 사회 전체의 효율적인 자원 배분을 저해하는 요인이 되기 때문이다. 모든 경제행위에는 비용과 편익이 따른다. 그런데 이 과정에서 발생하는 모든 비용과 편익이 해당 경제행위를 수행한 개인에게만 전적으로 귀속될 경우, 각 개인이 자신의 만족을 극대화하는 수준에서 경제행위를 수행할 때 사회 전체도 최적의 상황에 도달할 수 있다. 하지만 외부효과가 유발될 경우는 상황이 다르다.

외부효과가 일어나는 상황에서 사회 전체가 최적의 상태에 도달하기 위해서는 개인에게 부여되는 비용과 편익뿐만 아니라 제3자에게 미치는 영향까지도 함께 고려해야 한다. 그럼에도 불구하고 우리는 대부분 의사결정에 있어 자신의 행위로 인해 다른 사람이 어떠한 영향을 받을지 의식하지 않고 결정을 내린다. 이 때문에 시장 전체의 최적화된 상태에 도달하기 어려워진다. 다시 말해 의도치 않게 다른 사람에게 긍정적인 영향을 미치는 외부경제는 권장하고, 부정적인 영향을 미치는 외부불경제는 억제해야 사회 전체적으로 보다 개선된 상태에 이를 수 있는 것이다.

외부효과의 해결책: 조세와 보조금

외부효과로 자원이 효율적으로 배분되지 않는 현상을 해결하기 위해 경제학이 제시하는 대표적인 방법은 조세와 보조금 지급이다. 외부불경제를 유발하는 행위에 대해서는 조세를 부과하여 이러한 행위를 억제하는 방식인데, 공해를 배출하는 기업에게 공해 배출에 대해 조세를 부과하는 것이 대표적인 예이다. 반면, 외부경제의 경우에는 보조금을 지급하여 해당 행위가 더 많이 수행될 수 있도록 권장한다. 이 같은 방식을 처음 제안한 경제학자 아서 피구Arthur Arthur Pigou의 이름을 따 조세와 보조금을 '피구세', '피구적 보조금'이라고도 부른다.

하지만 조세와 보조금만으로는 외부효과로 인한 문제를 해결하는 데 한계가 있다. 먼저 일상의 경제행위들 중에서 어떤 경제행위가 외부불경제와 외부경제에 해당하는 경제행위인지 명확히 규명하기 어렵기 때문이다. 오늘 하루 내가 한 여러 경제행위 중에서 도대체 어떤 행위가 다른 사람의 경제적 편익에 영향을 주었는지 가늠하기란 결코 쉬운 일이 아니다.

또한 우리가 외부효과로 인한 문제를 해결하기 위해 조세나 보조금을 부여할 경우, 적정 규모의 조세 내지 보조금의 수준을 책정해야 한다. 하지만 어떤 행위가 외부효과를 유발한 행위였는지를 구분했다 하더라도 외부효과로 인해 유발되는 정확한 이익이나 손실의 규모를 측정하기 어려운 것이 현실이다.

조세와 보조금을 통한 문제 해결이 어려운 또 다른 이유는, 거의 모든 경제주체가 외부경제를 유발하는 행위와 외부불경제를 유발하는 행위를 동시에 수행하고 있다는 데 있다. 오늘 우리가 한 여러 경제활동 중에는 다른 사람에게 긍정적인 영향을 미친 행위도 있지만 부정적인 영향을 미친 행위도 있었을 것이다. 따라서 누군가에게 보조금 내지 조세를 부과하려면 이 두 가지 측면을 모두 가감한 뒤에 적정 수준을 결정해야 하는데, 이는 현실적으로 불가능하다.

조세와 보조금을 통한 외부효과 해결에 부분적인 한계가 존재하기에 오래전부터 경제학자들은 외부효과를 해결할 수 있는 효율적인 대안들을 지속적으로 제시해왔으며, 지금도 이에 대한 연구를 지속하고 있다. 그런데 경제학 분야 밖에서 외부효과 해결에 상당한 성과를 보인 방법론이 등장했으니 바로 과학기술을 통한 해법이 그것이다.

말똥은 도시 환경을 악화시키는 주범

과학기술의 발달이 외부효과를 해결하는 유의미한 방편일 수 있다는 사실을 단적으로 보여주는 사례가 있다. 바로 자동차다. 오늘날 자동차는 대표적인 외부불경제를 유발하는 요인 중 하나로 인식된다. 대기오염과 온실가스를 유발하는 주범 중 하나이기 때문이다. 교토협정에서 확인된 여섯 개 온실가스에 대해 유럽도로연맹 European Union Road Federation에서 수행한 연구결과에 따르면, 교통 부문은 에너지(30퍼센트), 제조 및 산업 부문(20퍼센트) 다음으로 배출량(19퍼센트)이 많은 것으로 조사됐다.

자동차가 유발하는 또 다른 외부불경제 요인으로는 교통혼잡을 들 수 있다. 많은 사람들이 자신의 편의를 위해 자가운전을 하면 교통혼잡을 유발해 다른 사람들의 시간을 낭비하게 한다. 이에 많은 국가에서 교통혼잡으로 인한 GDP 및 국가경쟁력 감소에 대한 연구를 정기적으로 수행하고 있다. 유럽연합 집행위원회European Commission는 EU 내 간선도로 중 7,500킬로미터에 해당하는 구간이 매일 정체 상태라고 확인한 바 있으며, 이로 인한 손실 규모는 EU 전체 GDP의 약 2퍼센트에 해당하는 수준이라고 밝힌 바 있다.

교통혼잡으로 인한 외부효과는 여기에 그치지 않는다. 혼잡한 도로 위에서 차량들이 더 오래 운행하게 될 경우 이로 인해 더 많은 대기오염 물질이 배출된다. 뿐만 아니라 교통사고 위험도 커서 안전 측면에서도 외부불경제 요인을 유발한다. 교통 인프라의 노후화를 가중시키는 요인 중 하나 역시 교통혼잡이다.

이렇듯 현재 자동차는 다양한 측면에서 부정적인 외부효과를 유발하는 대표적인 요인 중 하나지만, 한때는 대도시에서 전개되는 각종 부정적 외부효과를 줄여주는 가장 획기적인 방편이었다.

100여 년 전까지만 해도 인류의 가장 보편적인 교통수단은 말과 마차였다. 말과 마차를 교통수단으로 활용한 역사는 훨씬 이전부터지만, 인류가 말과 마차로 인한 부정적 외부효과를 인식하기 시작한 시기는 17세기로 추정된다. 1605년 런던에서 처음으로 요금을 지불하고 이용하는 마차가 등장하기 시작했고, 1640년에는 역마차를 대중교통 수단으로 이용하기 시작했다. 그렇게 대도시를 중심으로 마차를 다각적인 교통수단으로 활용하기 시작한 지 100년이 지난 17세기 후반에 처음으로 말과 마차로 인한 교통혼잡 현상이 목격되기 이른다.

이때부터 말과 마차는 여러 가지 외부불경제 요인으로 대두됐다. 다른 무엇보다 말똥이 가장 큰 문제였다. 당시 유럽의 주요 대도시와 뉴욕의 도로는 말똥의 분뇨로 가득 찼다. 20세기 초 뉴욕에서는 말 20만 마리가 교통수단 등으로 활용되고 있었다고 한다. 일반적으로 말 한 마리당 하루 평균 10킬로그램 내외의 배설물이 나온다는 사실을 고려할 때, 당시 뉴욕의 말들은 하루 평균 2,000톤에 가까운 배설물을 거리 곳곳에 쏟아내고 있었다.

막대한 양의 말똥으로 인해 유발되는 피해 중 악취는 그나마 가장 가벼운 부정적 외부효과에 속했다. 말똥이야말로 이산화탄소에 비해 온실가스 효과가 25배나 높은 메탄 배출의 주범이기 때문이다(말이 트림을 하고 방귀를 뀔 때도 메탄 성분이 배출된다).

사실 당시 말똥으로 인한 가장 커다란 외부불경제 요인은 온실가스 효과라기보다는 건강 문제에 있었다. 길거리의 말똥이 마르고 부서지는 과정에서 생기는 말똥 먼지가 시민들의 기관지를 오염시켰다. 또한 1900년대 초까지만 해도 매년 뉴욕 시민 2만 명 정도가 파리가 옮기는 각종 질환으로 사망했다. 장티푸스를 비롯해서 당시 대도시 거주자들의 건강을 위협하는 가장 직접적인 원인 역시 말과 말똥이었다.

당시 기록들을 보면, 말똥으로 인한 문제가 얼마나 심각했는지를 단적으로 보여주는 내용들이 많다. 비 오는 날 똥물이 흐르는 도로 위를 걷지 않도록 안아서 원하는 곳까지 데려다주는 직업이 생겨났는가 하면, 뉴욕에서는 국제회의를 개최하여 말똥으로 인한 피해 등에 대해 논의한 바도 있다.

미래를 예측하는 기법인 '시나리오 기법'과 '델파이 기법' 또한 말똥 문제를 연구하는 과정에서 탄생했다. 19세기경 영국에서 말똥으로 인한 피해가 앞으로 얼마나 진행될 것인지를 연구하는 과정에서 이러한 미래예측 기법이 활용되기 시작했기 때문이다.

말똥 등 동물 분뇨로 인한 피해는 우리나라에서도 마찬가지였다. 조선 후기, 인구가 급속히 증가함과 동시에 도시로 인구가 집중되는 현상이 전개됐다. 이 과정에서 당시 한양 또한 각종 동물들의 분뇨로 인한 피해가 심각해졌다. 실학자 박제가의《북학의北學議》에 따르면, 당시 한양은 사대문 안에서 나오는 각종 분뇨를 다 수거하지 못해 더러운 냄새로 가득했으며, 거리는 온통 개똥과 말똥으로 가득했다고 묘사되어 있다. 이러한 분뇨로 인해 바람이 불 때면 눈을 뜨기도 어려운 지경이었다고 한다. 또한 말똥가루가 여기 저기 날려서 주막의 술상이나 밥상을 불결하게 만드는 주된 요인이었다고 묘사되어 있다.

이처럼 심각했던 말똥으로 인한 피해를 한 번에 해결해준 것은 다름 아닌 자동차였다. 1900년 초기부터 유럽과 미국에서는 수백 개의 소규모 차량 제조회사들이 등장했고, 이들이 서로 경쟁하면서 자동차 관련 기술 수준이 높아짐과 동시에 자동차 가격은 점차 하락했다. 자동차 유지비도 점차 저렴해졌으며 무엇보다 분뇨를 치울 필요가 없어 많은 사람들이 자동차를 크게 선호하기 시작했다. 그 결과 영국의 경우 1904년 당시 자전거를 제외한 자동차 생산대수는 1만 7,810대였는데, 1910년에는 10만 7,635대, 1918년에는 33만 518대로 급격히 증가했다.

자동차의 보급이 확대되면서 유럽의 각종 대도시와 뉴욕의 거리에는 차츰 말의 숫자가 줄어들게 되었고, 이로 인해 말의 분뇨로 인한 피해 또한 줄어들게 됐다. 당연히 이 과정에서 말똥으로 인한 대기오염 및 위생 문제 등도 차츰 개선될 수 있었다.

외부불경제를 해결하기 위한 다양한 시도들

100년 전만 하더라도 도시 환경을 개선시킨 가장 큰 요인이었던 자동차가 오늘날 도시 환경에 부정적인 영향을 끼치는 주된 요인으로 대두된 이유는 자동차의 보급 숫자가 급격히 증가했기 때문이다.

현재 많은 국가에서 자동차로 인한 외부불경제 요인을 해결하기 위해 앞서 소개한 경제적 해결책인 조세와 보조금 등 다양한 경제적 유인책을 활용하고 있다. 오염물질 배출이 상대적으로 적은 차량을 구입하고자 하는 사람에게 다양한 보조금 내지 세금 감면 혜택을 부여하거나 휘발유세나 혼잡세 등을 부과하여 주행거리 감소를 유도하고, 이를 통해 오염 배출량을 줄이려는 시도 또한 여기에 해당한다.

이러한 경제적 유인책을 통한 해결책과 함께 주목해야 할 부분은 과학 기술의 발달이다. 자동차 기술의 발달로 인해 유럽과 미국은 지난 20년간 주요 도시의 대기의 질이 개선되고 있다. 이는 주행 거리당 오염물 배출 비율의 감소폭이 운전 거리 증가율보다 더 크기 때문이다. 말똥으로 인한 부정적 외부효과를 자동차의 발명으로 해결했듯이, 우리 인류가 자동차로 인한 부정적 외부효과를 개선하기 위해 또 어떠한 해법을 찾아낼지 기대해본다.

부자는 창문이
많은 집에 산다

— 세금회피 전략 —

조세란 국가나 지방자치단체가 재정 활동에 필요한 재원 마련을 위해 국민들로부터 거둬들이는 수입을 말한다. 조세는 이 같은 재원 마련 기능 외에도 효율적인 자원 배분을 유도하거나, 소득재분배 기능을 담당하기도 한다.

하지만 납세자의 의사와 달리 강제성이 부여되었다는 점, 정부로부터의 수혜 정도와 무관하게 세금이 부과된다는 점, 반드시 서비스 생산 목적으로만 사용되지 않는다는 점 등으로 인해 조세부과 시 논쟁을 일으키는 경우가 많다. 납세자 입장에서는 자신에게 직접적인 혜택을 주는 데 사용되는지 여부를 확인할 수도 없는 돈을, 그것도 강제적으로 납부해야 하는 것이 그리 유쾌하지만은 않은 일이기 때문이다.

세금을 부과하는 근거는 어디에 있는가

조세가 내포하는 강제성과 수혜 정도와 무관하게 부과된다는 특징 때문에 발생하는 납세에 대한 논쟁을 최대한 억제하기 위해 과세 주체 즉, 정부는 엄격한 원칙 아래 조세를 부과하고 있다. 이를 '국세부과의 원칙'이라고 한다. 국세부과의 원칙은 크게 '실질과세의 원칙', '신의성실의 원칙', '근거과세의 원칙', '조세감면의 사후관리' 등 네 가지 세부 내용으로 구성된다.

실질과세의 원칙은 법적인 형식보다는 경제적 실질성에 근거하여 과세해야 한다는 내용이다. 신의성실의 원칙은 세무공무원은 법에 근거해 신의성실한 세무처리를 해야 한다는 내용을, 근거과세의 원칙은 조세를 부여할 때 명확한 근거자료를 기준으로 과세해야 한다는 의미다. 마지막으로 조세감면의 사후관리는 과세 주체가 조세를 감면한 경우 그 취지를 달성하기 위해 그 감면에 대해 일정한 사후관리를 해야 한다는 것을 뜻한다.

이러한 국세부과의 원칙 중 근거과세의 원칙의 경우, 조세를 부과하는 근거를 적절히 설정하지 못하면 납세자가 조세부과의 근거를 축소 내지 은폐할 우려가 있다. 뿐만 아니라 근거 자체가 잘못된 대상으로 설정되면 적합한 납세자에게 적절한 수준의 조세를 부과하지 못하게 된다. 적합하지 못한 대상을 근거로 조세가 부과될 때 어떠한 문제가 생기는지 확인할 수 있는 좋은 역사적 선례가 하나 있다. 바로 중세시대의 창문세 Window Tax다.

부자는 창문이 많은 집에 산다?

창문세는 납세자가 소유한 집의 창문 수에 근거해 부과했던 세금을 말한다. 창문의 개수를 근거로 세금을 부과하다니, 어떻게 보면 얼토당토않은 얘기로 들리겠지만 그때는 나름의 합리적인 근거가 있었다. 당시만 해도 창문은 일종의 사치품에 속했다. 창문 재료인 유리가 고가였기 때문에 당시에는 창문이 없는 집에 사는 사람도 많았다. 뿐만 아니라 큰 건물에는 그만큼 창문이 많을 가능성이 컸다. 따라서 조세가 '납세자의 경제적 능력'에 부합하는 형태로 부과되어야 한다는 점에서 창문을 근거로 한 조세 부과는 나름의 합리성을 갖고 있었다.

1692년 영국이 최초로 도입한 것으로 잘못 알려진 창문세는 사실 그 이전부터 여러 국가에서 이미 시행되었다. 창문세를 최초로 고안해낸 국가는 다름 아닌 프랑스였다. 1303년 왕권 강화가 필요했던 필립 4세는 다양한 세원을 확보하기 위해 여러 종류의 세금을 신설했는데, 그중 하나가 바로 창문세였다. 창문세는 짧은 기간 동안 징수된 후 곧바로 폐지됐지만 이후 프랑스가 14세기 중후반 백년전쟁을 치르는 과정에서 군자금 확보를 위해 다시 시행되었다.

프랑스에서 고안한 창문세를 영국이 받아들인 시기는 1696년이었다. 이전까지 영국에는 창문이 아니라 난로에 근거해 과세하는 난로세Hearth Tax가 있었다. 1662년 찰스 2세는 전쟁 자금을 조달하기 위해 영국과 웨일즈에 난로당 2실링씩을 과세했다. 난로를 기준으로 세금을 징수하려다 보니 담당 공무원이 해당 가정집 내부를 직접 들어가서 난로의 보유 여부를 확인할 필요가 있었다.

이 과정에서 공무원들과 국민들 간의 충돌이 끊이질 않았다. 뿐만 아니라 난로세는 소득수준과 무관하게 난로 하나당 성 미카엘 대축일과 성모 영보 대축일에 각각 2실링씩 부과되는 조세였다. 이러한 조세 부과 형태는 상대적으로 가난한 사람들에게 더욱 커다란 부담을 안겨줬다. 결국 난로세는 네덜란드의 윌리엄 공이 영국을 점령한 후 민심을 달래기 위해 1688년 폐지되었다. 하지만 네덜란드와 스코틀랜드의 분쟁이 발생하자 다시 줄어든 세원을 확보할 필요성이 대두됐고, 이를 해결하기 위해 창문세가 도입됐던 것이다. 당시 영국은 창문이 열 개 이하일 경우 0.1파운드, 11개 이상~20개 이하의 경우에는 0.3파운드, 21개 이상은 0.5파운드를 각각 부과했다.

건물 외부에서 확인 가능한 창문을 근거로 과세했기 때문에 난로를 근거로 해서 과세하는 것보다 명확한 징수 근거를 확보하기에 훨씬 수월했다. 하지만 오늘날과 마찬가지로 당시 사람들도 세금 내는 것을 좋아하지 않았다. 결국 당시 영국인들은 창문을 기준으로 부과된 조세를 축소 내지 회피할 방법을 모색하기에 이른다.

가장 쉬운 방법은 창문 자체를 없애는 것이었다. 난로세를 회피하기 위해 벽난로를 없앴던 납세자들은 창문 또한 없애기 시작했다. 세금을 내느니 차라리 어둡게 살겠다는 것이었다. 실제로 당시 지어진 건물들 중 오늘날까지 남아 있는 건물들을 보면 크기에 비해 창문 수가 현격히 적은 기형적인 형태로 건설된 건물이 많이 남아 있다.

세금 회피가 합리적 선택을 가로막는다?

납세자가 세금 부담을 회피하기 위해 자신에게 가장 합리적인 경제적 선택을 바꾸는데, 경제학에서는 이를 '교란distortion이 발생했다'고 표현한다. 구체적으로 설명하자면, 조세를 부과하지 않으면 납세자는 자신에게 가장 높은 효용을 가져다줄 선택을 자유롭게 내릴 수 있다. 하지만 조세가 부과되면 그로 인해 발생하는 경제적 손실을 회피하려는 선택을 최우선으로 내리는 경향이 있는데, 이 선택이 조세 부과 이전에 했던 선택에 비해 상대적으로 덜 합리적이라는 데서 교란이 발생했다고 말하는 것이다.

창문세 역시 교란이 발생한 것으로 볼 수 있다. 조세가 부과되지 않는다면 누가 어두컴컴하고 통풍도 잘 안 되는 창문 없는 집에서 살기를 선택했겠는가? 프랑스 경제학자 장 바티스트 세이Jean Babtiste Say는 영국 여행 중 창문이 없는 집을 목격하고 창문세가 가진 폐단에 대해 맹렬히 비판한 것으로 유명하다. 이 역시 잘못된 조세 정책으로 인해 유발된 교란 행위에 대한 비판이라고 볼 수 있다.

창문을 통한 과세를 회피하기 위한 납세자들의 노력 못지않게 창문을 통해 과세하려는 당국의 노력 또한 지속되었다. 당시 영국인들이 건물 외부에서는 마치 하나의 창문처럼 보이게 하면서 창문 간격을 넓게 하는 방식으로 세금을 회피하려 하자, 정부는 창문 간격이 일정 기준보다 벌어져 있으면 별도의 창문으로 간주해 세금을 부과하기 시작했다. 또한 조사원이 방문할 때 일시적으로 창문을 폐쇄

했다가 다시 만들기도 했는데, 이러한 행위가 적발될 경우에도 20실링의 벌금을 물리거나 일시적으로 폐쇄했던 창문을 다시는 이용하지 못하도록 막기도 했다.

영국이 이런 식으로 창문세를 부과하자 한동안 창문세에 주목하지 않았던 프랑스인들도 다시 창문세를 활용하기 시작했다. 1789년 프랑스대혁명에 성공한 후 귀족들에게 막대한 세금을 거두기 위한 방법을 모색했는데, 이때 프랑스인들이 선택한 방법 중 하나가 바로 창문세였다. 당시 귀족들은 자신의 신변이 어떻게 될지 모르는 상황이었기 때문에 과세에 순순히 응했다고 한다.

창문을 근거로 한 과세 방식은 신대륙에서도 이어졌다. 1789년 미국은 처음으로 직접세를 도입했는데, 당시 과세 대상은 토지, 집, 노예 등이었다. 특히 집에 대한 과세가액을 산출할 때 해당 집의 창문 수와 크기를 활용했는데, 이 과정에서 징수원의 주관적인 판단이 많이 개입해 거센 항의를 받기도 했다. 심지어 세금에 불만을 품은 사람들이 세금징수원을 감금하거나 폭행한 사례도 여러 차례 있었다고 한다.

창문세는 이처럼 다양한 문제를 유발했음에도 영국을 비롯한 유럽 대륙과 신대륙에서 좀처럼 사라지지 않았다. 영국에서 창문세가 사라진 시기는 1851년이며, 프랑스는 1925년이 되어서야 창문세를 없앴다. 14세기 초 필립 4세가 처음 창문세를 고안한 이후 600~700년 뒤에야 창문을 근거로 한 과세 기준이 사라진 것이다.

이상에서 설명한 창문세에서도 알 수 있듯이, 적절하고 효과적인 과세 근거를 찾는 일은 무엇보다 중요하다. 창문세처럼 잘못된 과세 근거로 인해 인간의 기본적 권리에 속하는 일조권마저 스스로 포기하게 만드는 경우가 발생할 수 있기 때문이다.

창문세가 폐지된 이후 적절한 과세 근거를 찾기 위한 노력은 계속되었다. 유럽의 각국 정부는 새로운 과세 근거를 찾기 위해 다양한 시도를 꾀한다. 영국인들이 주목한 것은 모자였다. 부자들은 고가의 모자를 여러 개 가지고 있지만, 가난한 사람들은 싸구려 모자를 한두 개 소유하고 있을 뿐이었다. 이에 영국 정부는 모자 가격에 따라 차등적으로 세금을 부과했다. 4실링 미만의 모자는 3펜스, 4~7실링 하는 모자의 경우에는 6펜스 등의 세금을 부과했는데, 이렇게 차등적으로 세금이 부과된 모자를 살 때 납세가 이루어지면 모자 안쪽에 납세가 완료되었다는 도장을 찍어주었다. 이 도장을 위조한 사람의 경우에는 무거운 형벌을 내렸다. 이 밖에도 장갑세, 벽지세 등 다양한 방식의 과세 근거가 모색되기도 했다.

납득할 만한 과세 기준을 만들려면

'세금을 피할 수 있는 방법은 죽음 뿐'이라는 농담이 있다. 즉, 세금은 우리가 살아가면서 결코 회피할 수 없는 강제성이 부여된 의무라는 것이다. 하지만 인류는 유사 이래 지속적이고 다양한 방식으로 세금을 회피하기 위한 시도를 해왔던 것도 사실이다. 17세기 러시아의 황제 표트르 1세는 여타 유럽 국가에 비해 상대적으로 뒤떨어진 러시아의 발전을 도모하기 위해 후진성의 상징인 긴 수염을 자르게 만드는 방법을 모색하고 있었다.

하지만 당시 러시아의 귀족과 교회는 종교적인 이유를 들어 이를 격렬히 거부했는데, 이때 표트르 1세가 선택한 방법은 수염세였다. 표트르 1세는 수염을 계속 기르려면 해마다 100루블씩 수염세를 내도록 강제했고, 수염세 도입 7년 만에 러시아에서는 턱수염이 자취를 감추었다고 한다. 수 세기 동안 종교적, 문화적 이유로 지속되어왔던 행동양식이 10년도 안 되어 세금 때문에 변화한 것이다. 이러한 사실만 보더라도 우리 인류가 얼마나 세금 납부를 싫어하는지 잘 알 수 있다.

이처럼 납세자는 세금 납부를 싫어하지만 오래전부터 우리 정부는 그 어느 때보다 조세수입 확보를 위한 다양한 방법을 강구하고 있다. 이러한 노력은 장기적으로는 증가하는 복지재정 규모를 대비하기 위함이며, 단기적으로는 경기침체로 인한 세수 감소를 대비하기 위함이다. 하지만 이 과정에서 적절하고 합리적인 과세 근거인지에 대한 논쟁이 계속해서 벌어지고 있다.

일례로 지난 2014년 치료 목적이 아닌 미용 목적의 성형수술에 해당하는 양악 수술이나 피부 관련 시술 등에 부가가치세를 부과하는 세법 개정안이 통과된 바 있다. 당시 의사협회는 미용 목적의 시술 또한 치료 목적을 함께 지니기 때문에 현실적으로 미용과 치료 목적을 엄격히 구분하기는 어렵다는 사실을 토로하며 법안의 문제점을 지적했다. 의사협회의 이러한 지적은 명확한 과세 근거를 확정하기가 그만큼 쉽지 않다는 점을 반증한다. 이는 다양하게 발생하는 과세 관련 논의의 일면을 단적으로 확인해주는 대목이라 할 수 있다.

납득할 만한 과세 기준을 만드는 일은 이렇듯 복잡하면서도 힘들다. 조세수입 확보를 위한 다양한 정책과 방안을 강구하는 데 있어 앞서 언급한 창문세가 우리에게 던져주는 교훈을 다시 한 번 생각해봐야 할 것이다.

막걸리 속에 숨겨진
경제원리

경제학에서는 인간이 지닌 경제적 합리성에 주목하여, 인간을 '호모 이코노미쿠스^{homo economicus}'라고 지칭하곤 한다. '경제적 인간'을 뜻하는 이 단어에서 우리는 인류가 선천적으로 합리적이며 경제적인 존재라는 점을 알 수 있다. 이는 당연히 우리 선조들에게도 해당되는 말이다. 옛 선조들의 삶의 지혜를 엿볼 때마다 우리가 다른 어느 민족 못지않게 합리성에 근거한 정교한 방법들을 사용해왔던 '경제인'임을 확인할 수 있다. 현재의 경제 개념과 이론들이 정립되기 훨씬 이전부터 말이다.

우리가 오래전부터 즐겨먹었던 막걸리 한 잔에도 합리성에 근거한 경제적 해법이 투영되어 있다. 막걸리는 '범위의 경제'를 통한 합리성의 결과물이기 때문이다. 범위의 경제란 기업이 여러 재화나 서비스를 함께 생산할 때 발생하는 총비용이 그러한 재화나 서비스를 별도의 기업이 생산했을 때 발생하는 총비용보다 작아지는 경우를 말한다. 쉽게 말해 한 기업이 두 개 제품을 생산할 때의 총비용이 두 개의 제품을 각각 다른 기업들이 생산할 때의 총비용의 합계보다 작을 때를 이야기한다.

흔히 '범위의 경제'와 '규모의 경제'를 혼동하는 경우가 많은데, 이 둘은 분명 다른 개념이다. 규모의 경제란 기업이 생산량을 늘림에 따라 제품 하나를 만드는 단위당 비용이 하락하는 현상이다. 규모의 경제가 특정 재화나 서비스의 생산량이 증가함에 따라 발생하는 비용의 절감효과와 관련된 내용이라면, 범위의 경제는 두 개 이상의 재화를 생산할 때 얻게 되는 비용 절감 효과와 관련된 내용이다. 규모의 경제가 이뤄진다고 해서 반드시 범위의 경제도 함께 이뤄지지는 않는다. 반대로 범위의 경제가 이뤄진다고 해서 반드시 규모의 경제가 함께 이뤄지는 것도 아니다.

한 번의 제조로 세 종류의 술을 만들다

많은 사람들이 왜 범위의 경제와 규모의 경제를 혼동할까? 단순히 두 개념의 이름이 비슷하기 때문만은 아니다. 범위의 경제와 규모의 경제를 일으키는 원인이 동일한 경우가 많기 때문이다.

범위의 경제와 규모의 경제를 가져오는 대표적인 원인은 생산과정에서의 '비분할성indivisibility'을 들 수 있다. 특정 제품을 생산하는 과정에서 발생하는 여러 비용 중에는 제품 생산량이 줄어들면 함께 줄어드는 비용도 있지만, 생산량이 줄어도 그에 영향을 받지 않는 비용도 있다. 이처럼 생산량이 줄어도 투여된 생산요소가 줄지 않아 비용을 줄이기 어려운 경우를 비분할성이라 부른다. 이러한 비분할성은 규모의 경제와 범위의 경제를 유발하는 대표적인 원인이다.

예를 들어 특정 회사가 고객에게 물품을 발송하기 위해 트럭을 보유하고 있다고 가정해보자. 고객들이 물건을 한 개 주문하든 열 개 주문하든 간에 주문한 물품을 배송하기 위해 트럭을 운행하는 비용은 크게 달라지지 않는다. 물건을 한 개만 주문하면 해당 물건을 만드는 데 투여되는 원료비, 제조비 등은 그만큼 줄어들지만, 배송비는 줄어들지 않는 비분할성을 갖고 있는 것이다.

이 경우 고객 주문이 늘어난다면 규모의 경제를 기대할 수 있다. 한 번 배송할 때 드는 비용이 10만 원이라고 한다면, 제품 한 개를 배송해도 배송비는 10만 원이다(개당 10만 원). 그러나 열 개의 제품을 배송한다면 제품 한 개당 배송비는 1만 원으로 줄어든다. 즉, 생산량이 늘어남에 따라 제품 한 개당 투여되는 비용이 줄어드는 규모의 경제를 달성할 수 있는 것이다. 이 회사는 비분할성으로 인해 범위의 경제도 기대할 수 있다. 만약 이 회사가 트럭의 빈 공간을 활용해 택배 배송업을 같이 하기로 결정한다면, 이는 범위의 경제를 통한 이익을 추구하기 위한 결정이라고 볼 수 있다.

막걸리 역시 이러한 범위의 경제에 해당한다. 몇 가지 분류 기준이 있지만, 우리나라의 전통주은 크게 청주, 탁주, 소주로 구분할 수 있다. 막걸리는 탁주의 한 종류이다. 세 종류의 전통주는 사실 하나의 제조 과정을 통해 얻어진다. 즉, 별도의 제조 과정을 통해서 각각의 술이 탄생하는 것이 아니라 하나의 제조 과정으로 다양한 술을 만들어지는, 범위의 경제를 통해 얻은 결과물이라는 뜻이다.

청주와 막걸리를 얻기 위해서는 모두 곡물과 물 그리고 누룩이 필요하다. 누룩은 쉽게 말해 일종의 효모와 곰팡이가 섞여 있는 미생물 덩어리다. 멥쌀, 찹쌀, 밀과 같은 곡물이 술이 되기 위해서는 이 곡물들이 함유하고 있는 전분을 당으로 분해해야 하는데, 누룩이 바로 그러한 역할을 담당한다.

누룩을 넣으면 밥이 흐물흐물해지면서 죽처럼 변하고, 다시 완전한 액체 상태로 변하면서 술이 된다. 이러한 과정에서 액체와 고체가 섞여 있게 되는데, 흔히 액체는 술이고 고체는 술지게미, 즉 술을 빚은 과정에서 술을 짜내고 남은 일종의 찌꺼기를 의미한다. 술지게미를 제거하고 체를 이용해 맑은 액체만 걸러낸 술이 바로 청주다. 그리고 남은 액체와 고체가 섞인 술이 막걸리이다.

이처럼 막걸리는 별도의 제조 과정을 통해서 얻어지는 술이 아니라 청주를 얻는 과정에서 얻게 되는 부산물인 술지게미에 다시 물을 넣어가며 체로 거른 술이라 할 수 있다. 막걸리라는 이름의 어원역시 '마구'+'거르다'라는 의미들을 담고 있다. 오늘날에도 대부분의 막걸리는 청주를 만드는 과정에서 얻은 12~15도 정도의 술에 물을 타서 희석하여 도수를 6~9도 수준으로 낮춘 것들이다.

막걸리와 유사한 동동주 또한 같은 과정에서 얻은 범위의 경제의 결과물이다. 곡물과 누룩, 물을 섞어 발효하다 보면 밥알이 가벼워져 술 위에 둥둥 뜨는 시점이 생긴다. 이때 거른 술이 바로 동동주이다. 동동주라는 이름 또한 밥알이 술 위에 '동동 떠다닌다' 하여 붙여진 이름이다. 동동주는 완전 발효된 상태의 술이 아니라서 당 성분이 많이 남아 있고, 그래서 단맛이 더 강한 특징을 갖는다. 이렇듯 청주, 막걸리, 동동주 등은 하나의 과정을 통해서 다양한 술을 만들어낸 일종의 범위의 경제를 통한 결과물들이다.

범위의 경제를 통한 비용 절감 효과

범위의 경제와 규모의 경제를 가져다주는 또 다른 원인은 바로 '재고 비용'이다. 재고는 팔고 남아 창고에 쌓여 있는 물건을 의미한다. 하지만 오늘날 많은 기업들은 물건이 없어서 못 파는 상황을 방지하기 위해 일정 수량을 재고로 갖고 있는 경우가 많다. 뿐만 아니라 제조업의 경우, 특정 부품이 하나 부족하면 이것이 전체 생산 공정을 중단하게 만드는 요인이 되기도 해서 재고를 보유하고 있기도 하다.

하지만 재고를 유지하는 데도 돈이 들기 마련이다. 일단 생산된 제품이 바로 팔리지 않으면 보관 비용 등이 발생한다. 그 제품을 만드는 과정에서 대출이 이뤄졌다면 이자 등도 비용에 포함된다. 이러한 일련의 비용들은 재고를 유지하는 과정에서 발생하는 비용들이며, 이는 다시 제품의 평균 생산 비용을 올리는 요인이 된다. 이때 규모의 경제와 범위의 경제는 재고 비용을 절감하는 유의미한 방식이다.

규모의 경제를 실현하여 거래량이 많아질 경우, 재고 보유로 인한 비용을 각 제품에 분할해 분담시킬 수 있다. 따라서 제품의 평균 생산 비용이 줄어든다. 이러한 비용 절감 효과는 범위의 경제를 통해서도 달성 가능한데, 그 전형적인 사례를 막걸리 제조 과정에서 또 찾아볼 수 있다.

술을 만들기 위해 보유해야 할 필수 재고 중 하나가 바로 누룩이다. 포도나 사과, 사탕수수로 만드는 여타 술들은 그 자체에 당분이 포함되어 있기 때문에 별도의 첨가물 없이 알코올이 생성되지만, 찹쌀과 멥쌀 같은 곡물은 주성분인 전분을 당화하기 위해서 분해 과정을 돕는 누룩을 꼭 필요로 한다.

국내에서 누룩을 제조하는 체계적인 기술을 보유하기 시작한 시기는 고려시대로 추정된다. 고려 문인 이규보의 국선생전麴先生傳에는 누룩에 대해 언급하는 부분이 나온다. 이후 전국 각 지방마다 자신들만의 독특한 누룩 제조법 등을 발전시켜 다양한 전통주들이 발전하기 시작했다.

누룩은 일반적으로 밀을 가지고 만든다. 지역에 따라서는 쌀, 녹두, 보리, 팥 등의 재료들을 사용하기도 한다. 재료뿐만 아니라 만드는 방식과 계절에 따라 각기 다른 누룩이 만들어지는데 각각의 누룩은 술이 익는 데 영향을 미쳐 맛을 변화시키기도 한다. 전통적인 방식으로 만들어진 누룩은 관리를 잘해야 하며, 누룩에 다른 균이 배양되거나 온도가 적정하지 않으면 전혀 다른 술맛을 내는 경우도 있다. 이처럼 양조 과정에서 중요한 영향을 미치는 누룩은 만들기도 쉽지 않을 뿐만 아니라 관리하는 데도 적지 않은 시간과 돈이 필요하다.

이를 달리 표현하면 일종의 재고 비용이라 할 수 있다. 이러한 재고 비용을 절감하고, 좋은 누룩을 통해 더 좋은 성과를 얻는 방법은 누룩을 한 번 사용했을 때 다양한 술을 양조하는 것이다. 선조들이 귀한 누룩을 사용해 청주, 막걸리, 동동주, 소주 등을 한 번에 만들어내는 지혜를 발휘해낸 것도 바로 이 때문이다. 범위의 경제를 실현한 것이다.

'입방-평방의 법칙 cube-square rule' 또한 규모의 경제와 범위의 경제를 가져다주는 요인이다. 평방과 입방은 각각 넓이와 부피를 의미한다. 이 법칙은 무언가의 부피를 일정 비율만큼 증가시킬 경우, 이를 위해서 넓이의 증가 비율은 더 적게 필요하다는 것을 의미한다. 예를 들어, 배관 파이프의 부피를 두 배 증가시키기 위해 필요한 넓이 또는 면적은 두 배보다 더 적게 드는 것과 같다. 양조 과정에서도 양조 탱크를 두 배 증가시킬 경우 그에 필요한 창고나 탱크 크기는 두 배보다 작아도 된다. 따라서 한 번에 많은 양을 양조하는 것이 더 저렴한 비용으로 술을 만드는 방법이 된다. 이렇게 한 번에 많은 양의 술을 단일 품목으로 만드는 것은 부담스러울 수 있지만, 많은 양을 양조하여 청주나 막걸리 등과 같은 다양한 술을 얻어낸다면 그리 부담되는 일은 아닐 것이다.

규모의 경제와 범위의 경제의 활용

오늘날에는 규모의 경제와 범위의 경제를 보다 다양한 방식으로 활용하고 있다. 먼저 구매 과정에서 이를 활용하는 경우가 많다. 한 사람이 소량의 물품을 구매할 때는 상대적으로 비싼 가격을 지불해야 하지만, 다량의 물품을 구매할 경우 구매단가를 낮출 수 있다. 이를 통해 생산 비용을 절감하는 방식으로 규모의 경제를 실현하기도 한다. 뿐만 아니라, 필수 원자재의 경우 자신의 회사 물량만으로는 구매단가를 낮추기 어렵다면 여러 회사와 공동으로 주문하여 구매단가를 낮추기도 한다.

광고에서도 규모의 경제와 범위의 경제 효과를 거둘 수 있다. 규모가 큰 기업이 수행한 광고비와 규모가 작은 기업이 수행한 광고비를 비교해보면, 소비자 한 명에게 광고 내용을 전달하기 위해 투여한 비용은 대기업이 상대적으로 더 적다.

예를 들어 전국적인 체인망을 갖춘 회사와 특정 지역만을 거점으로 해서 활동하는 회사가 있다고 가정해보자. 이 두 회사가 같은 시간대에 동일한 비용을 들여 TV 광고를 하고 동일한 수의 시청자들에게 광고 내용을 전달했다. 일견 두 회사 모두 동일한 대상자들에게 동일한 광고비로 광고했기 때문에 실질적인 광고 비용과 효과도 동일하다고 생각할 수 있다.

하지만 실상은 그렇지 않다. 해당 광고를 통해 두 회사 모두 같은 수의 소비자에게 구매 욕구를 일으켰다고 할 때, 소비자들은 어느 회사의 제품을 구매하게 될까? 전국적인 체인망을 갖춘 회사의 점포가 고객들의 눈에 쉽게 띄어 구매로 이어질 가능성이 훨씬 더 높다. 같은 수의 고객에게 구매 욕구를 불러일으켰다고 해도 특정 지역을 거점으로 하는 작은 회사의 점포는 소비자의 눈에 덜 띌 확률이 높아 실질적으로는 구매로까지 이어지기가 쉽지 않다. 이 과정에서 상대적으로 소규모 회사의 광고 비용이 높다고 판단할 수 있는 것이다.

범위의 경제 또한 광고 효과 내지 광고 비용에 영향을 미친다. 같은 광고비를 들여 광고를 집행한 회사 중 한 회사는 광고한 해당 제품만을 판매하는 회사이고, 다른 회사는 광고한 제품 이외에 연관된 다른 제품들도 함께 판매하는 회사라고 가정해보자. 이 광고를 보고 매장에 방문한 고객에게 진열된 연관 제품까지 함께 구매를 유도한다면 아마 더 큰 광고 효과를 거둘 수 있을 것이다. 이 또한 범위의 경제에 해당한다. 이처럼 광고 효과 측면에서도 규모의 경제와 범위의 경제는 중요한 고려 요인이다.

이상에서 살펴본 바와 같이 오늘날 산업 현장에서는 과거에 비해 범위의 경제와 규모의 경제가 더욱 중요한 판단 요인으로 작용하고 있다. 심지어 기업의 인수합병M&A을 결정하거나 신규 사업 진출 여부를 결정할 때도 범위의 경제와 규모의 경제를 고려한다. 또한 생산 라인을 완전 자동화할지 부분적으로만 자동화할지를 결정하는 데 있어서도 범위의 경제와 규모의 경제는 중요한 고려 요인이다. 이처럼 중요한 경제 개념이 명확히 정립되지 않았던 그 옛날부터 이를 생활 속에서 효과적으로 활용해왔던 우리 선조들의 지혜가 놀라울 뿐이다.

분업화와 전문화는
미술계도 피할 수 없었다

― 분업화와 전문화 ―

경제학이라는 학문이 존재하지 않던 시절, 철학자로 활동하던 애덤 스미스가 경제학의 아버지라 불리게 된 까닭은 그가 저술한 책 《국부론》의 내용 때문이다.

사실 이 책의 정확한 이름은 '국가의 부의 본질과 원인에 대한 조사'이다. 이름에서도 드러나듯이 이 책은 어떻게 하면 한 국가의 부를 증가시킬 수 있는지에 대해 기술한 서적이다. 애덤 스미스는 그 방법으로 생산의 분업화와 전문화를 꼽았다. 그가 제시한 방법론은 오늘날에도 국가경제의 발전을 도모하는 데 여전히 유효하다.

경제 이외의 다양한 분야에서도 전문화와 분업화는 널리 이용되고 있는데 대표적으로 미술 분야가 그렇다. 미술계가 전문화와 분업화 과정을 거쳐 발전해간 모습을 단적으로 확인할 수 있는 곳이 아트 페어Art Fair이다. 아트 페어는 간단히 말해서 미술품 거래상들이

현대미술 작가인 만프레드 키엘호퍼가 아트 바젤 당시 공공아트 프로젝트를 진행한 모습

가지고 있는 미술품을 특정 기간 동안 전시하고 판매하는 이벤트다. 한 장소에 여러 작품들이 모여 전시되기 때문에 미술계의 동향을 한 눈에 살펴볼 수 있는 축제이기도 하다.

최초의 아트 페어는 1967년 독일의 쾰른에서 개최되었다. 그 뒤를 이어 벨기에의 아트 브뤼셀(1968년), 스위스의 아트 바젤(1969년), 프랑스의 피악(1974년), 미국의 아트 시카고(1980년) 등이 지속적으로 창설되었으며 오늘날에는 세계 곳곳에서 매년 수십 개의 아트 페어가 열리고 있다.

아트 페어는 기존의 미술 애호가들뿐만 아니라 그동안 미술품에 관심이 없었던 일반인들을 유인하기 위해 다양한 테마와 기획들을 도입하고 차별화 전략을 구사했다. 그래서 짧은 역사에도 불구하고 전통적인 시장인 화랑(갤러리)과 미술품 경매에 이어 제3의 미술품 시장으로 자리잡는 데 성공했다.

아트 페어의 성공을 이끈 이들은 다름 아닌 미술품 거래상이었다. 그들은 미술품을 전시하고 판매하는 화랑의 운영자이자 미술품 경매시장을 움직이는 큰 손이다. 그들은 시대 변화에 발맞춰 아트 페어라는 새로운 거래 방식을 도입함으로서 미술 시장에 새로운 바람을 불러일으켰다.

미술품 거래상의 등장

미술계에서 거래상들이 이렇게 주도적인 역할을 수행하기 시작한 데는 근대 자본주의의 등장과 궤를 같이한다. 근대 이전의 화가들은 대개 귀족과 왕족들을 상대로 작품을 만들고 판매했다. 귀족과 왕족은 화가들의 든든한 후원자였다. 따라서 근대 이전의 화가들에게는 거래만 전문적으로 수행하는 사람이 필요하지 않았다.

그러나 근대사회로 접어들어 왕족과 귀족들이 몰락하자 화가들은 스스로 그림을 판매해야 하는 상황에 놓이게 됐다. 화가들은 작업실로 사람들을 부르기도 하고 직접 그림을 들고 다니면서 판매하거나, 거리에서 작업하기도 했다. 하지만 창작 활동과 영업 활동을 병행하기란 쉬운 일이 아니었다. 그래서 화가들은 작품 활동에만 몰두할 수 있게 자신의 작품을 전문적으로 판매해줄 사람을 필요로 하게 되었다. 이것이 미술품 거래상이 등장하게 된 배경이다. 다른 산업과 마찬가지로 미술에서도 **분업화**와 **전문화**가 이뤄진 것이다.

미술품 거래상은 적극적인 판촉 활동을 해주었을 뿐 아니라 화가의 작품을 소비자들이 쉽게 감상할 수 있는 기회를 제공해주었다. 또한 이들은 화가의 경제적 안정에 기여함으로써 미술가들이 지속적인 예술 활동을 할 수 있도록 그 토대를 마련해주었다.

미술품 거래상은 단순한 전시를 넘어 기획 전시, 상설 전시와 같은 소비자와의 다양한 접촉면을 만들기 시작했다. 이를 통해 일반 대중들에게 신규 작가의 존재를 알리는가 하면 새로운 미술 화풍에 대한 교육도 도맡았다. 또한 미술품 거래상은 거대 기업이나 부호들의 자금이 재능 있는 신규 작가에게 투자될 수 있도록 가교 역할을 하기도 했다. 이로 인해 재능 있는 신인 화가들이 생활고에 지쳐 다른 분야로 떠나는 현상을 막는 데도 적지 않은 공헌을 하게 된다.

분업화
단독으로 행하는 일을 여러 부분으로 분할하는 것을 말한다. 한 가지 물건을 만들 때, 작업 과정을 여러 단계로 나누어 진행하고 그 과정에서 효율성을 높이게 된다. 분업의 이런 효과는 비교우위를 생산에 도입했기 때문에 가능하다.

전문화
분업은 주로 개인이나 집단에게 주어진 과제를 분할한다는 국한된 의미에서 사용된다. 반면 전문화는 단순히 일의 분할을 넘어 그런 과정에서 축적된 개인이나 집단, 기관만의 독특한 특성을 의미하기도 한다.

화가와 미술품 거래상의 공생

미술품 거래상의 등장은 미술품 자체에도 적지 않은 영향을 미쳤다. 화가들의 전문화를 이끌어냈기 때문이다. 미술품 거래상들은 소비자들에게 풍경화는 누가 더 잘 그리고 초상화는 누가 더 잘 그리는지 평가해주기 시작했다. 그러한 과정에서 화가들 역시 시장성을 높이기 위해 자신이 좀 더 잘 그린다고 평가받는 그림에 몰두하게 되었다. 그래서 근대의 화가들은 단순히 화가로 통칭되지 않고 풍경화가, 초상화가, 정물화가 등으로 보다 구체적으로 나뉜다.

물론 이와 같은 전문화가 긍정적인 효과만 가져다준 것은 결코 아니다. 미술품을 지나치게 상업화시킨 장본인 또한 그들이기 때문이다. 그들 중 일부는 재능 있는 신인 화가들이 안정적으로 작품 생산에 몰두할 수 있도록 그들에게 금전적 지원을 제공하는 대신 그들의 작품 모두를 독점적으로 전시하고 판매할 수 있는 권한을 가져가기도 했으며 이 과정에서 부당한 이득을 취하기도 했다.

아직 알려지지 않은 신인 화가들 역시 자신의 작품을 안정적으로 판매해주고 홍보도 해주면서 금전적인 문제까지 해결해주는 이런 방식을 쉽게 거절하지는 못했다. 그래서 많은 화가들과 거래상들이 독점적인 관계에 놓이게 되었다. 이러한 거래상과 미술가의 관계는 1990년대에 이르러서는 미술계에서 흔히 목격할 수 있는 형태 중 하나로 자리 잡았다.

새로운 미술시장 '아트 페어'

미술 시장에 불황이 닥치면서 많은 화가들은 자신의 작품을 꾸준히 팔아주지 못하는 거래상과의 독점적 관계에 불만을 갖기 시작했다. 그래서 미술품 거래상에게 새로운 방식을 요구했고, 거래상들도 이러한 요구에 부응하기 위해 노력하기 시작했다. 그들은 독점적 관계로 인한 화가들의 불만을 해소하기 위해 다양한 거래 방식을 고민하기 시작했는데 그런 시도 중 하나가 바로 아트 페어였다.

아트 페어는 기존 미술품 수요자뿐만 아니라 잠재적 수요자라 할 수 있는 일반 대중들을 대상으로 한 한시적인 전시 행사이다. 아트 페어가 호응도가 높은 이유는 한시적이라는 데 있다. 항시 열리는 상설 전시회는 고객들의 적극적인 관심을 이끌어내지 못한다. 늘 그곳에 있기 때문에 언젠가 가면 된다는 생각 때문이다. 하지만 한시적인 행사는 고객들에게 이번 기회를 놓치면 안 된다는 강박관념을 주기 때문에 보다 적극적인 관람 행위를 유도할 수 있다.

이러한 이유로 아트 페어는 미술시장의 저변을 넓히는 하나의 방식으로 자리잡았다. 또한 다양한 미술품을 한자리에 모아 놓고 자유로운 경쟁 속에서 거래가 이뤄지게 함으로써 화가들의 불만을 잠재울 수 있는 유용한 수단이 되었다.

범죄를 경제학적으로 분석한
괴짜 철학자

— **법경제학의 등장** —

영국 유니버시티 칼리지의 런던 본관 건물에는 사람의 유골로 만든 '오토 아이콘Auto-icon'이라는 것이 전시되어 있다. 이 오토 아이콘은 유골 주인이 평소 입던 옷을 입히고 머리를 밀랍으로 조각해 만들어졌다. 등골이 오싹해지는 이 인간 박제를 대학에서 전시하고 있는 이유가 무엇일까?

나무상자 속에 들어 있는 오토 아이콘의 주인공은 바로 공리주의 철학으로 이름을 떨친 철학자 제러미 벤담Jeremy Bentham이다. 벤담은 젊은 시절 자신의 시신을 기증한다는 유서를 남겼다. 실제로 그가 죽은 후 시신은 해부 실습용으로 사용되었다. 골격을 재조립한 후 오토 아이콘을 만든 것도 그의 유지를 따른 것이다. 해부가 살인범에 대한 형벌의 하나로 간주되던 시대적 상황을 생각하면 놀라운 유언이 아닐 수 없다. 그러나 그를 단지 시대를 앞서간 기인으로만

런던 유니버시티 칼리지에 있는 제러미 벤담의 오토 아이콘 모습

보는 것은 적절치 않다. 의학 발전을 위한 시신 기증은 '최대다수의 최대행복'을 외쳤던 벤담다운 행동이라고 볼 수 있기 때문이다.

공리주의, 법경제학 형성에 기여하다

벤담은 1748년 부유한 변호사 집안의 장남으로 태어났다. 서너

살 때부터 라틴어를 공부할 정도로 영재였던 그는 무려 15살에 옥스퍼드대학을 졸업했다. 아버지의 뜻에 따라 변호사 자격을 얻기는 했지만 법정에서 활동한 기록은 없다. 실무 대신 이론 연구를 택한 그는 정치적으로 급진주의를 옹호했고, 영국의 법 개혁에 큰 영향을 끼쳤다.

법 개혁의 기본원리로 제창된 공리주의 철학은 벤담 사상의 핵심이라고 할 수 있다. 벤담을 모르는 이들도 '최대다수의 최대행복'이라는 말은 어디선가 한번쯤은 들어봤을 것이다. 그러나 공리주의가 **법경제학**law and economics 형성에 기여했다는 사실은 상대적으로 널리 알져지지 않은 듯하다. 이름에서 짐작할 수 있듯이 법경제학은 법을 경제학적으로 분석하는 학문이다. 경제학자도 아닌 벤담이 법경제학의 선구자로 불리는 이유는 무엇일까?

> **법경제학**
> 여러 법률 현상들을 경제학적으로 분석하는 경제학의 한 분야이다. 주로 법이 경제에 어떤 영향을 주는지, 법이 경제적으로 효율적인지 등을 분석한다.

벤담에 의하면 인간은 본능적으로 쾌락을 추구한다. 이에 따르면 일생에 걸친 개인의 목표는 쾌락의 극대화에 있다. 현대 경제학의 용어를 빌려 표현하면 '효용 극대화'가 개인의 목표인 셈이다. 사회란 개인의 총합이므로 개인의 이익 추구는 곧 사회 전체의 이익이 된다.

벤담은 또한 개인이 모든 영역에서 자기 이익을 극대화하려 한다고 주장했다. 그에 따르면 범죄를 저지르느냐 저지르지 않느냐 하는 문제에도 치밀한 계산이 개입된다. 범죄로 인한 이득이 비용(처벌 등)보다 크면 범죄를 저지르고, 반대의 경우에는 범죄를 저지르지 않는다. 당연한 논리인 것 같지만 당시로서는 아주 획기적인 발상이었다. 이렇듯 벤담은 경제학과 전혀 무관해 보였던 범죄를 경제학적으로 분석함으로써 법경제학의 토대를 마련했지만, 체계적인 이론을 형성하지는 못했다.

점차 넓어지고 있는 법경제학의 영역

법경제학이 뿌리를 내리는 데는 의외로 많은 시간이 소요됐다. 1960년대 이전까지 법경제학은 독점금지법 등 주로 규제와 관련된 법 분석에만 초점을 맞췄다. 벤담이 18세기에 이미 폭넓은 시각을 제시했음에도 불구하고 200년 가까운 세월 동안 좁은 울타리 안에 갇혀 있었던 셈이다.

울타리를 허문 사람은 1991년 노벨경제학상을 수상한 로널드 코즈Ronald Coase였다. 코즈는 1960년 〈사회비용의 문제〉라는 논문을 발표하여 재산권 문제를 경제학 영역에 끌어들였다. 이후 법경제학은 민법, 형법 등 다양한 법률 분야를 다루기 시작했다. 경제학자 조지 스티글러가 법경제학에 있어 '기원전B.C.'이란 '코즈 이전Before Coase'을 의미한다고 말할 정도로 코즈가 법경제학에 미친 영향력은 컸다.

법경제학은 아직 우리나라에서는 활성화되지 않은 분야이지만 미국 법조계에서는 아주 큰 영향력을 발휘하고 있고, 법경제학 이론이 판례에 인용되는 경우도 많다. 그리고 미국 유명 로스쿨은 적어도 한 명 이상의 법경제학자를 보유하고 있다. 현직 법조인 중 가장 유명한 법경제학자로는 미 연방 제7항소법원 판사인 리처드 포스너 Richard Posner를 꼽을 수 있다. 그의 판결문이 나오면 다음날 미국 로스쿨들은 이를 수업시간에 다루기 바쁘다. 예일대학 로스쿨 교수인 브루스 애커만 Bruce Ackerman은 이런 흐름을 다음과 같은 한 문장으로 정리했다.

"20세기 법학에서 가장 중요한 발전은 바로 법경제학이다."

법적 정의와 효율성은 모순되는 것일까?

일부 사람들은 정의를 구현하는 법률을 경제학적 시각으로 바라본다는 데 거부감을 느낄지도 모른다. 경제학의 효율성 잣대로 법을 해석하면 법의 도덕적 측면이 무시될 수 있기 때문이다.

그러나 법적 정의와 효율성은 서로 모순되지 않는 경우가 많다. 자원이 희소한 사회에서 자원을 낭비하는 것은 정의에 어긋날 수 있다. 또한 정의 실현에는 경제적 자원이 필수적이다. 그리고 법률을 제정하는 이유는 어떤 특정 목적을 달성하기 위해서이므로 최소비용으로 최대효과를 끌어낸다는 효율성의 원리가 적극 고려될 필요가 있다.

미국 대법원 판사를 역임한 올리버 웬델 홈즈 Oliver Wendell Holmes, Jr.는 1897년에 다음과 같이 말했다.

"법을 연구하는 분야에서 현재는 법전을 연구하는 사람들이 주류를 이루지만, 미래에는 통계학과 경제학을 연구하는 사람들이 주류를 이루게 될 것이다."

법경제학은 역사가 오래 되지 않았음에도 불구하고 그 중요성과 영향력이 날로 커지고 있는 추세다. 영미법*과 달리 대륙법** 체계를 따르고 있는 우리나라에서는 법경제학 이론을 적용하는 것이 상대적으로 어렵지만 앞으로 학계의 큰 조류를 무시하기는 힘들어 보인다. 경제학과 법의 본격적인 만남은 지금부터가 시작이다.

---

*   법전보다는 과거에 축적된 판례를 중시하는 것이 특징이다.

**   문자화된 법전을 중심으로 하기 때문에 판사의 재량이 제한된다.

제 5 장

사회 변화는
경제적으로
움직인다

4,000년을 이어온
화폐 발행권과 권력의 역사

— 금속화폐의 등장 —

인류 역사의 발달 과정을 살펴보면 동서양이 비슷하게 진화해 가는 모습을 쉽게 목격할 수 있다. 인간이 가진 생물학적인 특성이 유사하기 때문에 이러한 결과가 나타나는 측면도 있지만, 이에 못지 않게 경제적인 측면에서도 신기할 정도로 유사한 진화 과정을 보여 준다. 단적으로 동서양 어느 지역을 막론하고 화폐가 유통되기 시작 했다는 사실만 보더라도 이를 쉽게 이해할 수 있다.

화폐는 어디에서부터 시작되었는가

고대인들은 거래가 점차 활성화되면서 물물교환으로는 더 이 상 자신이 원하는 물건을 원하는 시기에 얻기 쉽지 않다는 사실을 확인했다. 때문에 보다 원활하게 물물교환을 할 수 있는 교환 도구가 무엇일지 고민하기 시작했고 그 과정에서 쉽게 교환이 가능한 물건들을 화폐로 이용하게 되었다. 초창기 유통되던 원시 화폐의 종류는 다양했다. 가죽, 구슬, 의류, 노예 등 그 예를 들자면 끝이 없다. 이러한 물건들이 화폐로서의 기능할 수 있었던 이유는 그 물건 자체에 대한 고유의 수요가 많았기 때문이다. 하지만 그 물건에 대한 수요가 갑자기 격감하면 물물교환이 이루어지기 어렵다. 예를 들어 화살촉을 화폐로 사용하던 부족에서 갑자기 화살촉에 대한 수요가 격감하면 더 이상 화살촉으로는 거래가 성립되기 어려웠을 것이다.

이러한 현상을 목격한 인류는 거의 대부분 필수재를 원시 화폐로 이용하기 시작했다. 필수재란 일상생활을 살아가는 데 반드시 필요한 재화고, 사람들이 언제든지 원하는 재화이기 때문에 물물교환의 수단으로 쉽게 사용할 수 있었다. 특히 원시 화폐를 쓰던 초창기에는 화폐로서의 고유한 권한을 부여해줄 정부와 기관이 존재하지 않았기 때문에 재화가 가진 본연의 가치에 의존해야 했다. 그래서 동양에서는 쌀이, 서양에서는 밀이 화폐의 수단으로 등장했다.

기원전 5,000년경의 토기들에는 밀이나 쌀을 사용해 시장에서 상품교환을 하는 장면이 묘사되어 있다. 또 다른 필수재인 소금 역시 아시아, 아프리카, 유럽 등에서 화폐로 널리 사용된 기록이 있으며, 로마 시대에는 군인들의 급료를 소금으로 지불하기도 했다. 소금을 뜻하는 라틴어인 살라디움saladium이 봉급을 의미하는 'salary'의 어원이 된 연유도 여기에 있다.

고대의 모든 왕들은 화폐 발행권에 관심이 많았다

하지만 인류는 곧 새로운 문제에 봉착했다. 좀 더 정확하게 표현하자면 고대의 왕들은 새로운 문제에 봉착했다. 신분제가 세분화되고 사유재산제도가 발달하면서 예상치 못한 문제가 나타났으니 토지를 소유한 많은 귀족들이 밀이나 쌀, 소금을 직접 생산할 수 있게 된 것이다. 이는 곡물을 재배할 수 있는 여건을 갖고 있는 사람들이라면 누구나 화폐를 공급할 수 있는 능력을 갖게 되었다는 것을 의미한다. 오늘날로 따지면 모든 귀족 계급이 각자 조폐공사를 갖고 있는 것과 마찬가지인 형국이다.

이것이 의미하는 바는 무엇일까? 오늘날의 경제정책에서 통화량이 어떠한 역할을 담당하고 있는지를 살펴보면 쉽게 이해할 수 있다. 한 나라의 경제가 안정적으로 발전하기 위해서는 통화의 양을 적정 수준으로 유지해야 한다. 만약 시중에 너무 많은 통화가 유통되면 상품에 대한 수요가 늘어난다. 이때 만일 수요가 늘어난 만큼 상품의 공급이 늘어나지 못하면 통화량 증가는 곧바로 물가상승으로 이어지고, 이는 국민경제에 많은 사회적 비용을 유발시킨다.

이러한 이유로 오늘날 대부분의 나라들이 중앙은행을 설립하여 통화량을 조절하고 있다. 중앙은행은 각종 금융정책 수단을 이용하여 통화량을 조절함으로써 물가안정, 완전고용, 경제성장, 국제수지 균형 등을 이루기 위해 힘쓴다.

고대 왕들도 통화량의 증가로 인한 많은 문제에 직면했다. 아직 인플레이션에 대한 정확한 이해가 부족했던 지배계층은 자신이 생산해낸 곡식들을 마음대로 남발하여 화폐로 사용했고, 이로 인해 많은 사회적 혼란과 비용이 유발되었던 것이다. 그뿐만 아니라 화폐를 발행하는 권한을 여러 사람이 갖게 되면서 왕 자신의 통제력 또한 줄어든다는 사실도 깨닫게 되었다.

귀족들이 생산한 곡물을 제멋대로 화폐로 사용하면서 많은 문제가 발생한다는 사실을 깨달은 고대 왕들은 결국 화폐 발행에 대한 모든 권한을 왕 자신만 갖도록 조치를 취했다. 바로 금속화폐를 주조하는 것이었다. 철과 구리 같은 금속으로 화폐를 만들게 된 것은 당시 금속 광산이 전부 왕의 소유였기 때문이다.

금속은 무기 제작에 얼마든지 활용될 수 있기 때문에 권력을 지속하고 싶은 고대 왕들은 모든 금속 광산을 자신의 소유로 만들었다. 이 때문에 금속으로 화폐를 제작하면 화폐 제작에 관한 모든 권한은 오직 왕 자신만이 가질 수 있었다.

또한 당시 일반 백성들도 구리나 철과 같은 금속들을 장식품의 원료로 사용하면서 매우 귀하게 여기고 있었다. 따라서 백성들에게 금속을 사용해 화폐를 만들어 유통시켜도 여기에 가치가 부여되어 유통될 수 있는 환경은 이미 조성된 상태였다.

금속으로 제작한 화폐를 유통시킴으로써 왕들은 막강한 권력을 손에 쥐었다. 로마 시대에는 자신들이 가진 이 막강한 권력을 뽐내기라도 하듯 금속화폐에 자신의 얼굴을 주조하여 유통시키기도 했다. 통화량을 공급할 수 있는 모든 권한을 자신만이 갖고 있었기 때문에 일반 백성들의 환심을 사기 위해 축제 기간에는 많은 금속화폐를 거리에 뿌리면서 자신의 자비로움과 권위를 마음껏 표현했다. 또한 전쟁기간에는 군자금을 마련하기 위해 더 많은 세금을 거두기보다는 금속 광산에서 더 많은 양을 채굴하여 이를 화폐로 주조해 유통시킬 수 있었다.

물론 이 과정에서 발생하는 인플레이션에 대한 정확한 이해가 부족하여 고대 왕들이 곤욕을 치룬 기록들도 쉽게 찾을 수 있다. 물가가 폭등했다는 기록은 고대 바빌로니아와 아시리아 지방의 설형문자에서도 확인된다. 기원전 1792년경의 바빌론 왕 함무라비의 법전에서 화폐와 임금, 물가 등을 다루는 별도의 장을 만들었다는 사실만 보더라도 그 시절에 고대의 왕들에게 물가 관리와 통화량 결정은 이미 중요한 문제로 자리매김했다는 사실을 짐작케 한다.

고대 왕들에게는 화폐 발행에 대한 독점적 권한이 커다란 책임감으로 다가오기보다는 막강한 권력으로 느껴졌던 모양이다. 동서고금을 막론하고 왕들이 오랫동안 금속화폐의 유통 권한을 누려왔던 것을 보면 말이다.

화폐의 역사는 인류 발달의 역사

우리나라 역시 예외일 수는 없다. 한국에서 출토된 가장 오래된 금속화폐는 기원전 6세기경의 명도전明刀錢이다. 명도전은 칼 모양을 한 돈의 일종으로, 표면에 '明명'이라는 글자가 새겨져 있었다. 이 화폐는 중국 춘추 시대 말기에 등장하여 주로 전국 시대에 사용되었다.

명도전을 우리나라 최초의 화폐로 보는 이유는 춘추 시대 연나라와 제나라의 화폐로 알려진 명도전이 제나라와 연나라의 땅에서는 거의 발굴되지 않고 고조선의 유적지에서만 대량 발굴된다는 사실 때문이다. 명도전은 현재 대동강 이북의 서북한 지역에서 광범위하게 출토되고 있다. 당시 고조선은 두 나라와 적대관계에 놓여 있었다. 그럼에도 불구하고 고조선의 영역에서 대량 발견되는 현상은 명도전이 고조선의 화폐였다는 사실을 명확히 드러내준다.

명도전이 외국에서 주조된 화폐를 국내에서 유통한 사례라고 한다면 우리나라에서 직접 금속화폐의 주조 권한에 관심을 보이기 시작한 때는 고려 시대부터라고 할 수 있다. 물론 기원전 957년 자모전子母錢이라는 철로 만든 돈이 주조되고 사용되었다는 기록이 해동역사에 남아 있긴 하지만 이는 추정에 불과하며, 확실하게 주화가 등장한 때는 고려 이후이다.

현재까지 한국 최초의 주조라고 알려진 금속화폐는 996년 고려 성종 15년에 만든 철전인 건원중보乾元重寶이다. 당시 화폐 주조에

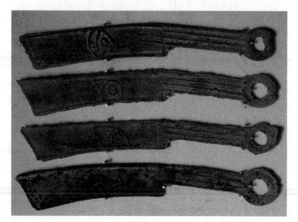

연나라에서 유통되던 명도전인 연명도의 모습(중국화폐박물관 소장)

관심을 보였던 이유는 송나라에 유학을 갔다 돌아온 대각국사 의
천이 고려 경제의 폐단을 지적하면서 이를 시정하기 위해서는 화
폐를 주조해야 한다고 주장했기 때문이다. 하지만 처음부터 화폐
가 널리 유통되지는 않았다. 그래서 금속화폐의 유통을 장려하고
자 1102년에 해동통보海東通寶가 주조되었다. 당시 해동통보를 만들
어서 양반과 군인들에게 나누어주고, 사용을 장려하기 위해 개경
에 좌우주무左右酒務라는 술집을 세우고 계급에 상관없이 시내에 자
유로이 상점을 열 수 있도록 했다고 전해진다. 하지만 일반 백성들
사이에서는 화폐 효용에 대한 인식이 부족하여 잘 통용되지 않았
다고 한다.

　　비록 유럽이나 동양에서 유통되는 금속화폐의 모양이나 크기는
천차만별이었지만, 금속을 사용해서 화폐를 주조하게 된 과정은 모

두 비슷한 고민과 목적 때문이 아니었을까 생각된다. 인류의 발달사를 조망하는 데 경제학적인 측면에서 설명 가능한 부분이 많다는 사실이 새삼 놀라울 따름이다.

해방 후 눈부신 성장을 이끈
인플레이션의 비밀

— 인플레이션 현상 —

　우리나라는 세계에서 가장 모범적인 경제 시스템을 구축한 나라로 평가받고 있다. 불과 반세기만에 원조를 받던 극빈국에서 세계 10위권의 무역 규모로 발전하며 원조 공여共與국으로 탈바꿈한 사례는 세계에서 유일하게 우리나라밖에 없다.

　우리 경제가 높은 평가를 받는 부분은 양적 성장뿐만이 아니다. 양극화가 우리 경제의 가장 중요한 당면과제로 부각되고 있긴 하지만 최근까지 비교적 균등한 소득분포 속에서 경제성장을 달성했다는, 질적인 면에서도 높은 평가를 받는다. 그렇다면 한국 경제의 눈부신 양적 성장은 뒤로하더라도 이러한 분배 정의는 어떻게 달성될 수 있었을까? 그 해답은 해방 이후부터 6·25전쟁 당시의 경제 상황에서 찾을 수 있다.

　일제강점기 시절, 우리나라에서는 산업자본이 형성될 수 없었다. 그 이유로는 여러 가지가 있지만 그중에서도 가장 직접적인 원인은 회사령이었다. 회사령이란, 이미 설립된 회사에 해산을 명령할 수 있고 회사 신규 설립에는 총독부 허가를 얻도록 규정한 법령이다. 이러한 제도에는 한국의 산업자본 내지는 민족자본이 형성되는 것을 저지하고 한국을 일본 산업의 원료 공급원으로 확보하려는 의도가 깔려 있있다.

회사령은 1920년 4월에 철폐되었고 그 이후부터는 법률상 우리 민족도 기업 설립의 자유를 얻게 되었다. 하지만 의미 없는 자유였다. 당시 우리나라는 이미 회사 설립에 필요한 자본 축적의 기회마저 빼앗겼기에 일본은 굳이 회사령을 유지할 필요가 없어 철폐한 것뿐이었다. 실제로 민족회사는 1921년 123개에서 1929년에는 362개로 늘어나기는 했지만 오히려 자본금은 1921년 5,732만 원(전체의 4.3퍼센트)에서 1929년 4,251만 원(1.3퍼센트) 수준으로 줄어들었다.

농지개혁법이 분배 정의 실현에 기여하다

해방 이후 남한 정부는 이러한 경제 상황에서 벗어나고자 산업발전을 위한 자본을 형성하기 시작했다. 1949년에는 소작농들에게 농지를 분양해 농가 자립에 기여하기 위한 목적으로 농지개혁법을 공포했다. 이때 남한은 북한과 달리 자본주의 체제하에서 유상몰수, 유상분배라는 방식을 택했다. 지주들이 갖고 있는 토지를 정부가 유상으로 인수한 후 이를 다시 유상으로 많은 소작농에게 배분한 것이다.

일견 이런 방식은 소득불평등을 개선하는 데 그다지 효과가 없어 보인다. 지주들에게 토지를 무상으로 가져와서 소작농들에게 무상으로 분배하는 무상몰수, 무상분배와는 달리 소작농에게 돈을 받고 토지를 분배한 뒤 그 돈을 지주에게 돌려주는 방식이기 때문이다. 그래서 분배 상황을 개선하는 데 크게 기여하지 못할 것이라 생각하기 쉽다.

하지만 **인플레이션**을 고려하면 상황은 달라진다. 인플레이션이란 물가 수준이 지속적으로 오르는 현상이다. 인플레이션은 경제에 다양한 영향을 미치게 되는데 사전에 예측했는지 여부에 따라 그 영향력이 달라진다.

먼저 사전에 많은 경제주체들이 인플레이션을 예측했을 경우, 이에 대비할 수 있기 때문에 명목변수에만 영향을 미치게 된다. 그리고 실질임금이나 실질이자율 등의 실질변수에는 거의 영향을 주지 못한다. 단지 각 경제주체들이 인플레이션에 대비하는 과정에서 메뉴비용과 구두창비용이 발생할 뿐이다. 메뉴비용이란 인플레이션 발생 시, 기업이 상품의 가격이 바뀌었다는 사실을 알리기 위해 메뉴판이나 포장지를 교체하면서 드는 추가적인 비용을 말한다. 구두창비용은 금융자산을 가진 사람들이 손실을 피하기 위해 분주하게 움직이는 과

> **인플레이션**
> 물가 수준이 지속적으로 오르는 현상을 인플레이션이라고 하지만, '물가가 몇 퍼센트 이상 상승할 때 인플레이션이다'라는 등의 명확한 기준은 없다. 반대로 물가가 지속적으로 하락하는 현상은 디플레이션이라고 한다.

정에서 발생하는 비용(인플레이션이 예상 혹은 발생할 때 현금을 적게 보유하고 있어 생기는 사회적 비용)을 뜻한다.

반면 예상치 못한 인플레이션이 나타날 경우, 전혀 다른 경제효과가 발생한다. 특히 가장 먼저 투기 분위기가 형성된다. 인플레이션이 발생하면 사람들은 열심히 일하고 아껴서 저축하기보다는 토지나 건물 구입 등의 비생산적인 투기에 관심을 갖게 된다. 이는 사회 전반적인 근로의욕 저하나 투자 활동의 위축을 초래하여 결국 국민 경제의 건전한 성장을 저해하게 된다.

다음으로 인플레이션은 일종의 조세 역할을 할 수 있다. 정부가 통화량을 늘려 인플레이션이 일어날 경우, 물가 상승으로 정부부채의 부담이 줄어든다. 또한 화폐가치의 하락으로 국민 재산은 줄어들기 때문에 마치 모든 사람에게 조세를 부과한 것과 같은 결과를 얻게 된다.

마지막으로 예상하지 못한 인플레이션은 빈부 격차를 심화시킬 수 있다. 인플레이션이 발생하면 땅이나 건물, 재고상품과 같은 실물의 가치는 물가와 함께 상승하는 경향이 있지만 화폐가치는 하락한다. 화폐가치가 하락하면 주택이나 건물을 갖지 못한 서민들이나 월급생활자들의 실질소득은 감소하게 된다. 따라서 인플레이션이 발생하면 빈부 격차가 심화될 가능성이 있다.

해방 이후 인플레이션은 행운이었다

다시 해방 이후 우리나라의 경제 상황으로 돌아가보자. 해방 이후 6·25전쟁이 발발하기 전까지 우리 경제는 극심한 인플레이션을 경험했다. 1945년 9월부터 12월 사이에는 물가가 112.9퍼센트나 올랐고, 1947년에는 전년 말 대비 128.1퍼센트나 상승했다. 1949년에는 전년 말 대비 무려 486.4퍼센트가 뛰었다.

남한의 농지개혁법은 이러한 인플레이션 상황에서 진행됐다. 남한 정부는 5년 연부보상年賦補償을 조건으로 소유자로부터 유상으로 토지를 취득하여 이를 소작농에게 나누어주었다. 이 과정에서 지주의 재산 형태는 토지라는 실물자산에서 채권 내지 현금이라는 현물자산으로 바뀌게 된다. 반면 소작농은 토지라는 실물자산을 취득한다. 지주는 현물, 소작농은 실물 형태로 재산을 보유하게 된 상황에서 인플레이션이 발생했기 때문에 그로 인한 손해는 고스란히 지주의 몫이 되었다. 소작농이 갖고 있는 토지의 가치는 상승하지만 토지를 반납하고 취득한 지주들의 채권이나 현금의 가치는 날이 갈수록 떨어졌기 때문이다. 결국 전체 농지의 92퍼센트가 자작농에게 돌아갔고 수천 년간 이어온 지주계급은 우리 사회에서 완전히 해체되는 결과를 맞았다.

흔히 인플레이션은 개별 경제주체에게 커다란 고통을 가져다주는 요인으로 인식된다. 미국의 경제학자 아서 오쿤Arthur Okun이 최초로 고안한 **경제고통지수** 역시 특정 시점의 물가상승률과 실업률의 합으로 계산된다. 그의 이론을 통해서도 인플레이션이 경제적으로 얼마나 큰 고통을 유발하는지 쉽게 이해할 수 있다.

그런데 해방 이후 우리 경제에서는 이와 같은 인플레이션이 분배 정의를 실현하는 데 일부 기여하게 되었으니 역사의 아이러니가 아닐 수 없다. 제2차 세계대전 이후 해방된 많은 나라가 아직도 비대칭적인 농업구조로 고심하고 있기 때문이다. 대표적으로 필리핀은 농지개혁과 근대화, 산업화에 실패해 아직도 15대 지주 가문이 국부의 절반을 차지하고 있는 실정이다.

이러한 사실을 떠올려볼 때 해방 이후 우리가 감내해야 했던 기록적인 인플레이션은 어쩌면 뜻하지 않게 주어진 행운이었는지도 모르겠다.

시장경제 시스템을
최초로 구축한 이는 누구인가

오늘날과 같이 자본주의 시장경제를 발달시키는 데 중요한 역할을 해온 제도들이 있다. 인간이 적극적으로 경제활동을 전개해 나가도록 만드는 가장 기초적인 원동력이 되어준 사유재산 제도나 값싼 제품을 대량으로 생산하여 공급해주는 회사를 손쉽게 설립할 수 있게 해준 주식회사 제도 등이 그런 예이다.

많은 사람들이 이런 일련의 제도들이 근현대에 와서야 도입되었다고 알고 있다. 그러나 사실은 그렇지 않다. 현재 자본주의 시장경제에서 활용되고 있는 수많은 제도는 이미 로마 시대 때부터 도입된 것이다. 로마제국은 오늘날의 어느 국가와 비교해도 손색이 없을 정도의 완벽한 시장경제제도를 갖춘 나라였으며, 로마인들 역시 오늘날의 그 어떤 CEO 못지않게 유럽 대륙을 돌아다니며 자유롭게 경제활동을 수행한 민족이었다. 로마제국은 지금의 런던이나 뉴욕과 같은 금융의 중심지였다고 해도 과언이 아니다.

그렇다면 로마인들은 어떻게 시장경제의 원리에 관심을 보이고 다양한 시장경제 시스템을 도입하게 됐을까?

로미인에게는 시징경제가 필요했다

로마인들은 처음이자 마지막으로 지중해 지역 전체를 통일했다. 뿐만 아니라 북아프리카 지역, 유대, 서부의 옛 카르타고, 히스파니아, 갈리아 등의 기존 영토에 이어 브리타니아와 라인강 서쪽의 게르마니아, 영국 본토까지 판도를 넓혔던 거대 제국이었다.

박지성이 속한 축구팀으로 우리에게 더욱 유명해진 맨체스터 유나이티드의 맨체스터는 얼핏 보면 영국의 도시 이름이지만, 이는 로마가 영국을 지배했다는 사실을 단적으로 알려주는 지명이다.

영국은 랭커스터, 맨체스터, 윈체스터 등과 같이 지명의 어미에 '체스터'가 붙은 경우가 상당수다. 체스터는 병영지를 나타내는 라틴어인 'Castra'에서 유래된 것이다. 즉, 영국에서 체스터로 끝나는 지역들은 로마제국 시절 로마의 가장 변방지역을 지키는 병영지였던 곳이다.

독일의 쾰른이나 레켄스부르크 역시 로마제국 시절에 세워진 도시들로서 오늘날까지 상업이 발달한 도시들로 자리매김하고 있다. 이러한 사실들은 당시 로마제국의 강성함을 단적으로 보여주는

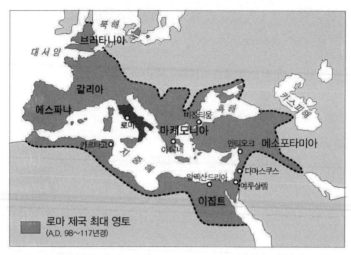

최대 영토를 가졌을 당시의 로마제국

사례이다. 또한 당시의 교통 편의시설과 세계관을 고려할 때 로마인들이 장악한 지역들은 오늘날로 치면 세계 전 지역을 지배한 것이나 다름없게 여겨졌을 것이다.

로마인들은 자신들이 장악한 광대한 지역으로부터 많은 노예와 전리품을 얻었다. 그러다 보니 이 전리품과 노예를 어떻게 나누어가져야 하는지가 중요한 문제로 대두되었다. 또한 새로이 점령한 지역은 누가 지배해야 하는지 그리고 그 지방에서 생산되는 과실이나 곡식 등은 누구의 소유로 할지를 결정해야 했다.

사유재산은 라틴어로 '프리바투스privátus'라고 부르는데, 이는 '나누었다'와 '약탈하다'라는 두 가지 의미를 담고 있다. 이 말은 사유재산 제도가 전쟁으로 인해 얻은 전리품을 나누어가지는 문제를 논의하는 과정에서 전개되었다는 사실을 보여준다.

로마인들이 시장경제 제도를 정비해야 했던 이유는 급속히 증가하는 교역량에서도 기인한다. 당시 로마인들은 자신들이 점령한 여러 지역에 도시들을 건설하고, 그 도시들을 거점으로 하여 로마 시민에게 많은 특산물들을 공급할 수 있도록 도로망을 구축했다. 라인강부터 도나우강까지, 게르만 민족부터 켈트 민족까지 모든 지역에 로마인들의 풍족한 생활을 유지하는 데 필요한 물건들을 공급하고 있었다. 이 과정에서 발생하는 물류량과 교역량은 시장경제 제도의 급속한 발전을 가져왔고, 이로 인해 관련한 제반 인프라를 구축하는 일이 더욱 필요해졌다.

로마인들은 먼저 자신들의 사유재산을 보호받을 수 있도록 법률을 제정했다. 오늘날에도 원활한 교역과 거래가 이루어지는 바탕에는 법률적으로 경제활동을 보호받을 방법이 있기 때문인데, 로마인들은 이 같은 사실을 일찍이 깨달았던 것이다. 로마법은 자유로운 자산의 이동을 보장하고, 경제를 발전시킬 수 있는 기초적인 환경을 제공해주었다. 로마가 멸망한 이후에도 로마법은 여러 다른 제국들의 법률 제정에 중요한 근거 자료로 활용되었다.

오늘날의 주식은 로마 시대부터 시작되었다

로마인들은 주식회사도 설립했다. 로마에는 퍼블리카니^{Publicani}라는 조직이 있었다. 이 조직은 오늘날로 치면 주식에 해당하는 '파르테스'를 통해서 다수의 사람이 기업의 소유권을 분산하여 보유하는 현재의 주식회사 개념이라 할 수 있다. 이들은 임원을 선임하여 조직을 경영하는 역할을 위임했으며, 재무제표를 작성하여 파르테스를 보유한 사람들에게 공시하는, 오늘날의 주주총회를 개최하기도 했다.

현재의 주식은 **보통주, 우선주, 후배주** 등 권리와 의무에 따라서 여러 종류로 분류되어 거래되고 있는데 이는 로마 시대도 마찬가지였다. 당시에 부자들이 분배받는 금액과 일반인들이 분배받는 금액을 나누어 지급한 기록이 있으며, 자신들이 가지고 있는 이 같은 권리를 서로 주고받으며 거래한 흔적도 남아 있다. 이는 오늘날 주식시장에서 개별 주주들이 소유한 주식을 사고파는 것과 동일한 모습이다.

> **보통주**
> 주총의 의결권 및 잔여재산분배청구권 등에 기준이 되는 일반적인 주식이다.
>
> **우선주**
> 이익배당이나 잔여재산분배청구권 등에서 보통주보다 우선하나 의결권이 제한되어 있는 주식으로, 기존 주주의 경영권을 침해하지 않고 자금조달을 하기 위해 발행된다.
>
> **후배주**
> 배당금의 지급에 있어 후순위인 주식으로 보통주가 일정률의 배당을 받은 후에 잔여분이 있는 경우 배당을 받는다.

로마인들은 현대의 화폐제도와도 비견할 수 있을 만큼 정밀한 화폐제도를 사용하기도 했다. 당시 로마인들이 썼던 화폐를 '디나르'라고 하는데 지금도 유고슬라비아에서는 화폐 단위를 디나르라고 부른다. 이것은 로마인들이 갖춘 화폐의 개념이 오늘날에도 그대로 이어져오고 있다는 사실을 방증한다.

로마인들은 신용거래의 개념을 이미 알고 있었으며 이를 바탕으로 환어음을 거래하기도 했다. 선박 등 재산의 안전을 위해 원시적인 형태의 보험의 개념을 사용한 흔적도 남아 있으며 외환 거래가 최초로 등장한 시기 역시 로마 시대이다.

당시의 문학작품에서도 부자와 대부업자, 상인들이 다양하게 등장하고 경매라든가 투기를 통해서 돈을 번 사람들을 악덕업자로 묘사한 흔적이 있다. 이러한 일련의 흔적들은 당시 로마 시대에 시장경제 시스템이 얼마나 잘 갖추어져 있었는지, 또 일상생활 속에서 차지하는 비중이 얼마나 컸는지를 엿볼 수 있게 해준다.

중세의 시작과 함께 시장경제가 위축되다

로마제국이 멸망하고 난 뒤에 자본주의 경제 시스템도 로마와 함께 잠시 성장을 멈추었다. 중세가 시작된 것이다. 중세의 경제 시스템은 봉건제를 기반으로 했다. 봉건제 아래서는 로마 시대와 같은 활발한 상거래와 경제행위들이 전개되기 힘들었기에 영주가 지배하고 있는 지역 단위로 경제활동의 규모가 축소되었다. 실질적으로 영지 내부의 거래만을 통해서 필요한 물품을 조달하여 사용하는 방식으로 경제활동이 위축된 것이다.

또한 중세를 지배하는 이데올로기였던 기독교는 물건을 본연의 가치보다 비싸게 판매하거나 돈을 빌려주고 이자를 받는 것을 죄악으로 여겼다. 자신의 이윤을 추구하는 것은 공동체와 내 형제자매에 손해를 입히는 행위라고 치부했기 때문이다.

이렇게 로마인들이 자본주의의 초석을 다졌다는 사실은 중세 시대를 거치면서 많은 사람들에게 잊히게 되었다. 사람들은 근현대에 들어서 전개된 시장경제 시스템만을 기억하고 있다. 그래서 많은 사람들이 최초의 주식회사는 동인도회사로 기억하고, 경제학의 아버지는 애덤 스미스로 기억하고 있는 것이다. 하지만 오늘날 우리가 사용하고 있는 경제 금융시스템을 도입한 공훈은 아마 고대 로마인들에게 돌아가야 합당하지 않을까 싶다.

글로벌 금융위기의
근본 원인은 따로 있다

— 글로벌 불균형 현상 —

"이다지도 정의롭지 못하며 수치스러운 전쟁을 나는 여태
껏 알지 못하고, 또 읽은 적도 없습니다. 지금 나와 다른 의견
을 가진 분*이 광저우에서 영광스럽게 펄럭이는 대영제국 깃
발에 대해 말씀하셨습니다. 그러나 그 깃발이 추악하기 그지
없는 금지 물품인 아편의 밀무역을 보호하기 위해 휘날린다
면, 우리는 그것을 보기만 해도 공포감을 느끼고 전율하지 않
을 수 없을 것입니다."

1840년, 영국 의회는 중국 출병 문제로 시끄러웠다. 당시 서른

---

* 외무장관이었던 비스카운트 팔머스톤Viscount Palmerston을 가리킨다.

한 살이었던 토리당원 윌리엄 글래드스턴 William Ewart Gladstone은 의회 연설에서 중국과의 전쟁이 영국의 '영원한 치욕'이 될 것이라고 말했다. 젊은 글래드스턴은 의원들 앞에서 열변을 토했지만 결국 전쟁을 막지는 못했다. 의회 표결에서 찬성 271표, 반대 262표의 근소한 차이로 군사비 지출안이 승인되고 만 것이다. 의회에서 군사비 지출이 승인됨에 따라 해군 소장 조지 엘리엇 George Elliot을 총사령관으로 한 원정군이 중국으로 향했다. 그리하여 1840년 4월 25일, 《타임》이 '아편전쟁 Opium War'이라고 명명한 중영전쟁의 막이 올랐다.

중국과의 무역 불균형을 깨뜨린 아편

영국이 역사상 가장 추악한 전쟁 중 하나라고 평가되는 아편전쟁을 시작한 이유는 무엇일까? 흠차대신欽差大臣 임칙서가 영국 상인의 아편을 폐기한 것이 도화선에 불을 붙이는 계기가 되었지만 더 근본적인 원인은 영국과 중국 간의 무역 불균형이라고 할 수 있다.

영국과 중국의 공식적인 교역은 1689년 동인도회사가 중국으로부터 차茶를 수입하면서 시작됐다. 1600년 동인도회사가 설립된 영국에서는 일찍부터 차 문화가 발달했고, 산업혁명기를 거치면서 차에 대한 소비가 급증했다. 영국 정부는 관세를 높여 차 수입을 줄이려 했지만 수입량은 계속 늘어나기만 했다. 영국은 차 외에도 비단, 도자기, 약재 등을 중국에서 수입했는데 모두 영국 내에서 인기가 매우 높았다.

해를 거듭할수록 교역의 규모는 점점 늘어났고 당시 결제 수단으로 사용되던 멕시코 은화는 자꾸 중국으로만 흘러들어갔다. 중국으로 은이 대량 유출되면서 동인도회사와 영국 정부는 깊은 고민에 빠졌다. 18세기 영국의 주력상품은 인도에서 생산한 모직물이었다. 영국은 중국에 모직물을 수출하려 애썼지만 중국에서 모직물은 야만인들이나 입는 것으로 인식되고 있었기 때문에 활로를 찾기가 어려웠다.

무역적자를 해결하기 위해 영국이 꺼내든 카드는 바로 아편이었다. 아편은 양귀비 열매로 만든 마약의 일종으로, 중독성이 매우 높다. 명나라 말기의 약학자 이시진이 《본초강목本草綱目》에서 아편에는 진정 기능과 치통 해소 기능이 있다고 기록한 점으로 보아 아편은 명나라 때 중국에 처음 수입된 것으로 추정된다.

아편은 처음에는 약재로만 사용됐다. 그런데 17세기에 아편과 담배를 함께 섞어 피우는 풍습이 중국 본토에 널리 퍼지면서 점차 마약의 성격을 띠게 되었다. 청나라의 옹정제는 1729년 아편 흡연 금지령을 선포했지만 인도산 아편의 밀무역이 성행하여 아편에 대한 소비는 전혀 줄어들지 않았다. 시간이 흐르면서 아편은 모든 계층으로 확대됐고, 런던 빈민가의 아편굴 모습이 중국 전역에 그대로 옮겨지는 결과가 나타났다. 중국 내에서도 아편은 생산됐지만 중국인들은 품질이 우수한 인도산 아편을 더 선호했다.

1729년에 중국으로 반입된 아편은 200상자에 불과했으나

중국 황제에게 아편을 사라고 명령하는 영국인의 모습(장 자크 그랑빌, 1840년작)

1838년에는 무려 4만 상자를 넘어가게 된다. 영국은 이 아편무역을 통해 18세기의 막대한 무역적자를 해소하고, 19세기에는 무역흑자를 기록하기에 이른다. 그러나 영국의 아편 밀거래로 인해 아편 중독자가 수백만 명으로 늘어난 청나라 입장에서는 특단의 조치를 내릴 수밖에 없었다. 청나라 도광제는 아편 밀수입 문제를 해결하기 위해 1839년 임칙서를 흠차대신으로 임명하여 광저우에 파견했다. 광저우에 내려간 임칙서는 영국 상인들로부터 아편 2만 상자를 몰수하여 폐기했다. 이 사건으로 영국 정부가 격노하면서 아편전쟁이 발발하고, 중국은 전쟁에서 패배해 치욕적인 난징조약(1842년)을 맺게 된다.

글로벌 불균형이 금융위기의 원인이 되다

이제 시계를 현대로 돌려 한 가지 질문을 더 던져보자. 2008년 하반기부터 본격화된 미국발 금융위기의 원인은 무엇일까? 많은 사람들이 월가의 탐욕과 미국 정부의 잘못된 금융규제 때문에 금융위기가 초래되었다고 이야기한다. 그러한 분석이 틀렸다고 말할 순 없지만 아편전쟁과 마찬가지로 근본적인 원인은 따로 있다.

2008년 금융위기의 원인은 중국의 막대한 경상수지 흑자와 미국의 막대한 경상수지 적자로 인한 **글로벌 불균형**global imbalance이라고 할 수 있다. 영국에서 미국으로 바뀌었을 뿐, 무역의 이익이 중국으로 계속 흘러들어가면서 문제가 촉발되었다는 점에서 2008년에 발생한 금융위기는 18세기에 벌어진 아편전쟁의 양상과 동일하다.

> 글로벌 불균형
> 아시아 국가들의 막대한 경상수지 흑자와 미국의 경상수지 적자로 대표되는 불균형 현상

당시 중국의 경상수지 흑자액은 매년 꾸준히 증가해 약 11퍼센트 규모까지 치솟은 상태였다. 반면 미국은 1990년대 초반부터 매년 경상수지 적자를 기록하고 있었다. 미국은 경상수지 적자*를 메우기 위해 해외로부터 돈을 빌려야 했는데 이때 중국이 자금 공급자

역할을 담당했다. 중국은 경상수지 흑자로 벌어들인 달러의 상당 부분을 미국 재무부 채권을 구입하는 데 사용했다. 그런데 이것이 미국의 금리 하락과 부동산 등 자산가격의 버블로 이어진 것이다.

2008년 노벨경제학상 수상자인 폴 크루그먼^{Paul Krugman}은 경제위기가 닥치기 전인 2005년 〈뉴욕타임스〉에 기고한 칼럼에서 "현재 미국은 중국에서 빌린 돈으로 집을 사고팔면서 먹고 사는 것과 같으며 이러한 성장 방식은 지속가능하지 않다."고 지적했다. 결국 크루그먼의 예언은 적중했고, 미국은 1930년대 대공황 이후 최악의 경제위기를 맞이하게 되었다.

위안화 절상을 요구하고 있는 미국

글로벌 불균형 문제는 1980년대 미국과 일본과의 무역에서도 발생했다. 당시 미국 경상수지 적자의 1등 공신은 일본이었기 때문에, 경상수지를 개선하기 위해서는 엔화의 절상이 필요했다.** 미국은 엔화 절상을 위해 다른 선진국들과 공동전선을 형성했다. 1985년 9월 미국, 영국, 서독, 프랑스, 일본 등 5개국 재무장관은 뉴욕 플라

---

* 　미국은 1991년 한 해 잠깐 흑자를 기록하기도 했지만, 이때의 경상수지 흑자 규모는 채 30억 달러가 되지 않았다.

** 　통화가 절상, 즉 통화의 가치가 올라가면 수출품의 가격이 높아져 수출이 감소하는 효과가 있다. 미국은 플라자 합의를 통해 엔/달러 환율을 하락시켜 엔화의 가치 상승을 꾀했다.

자호텔에 모여 일본 엔화의 가치를 높이기로 합의했는데, 이를 플라자 합의라고 한다. 플라자 합의의 목적은 일본의 막대한 무역흑자를 줄이는 것이었다.

미국은 플라자 합의를 통해 엔화를 달러당 240엔에서 130엔대까지 끌어내렸고, 미국의 경상수지는 개선되는 추세를 보였다. 그러나 1990년대에 중국이 무서운 속도로 성장하여 세계의 공장으로 도약하면서 이번에는 중국에 대한 경상수지 적자가 늘어나기 시작했다. 미 상무부가 발표한 보고서에 따르면 2018년 미국의 대중 무역적자는 4,192억 달러(약 473조 원)로 종전 최고치였던 2017년 3,755억 달러(약 424조 원)에 비해 11.6퍼센트나 증가했다. 이러한 상황에서 최근 미국 정부는 중국을 포함한 한국, 일본, EU 등 동맹국에 대해서도 무역 적자를 개선하겠다고 공언했다. 이에 따라 미국은 여러 품목에 관세를 부과하는 등 강경한 보호무역주의 행보를 취해가고 있는 상황이다.

그러나 너무 오랫동안 지속되는 글로벌 불균형은 어떤 형태로든 큰 문제를 불러올 수밖에 없다. 19세기 아편전쟁과 같이 물리적 충돌은 일어나지 않겠지만 미국 경제의 붕괴는 세계에 더 무서운 결과를 가져올 수도 있다. 과거의 아편전쟁에 이은 환율전쟁이 앞으로 어떻게 전개될지 지켜볼 일이다.

엔론 사태와
프랑스혁명의 평행이론

— 분식회계 —

회계정보에 대한 중요성은 새삼 강조할 필요조차 없을 정도다. 하지만 이렇게 중요한 회계정보에 대해 우리가 부여하는 신뢰도는 크게 낮은 것 또한 사실이다. 우리나라는 예전부터 회계정보란 쉽게 분식할 수 있다는 인식과 사회 전반적으로 팽배해 있는 불신감으로 회계정보에 대한 신뢰도가 크게 낮은 상황이다. 이는 관련 설문조사에서도 확연히 드러난다. 〈조선비즈〉에서는 2014년 경력 10년 이하 회계사 290명을 대상으로 외부감사 시스템에 대한 설문조사를 실시했다. 그 결과 '회계감사보고서를 얼마나 신뢰하십니까'라는 질문에 대한 응답은 7점 만점에 평균 3.0점을 주는데 그쳤다. '스스로 작성한 감사보고서에 대해 얼마나 확신을 가지고 있느냐'는 질문에 대한 응답도 3.3점에 불과했다.

이처럼 회계정보에 대한 불신감이 큼에도 불구하고, 많은 사람들이 여전히 가장 절실히 필요로 하는 경제적 정보 중 하나가 바로 회계정보이다.

이용자에 따라 회계정보가 달라진다

회계정보에 관심을 갖고 이용하는 주체들은 크게 두 가지로 구분할 수 있다. 하나는 경영자 같은 내부 이용자이고, 다른 하나는 주주, 소비자, 정부 등과 같은 외부 이용자이다. 회계정보 이용자들은 각자 자신의 입장에 따라 서로 다른 내용과 형태의 정보를 필요로 한다. 내부 이용자들은 회사를 경영하고 이와 관련된 의사결정을 내리기 위해 회계정보가 필요하다. 이들을 위한 회계를 관리회계라 부른다.

관리회계는 그 특성상 회사의 성격을 가장 잘 반영하는 형태로 회계정보가 가공되어 있을 때 좀 더 유용하다. 따라서 관리회계는 기업의 규모, 종사하는 분야의 특성, 기업 고유의 성격 등에 따라 전혀 다른 형태로 가공된다.

특정 기업에서는 내부적으로 매년 거의 동일한 방식으로 회계처리가 이루어진다. 이러한 회계정보를 통해 기업의 경영자들은 과거와 비교해 올해의 경영성과를 평가할 수 있으며, 이를 바탕으로 적절한 의사결정을 내리게 된다. 따라서 관리회계는 기업 내부적으로 경영 현황을 파악하고 성과를 비교할 때 사용되는 기준이라 할 수 있다.

이에 반해 주주, 채권자, 정부 등 외부 이용자들을 위한 회계정보를 재무회계라 부른다. 이 외부 이용자들은 기업의 의사결정 과정보다는 재무상태 및 경영성과에 특히 관심을 가지기 마련이다. 주주 입장에서는 재무상태와 경영성과를 알아야 더 많은 이익을 창출할 기업이 어디인지 판단해 투자할 수 있고, 정부는 많은 이익을 창출한 기업에 세금을 더 부과할 수 있기 때문이다.

재무회계 정보를 이용하는 사람들의 특성 때문에 재무회계 정보의 가장 중요한 덕목은 객관성이다. 재무회계 정보들의 처리 방법과 표시 방법이 일관되어 모든 외부 이용자들에게 동일하게 해석될 수 있어야 상호비교가 쉽다. 그래야 보다 합리적인 판단이 이루어질 수 있기 때문이다. 이러한 이유로 관리회계와 달리 재무회계는 경영활동으로 인해 발생한 거래들을 모든 기업에서 동일한 방식으로 처리하도록 규정하고 있다. 뿐만 아니라 처리된 회계정보들을 외부 이용자에게 보고하는 방법도 모든 기업에서 동일한 방식으로 이루어지도록 규격화했다.

최근 기업들의 경영활동이 점점 국제화되고 투자자들 역시 국내뿐만 아니라 외국에서 활동하는 기업들을 투자 대상으로 삼으면서 이제 비교 대상은 국내 기업들에 국한되지 않는다. 국내 기업과 외국 기업 간의 경영성과를 비교해야 하거나 외국 기업들 간의 경영성과를 비교해야 할 때가 잦아진 것이다. 이러한 상황에서 외국 기업과 원활하게 비교하기 위해서는 각 국가마다 서로 다르게 처리되는 회계처리 방식을 통일할 필요성이 부각되었다. 이에 부응하기 위해 도입된 것이 바로 국제회계기준IFRS이다. 처음 EU를 중심으로 사용되었던 국제회계기준이 지금은 100여 개국 이상에서 활용되고 있는 실정이다. 이제 세계 어디에서 활동하는 기업이든 그들이 수행한 경영활동은 동일한 기준으로 회계정보화되어 외부에 공개되며, 우리는 이를 통해 각 기업들을 상호비교할 수 있다.

프랑스혁명은 분식회계로 인해 촉발되었다

2000년대 이후 국제경제에 가장 커다란 파장을 가져온 사건을 꼽으라면 2001년 미국 엔론Enron Corporation의 분식회계window-dressing settlement 사건과 2008년의 글로벌 금융위기를 꼽을 수 있다. 하버드대학의 빌 조지Bill George 교수는 두 사건 모두 경영진에 대한 부당한 보상금 지급이 근본적인 원인이라고 지목했다.

당시 엔론은 신사업을 개발한 경영진에게 보너스를 지급하는 방식의 성과급 제도를 도입했다. 하지만 이는 실제 하지도 않은 계약을 했다고 속여 이윤을 부풀려 보너스를 챙기는 결과만을 가져왔다. 글로벌 금융위기를 촉발시킨 미국의 투자은행들 역시 단기 성과에 과도한 인센티브를 지급했다. 대출 건수를 늘리면 보너스를 줬고 설사 대출에 문제가 생겨도 처벌은 없었다.

이처럼 2001년 엔론 사태로 인해 잘못된 성과급 지급 방식이 가져올 수 있는 경제적 재앙을 익히 경험했음에도 불구하고 얼마 지나지 않은 시점에 우리는 또 글로벌 금융위기라는 같은 실수를 반복한 것이다. 그리고 이러한 시행착오는 과거로 더 거슬러 올라가 프랑스혁명이라는, 역사적으로 가장 커다란 전환점 중 하나로 평가되는 사건에서도 반복되었다.

프랑스혁명이 촉발되기 얼마 전 프랑스의 국고는 막중한 군사비와 왕실의 사치생활 및 사교활동으로 인한 과도한 지출로 만성적인 적자에 허덕이고 있었다. 당시 프랑스 국왕은 이러한 국가 재정의 어려움을 극복하기 위해서 스위스 출신의 성공한 은행가 네케르Jacques Necker를 재무상으로 고용했다. 오늘날로 치면 어려워지는 회사를 살리기 위해 외국인 CEO를 고용한 것이다.

네케르가 단기간에 자신의 능력을 보여주기 위해 선택한 방법은 엔론 사태와 동일한 **분식회계**였다. 네케르는 〈국가재정 회계록〉을 발표했는데, 그는 여기에 프랑스 정부와 국왕이 미국 혁명전쟁 과정에서 거의 5억 리브르를 지출했음에도 불구하고 흑자를 보였다고 기술했다. 그리고 당시 왕실의 경비가 연간 5,000리브르씩 지출되고 있으며 이로 인해 엄청난 부채가 쌓여가고 있다는 사실은 철저히 숨겼다.

네케르는 이러한 회계 조작을 바탕으로 국가 재정에 대한 우려를 불식시킴과 동시에 많은 귀족들과 부르주

> **분식회계**
> 회사의 자산이나 재무상태를 양호하게 보이기 위해 재무상태표나 손익계산서 등의 재무제표의 내용을 속여서 발표하는 것을 말한다. 일반적으로 이익을 크게 가공하거나 손실의 규모를 줄이는 방식이 가장 빈번하다. 이러한 분식회계는 주주들의 의사결정을 왜곡시키고 관련 업체에 손실을 가져다줄 수 있다는 측면, 탈세의 원인이 된다는 측면 등의 이유로 현행법상 엄격히 금지하고 있다.

아 계층들로부터 거액의 기금을 모을 수 있었다. 그러나 네케르가 보여준 이러한 역량도 잠시뿐이었다. 곧 회계장부를 조작했다는 사실이 발각되면서 귀족과 왕실로부터 해직 통보를 받았다.

네케르의 분식회계로 인해 프랑스는 재정 상태를 수습할 수 있는 기회를 더욱 놓치고 말았다. 프랑스 정부는 만성적인 적자를 해결하기 위해 1787년 "정부가 발행한 공채에 대해 당분간 이자 지급을 중단한다."고 선포함과 동시에 신규 공채를 발행하여 대규모 자금 조달을 도모하기에 이르렀다. 하지만 기존에 발행된 공채에 대해서도 이자 지급을 미루고 있는 시점에서 신규 공채를 발행하는 것이 성공적일 리 만무했다. 이러한 극단적인 상황은 분식회계가 오히려 재정 건전성을 악화시킨다는 전형적인 모습을 확인해줄 뿐이었다.

공채 발행을 통한 자금 조달에 실패한 프랑스 왕실은 화폐 발행에 눈을 돌렸다. 그러나 당시 왕실에서 새로운 화폐 발행을 위한 인쇄가 진행 중이라는 내용의 포고문을 발표하자 국민들의 격렬한 반대가 일어났다. 국민적인 항의가 거세지자 왕실은 결국 이미 인쇄된 새로운 화폐 유통을 포기하고 말았다.

왕실에서 그다음 눈을 돌린 곳은 교회였다. 교회 토지를 몰수하여 이를 국유화함으로써 재정적인 어려움을 극복하고자 한 것이다. 그러자 이번에는 성직자들이 왕실의 교회 재산 몰수에 항의하기 위해 베르사유 궁전으로 몰려들었고, 각 지방 교회를 중심으로 왕실에 반대하는 움직임이 크게 일어났다.

이러한 극단적인 상황에서 왕실의 선택은 또다시 분식회계로 돌아갔다. 그들은 1788년 네케르를 불러들여 다시 국가 재정을 관리해줄 것을 부탁했다. 이때 네케르는 분식회계를 저지른 죄인의 모습이 아니라 오히려 위풍당당한 모습으로 프랑스로 돌아왔다. 프랑스혁명 유발자로서 역사에 재등장한 것이다.

처음 네케르가 프랑스에 왔을 때만 해도 그에게 주어진 직책은 재정감사관이었다. 외국인이라는 점과 프로테스탄트라는 종교적인 차이 때문이었다. 하지만 다시 돌아왔을 때 그는 프랑스 국왕에게 국무대신 자리를 요구한다. 당시의 국무대신은 모든 대신들 중에서 가장 높은 직위에 해당했다. 프랑스 정부로서는 다른 선택의 여지가 없었다. 결국 프랑스 정부는 이 사건이 훗날 프랑스혁명을 불러일으켜 왕실의 폐막을 장식하게 될지도 모른 채 네케르의 모든 조건을 수용하고 말았다.

의사결정이 기업과 국가의 운명을 좌우한다

위와 같은 일련의 상황들로 인해서 프랑스의 민심은 더욱 수습하기 어려운 지경으로 치달았다. 교회 성직자, 공채 매입을 통해 커다란 손실을 본 사람들, 네케르의 분식회계에 분노한 부르주아 계층 등이 결집하기 시작했다. 당시 프랑스 언론에서는 175년 전인 1614년 왕실의 칙령으로 없앴던 의회를 다시 열어야 한다는 의견이 매주 등장하게 되었다. 결국 왕실은 삼부회를 소집했지만 이는 민심을 수습하기는커녕 더 결집시키는 효과만을 가져와 프랑스 왕실의 몰락을 불러오고 말았다.

이러한 내용을 종합해보면 엔론 사태와 글로벌 금융위기 사태는 단기간에 자신의 이익만을 추구한 경영진의 의사결정이 근본적인 원인이었음을 알 수 있다. 이 경제적 사건들은 이미 300년 전 프랑스 왕실의 재정을 책임지고 있던 네케르가 자신의 단기적 이익을 추구하는 과정에서 프랑스 재정을 더욱 악화시키고 그로 인해 프랑스혁명을 촉발시킨 점과 매우 유사하다.

흔히 역사를 공부하는 이유를 말할 때 과거의 사실로부터 현재의 어려움을 극복하는 방법을 배우고 더 나아가 동일한 시행착오를 반복하지 않도록 하는 데 있다고 이야기한다. 위의 사례에서도 확인했듯이 역사적 사건들 속에는 두고두고 귀감이 될 수 있는 내용들이 많다. 오늘날 많은 금융인, 기업가들도 이러한 사실을 숙지해야 할 것이다.

다산 정약용에게서 배우는
근대 경제학

— 경세치용학과 이용후생학 —

흔히 경제학은 서양에서만 전개되어온 학문으로 많이들 알고 있다. 하지만 정약용이 있기에 그러한 견해는 틀렸다고 주저 없이 말할 수 있다. 다산 정약용은 애덤 스미스와 비슷한 시기에 비슷한 경제학적 관점을 가지고 국가관을 세우고 인간의 경제활동을 바라본 인물이다. 사실 시장경제 메커니즘 면에서 볼 때 다산 정약용이 살아온 시대적 환경이 애덤 스미스의 시대적 환경보다 더 명확하지 못했다는 점을 고려한다면 다산이 보여준 통찰력에 더욱 높은 점수를 주어야 한다고 생각한다.

정약용은 애덤 스미스보다 39년 늦은 1762년에 태어났다. 당시 조선의 시대상은 임진왜란과 병자호란이 끝난 후 물질적, 정신적 후유증을 극복하는 과정 중에 있었다.

실질적인 대안, 경세치용학과 이용후생학

임진왜란과 병자호란은 당시 조선에 큰 정신적 충격을 안겨주었다. 남과 북에 존재하는 미개한 오랑캐에게 유학의 경전을 이해하고 있는 문명국이 패배한 치욕적인 사건으로 받아들여졌던 것이다. 또한 중국에서도 명나라에서 청나라로 교체되는 일련의 사건이 전개되면서 명분과 의리를 중시했던 당시 조선의 지배계층은 더욱 커다란 충격에 휩싸였다. 게다가 청나라를 통해서 유입되는 천주교를 비롯한 각종 서양의 학문과 과학기술에 당혹감을 감추지 못했다.

하지만 당시 조선의 지식인층은 새로운 환경적 변화를 수용하고 이를 알아가려고 노력하기보다는 기존의 세계관을 유지하고 고수하는 쪽으로 대응했다. 일명 존명배청存明俳淸이라 하여 청나라를 치고 명나라는 돕는다는 명분론을 앞세워 북벌을 기획했다는 사실은 당시의 지식인층이 어떠한 세계관을 갖길 희망했는지를 드러내주는 대목이다.

이러한 분위기 속에서도 새로운 변화를 직시한 층이 있었다. 그리고 그 중심에 정약용이 있었다. 정약용은 명분이 아닌 실질적인 대안을 찾으려 시도했고 이 대안들을 **경세치용학**과 **이용후생학**이라는 두 가지 학문으로 정리했다.

> **경세치용학**
> 당시 가장 중요한 산업이었던 농업분야에 대한 생산성을 높이기 위해 토지제도 개혁 방법을 제시했다.
>
> **이용후생학**
> 상공업 발달을 위해 어떤 방식으로 기술을 개발해야 하는지를 제시했다.

다산 정약용의 초상

　그가 이러한 생각을 갖게 된 연유는 두 번의 외침을 바탕으로 조선을 부국강병할 필요가 있다는 사실을 인식했기 때문이다. 이는 당시 식자층이 보였던 대응 방식과는 사뭇 달랐다. 그리고 실질적인 대안으로 백성들의 노동 방식과 생산 방식에 주목했다. 그는 애덤 스미스와 마찬가지로 재화의 생산을 늘리기 위해서는 노동생산성을 높여야 한다는 사실을 깨달았으며 이를 위해서 분업이 필요하다는 사실도 인식했다.

　"지금 우리나라에는 사농공상이 뒤섞여서 구별이 없는데, 다만 한 마을 안에 사민이 섞여 살 뿐 아니라 또한 한 몸뚱이로써 네 가지 업을 겸해서 다스리니 이것이 한 기예로 성취된 것이 없다."

기예란 오늘날로 말하면 숙련공들이 갖고 있는 숙련 정도를 의미한다. 정약용은 당시 생산성 향상이 이루어지지 못한 가장 근본적인 원인이 자급자족적 방식 즉, 각 경제주체들이 모든 생산활동을 스스로 전개하는 데 있다고 보았다. 그래서 경제주체들이 각각 특별한 기술을 연마한다면 생산량이 늘어나고, 이는 곧 부국강병에 크게 기여하게 될 것이라고 주상했다.

다산이 바라본 시장경제

다산은 이에 그치지 않고 사농공상을 철저히 분업화하기 위해서는 같은 직업을 가진 사람들이 특정한 곳에 모여서 거주해야 한다는 점을 강조했다. 이는 오늘날 가장 기초적인 산업입지이론 중 하나인 집적 이익을 고려한 혜안이라고 할 수 있다. 비슷한 분야에 종사하는 사람끼리 모여 서로 교육 또는 연구를 함께할 경우 더 큰 기예를 익힐 수 있다고 본 것이다.

이러한 과정에서 상업도시와 일반도시 등이 구분되어 정착되고 나면 많은 물류량이 발생할 것이다. 다산은 이를 대비하기 위해서 수레와 배의 규격을 통일할 필요가 있다는 사실 또한 제시했다. 오늘날에도 세계의 모든 철도의 철로 규격은 하나로 통일되어 있다. 각 나라마다 다른 철로 규격을 사용할 경우 서로의 철로를 연결할 수 없으며 원활한 물류 시스템을 갖추기 어렵다는 사실을 고려한 결과이다. 열차를 본 적도 없던 그 시절에 정약용은 이러한 선견지명을 보여주었다.

다산의 경제관이 서양에서 전개되어온 경제관과 다른 점은 무엇일까? 바로 일련의 경제적 개선작업이 개인의 '보이지 않는 손'에 의해서 이루어진다고 보지 않고 국가가 주도해서 수행해야 한다고 주장한 데 있다. 조선시대, 그가 바라본 시장은 다음과 같은 모습이었다.

> "시장을 마을마다 설치하였더니, 큰 폐해가 발생하였다.
> 재물을 낭비하고 산업을 폐하고 술주정하고 싸움질만 하는
> 등 변이 발생하였다. 단연코 모든 시장은 엄금해야 한다."

그의 시장관이 이와 같이 형성된 데는 당시의 상업 발달 형태를 고려할 때 자연스러운 현상이라 할 수 있다. 당시 조선에서는 상업의 발달로 혜택을 얻을 수 있는 곳이 단 한 곳도 없었다. 당시의 상업적 거래는 몇몇 거상들에 의해서만 수행되었으며, 거상들은 대부분의 품목에 대한 수급을 조절할 수 있었기 때문에 매점매석의 행패를 부리기 일쑤였다. 즉, 당시는 완전시장의 형태보다는 독과점 시장에서 전개될 수 있는 폐해들이 더 많이 엿보였던 시기였다.

결국 정약용이 시장의 기능에 부정적인 견해를 보이고 국가의 적극적인 개입을 강조한 것은 오늘날 독과점 시장으로 인한 시장실패를 해결하기 위해 정부가 개입해야 한다는 가장 기초적인 이론과 맥을 같이 한다고 볼 수 있다.

이렇듯 우리나라에도 애덤 스미스와 불과 몇 십 년 차이를 두

고 그와 필적할 만한 경제관을 가진 지식인이 있었다. 만약 정약용의 학문관과 세계관이 잘 계승되어 지속적으로 발전했다면 경제학의 메카는 영국의 옥스퍼드와 캠브리지가 아니라 성균관이었을지도 모를 일이다.

신의 뜻에 따른
이슬람 채권

— 실물거래에 기반한 채권 —

'샤리아Sharia'는 이슬람 세계의 생활방식을 규정하는 법체계를 가리키는 말로, 그 어원은 '샘이 흐르는 곳으로 가는 길'이다. 사막에서 샘이 흐르는 곳, 즉 오아시스는 구원과 소생을 의미한다.

샤리아는 마호메트(무함마드)가 알라로부터 받은 계시를 집대성한 코란과 마호메트의 언행을 기록한 '수나Sunna'에 기초하며, 이를 어기는 것은 신의 뜻을 어기는 행위로 간주한다. 따라서 모든 무슬림들은 샤리아를 준수하고 이를 실천해야 할 의무를 갖는다. 이는 금융에서도 마찬가지다. 이슬람 세계의 금융에 적용되는 샤리아의 가장 큰 특징은 돈을 빌려주고 받는 이자를 금지한다는 것이다.

이자 지급을 금지한 이슬람 율법

샤리아는 오직 상업적인 거래를 통한 이윤 추구만을 인정한다. 금전을 대여하고 이자를 받는 것은 기생행위 혹은 부당이득으로 본다. 따라서 이슬람 금융에서 이자 수수는 원칙적으로 금지되어 있다.

한편 이슬람 금융에서는 거래의 모든 사항이 명확히 규정되어야 하기 때문에 불확실한 상황이 포함된 거래도 금지된다. 이것은 선물이나 옵션 등 파생상품의 거래도 금지됨을 의미한다.

또한 실물거래가 수반된 확실한 상업거래라 할지라도 도덕, 사회, 종교적 판단에 부합하는 건전한 거래여야 한다는 까다로운 조건이 붙는다. 이슬람 율법학자들로 구성된 샤리아위원회가 이를 판단해 금융거래를 승인한다.

이렇다 보니 이슬람 국가들에서만 존재하는 특이한 형태의 금융 거래를 볼 수 있는데 수쿠크sukuk가 바로 그것이다. 수쿠크는 이슬람 국가들이 발행하는 채권으로, 샤리아 율법을 어기지 않기 위한 일종의 편법으로 볼 수 있다. 수쿠크는 한마디로 말하자면 이자 지급이 없는 채권이다. 채권이란 원래 돈을 빌려준 대가로 이자 지급을 약속하는 유가증권인데 이자를 지급하지 않는다면 투자자들에게 도대체 어떤 방식으로 보상을 하는 것일까?

> **수쿠크**
> 아라비아어로 '증권'을 뜻하는 사카sakk의 복수형으로, 이슬람 채권을 가리킨다. 수쿠크를 발행한 사람은 돈을 빌려준 사람에게 직접 이자를 지급하지 않는 대신 부동산 등의 실물거래를 통해 수익금을 지급한다.

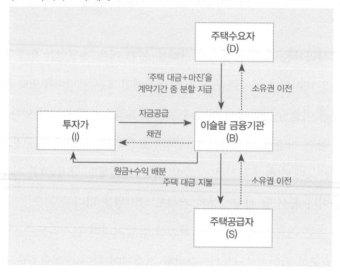

수쿠크의 투자자들은 채권을 발행하는 기업이나 프로젝트의 공동 투자자가 되어 나중에 이익을 나눈다. 이런 점에서 보면 수쿠크는 채권이라기보다는 투자자산에 대한 수익증서의 성격이 강하다.

〈도표 1〉을 살펴보자. 만약 주택을 구매하고자 하는 사람(D)이 이슬람 금융기관(B)에 이를 요청한다고 가정해보자. 이슬람 금융기관은 투자자(I)에게 채권을 발행하고 돈을 받아서 주택공급자(S)로부터 주택을 구입한다. 이후 이슬람 금융기관은 일정한 마진을 받고 주택을 구매하려는 사람에게 소유권을 넘겨주고 채권 계약기간 중에 주택 대금과 마진을 분할해서 청구한다. 이슬람 금융기관은 여기서 발생한 수익의 일부와 주택 구입자금의 원금을 투자자에게 다시 배분한다.

글로벌 금융위기로 수쿠크가 주목 받다

이슬람 금융은 2008년 발생한 글로벌 금융위기에서도 빛을 발했다. 기존의 전통적인 금융거래는 이자에 기초해 실물과 금융이 분리되어 자원이 배분된다. 하지만 이슬람 금융은 실물거래에 기초하고 있으며, 사업의 생산성에 기반을 둔 공동투자 형태로 이뤄지기 때문에 생산성과 이익을 늘리기 위한 양측의 협조가 강화되는 구조를 가지고 있다.

또한 투자자와 채무자가 손익을 함께 분담하기에 과도한 차입에 의존해 사업을 운영하는 것이 원천적으로 어렵다. 이는 곧 과다한 신용 창출에 의한 자산 가격 상승이라는 투기적 구조를 제한한다. 이처럼 실물거래를 기반으로 채권이 발행되는 수쿠크는 인프라에 대한 장기적 투자에 적합한 투자 형태라고 볼 수 있다. 수쿠크는 일반 금융보다 조달 비용이 낮고, 차입 기간이 비교적 장기간이라는 특성 때문에 장기 대규모 프로젝트 파이낸싱에 적합한 금융상품으로 인식되고 있다.

2000년 이후 유가상승과 함께 중동의 거대한 오일머니를 쥔 무슬림 투자자들이 수쿠크를 선호하면서 2002년 10억 달러이던 전 세계 수쿠크 발행액은 2003년 57억 달러, 2007년 467억 달러, 2014년에는 748억 달러로 늘어났으며 현재까지도 계속 증가하는 추세다.

수쿠크와 관련된 논란들

수쿠크는 일반 채권과 마찬가지로 각국 증권거래소에서 상장을 허용하고 있다. 세계은행은 2005년 5월 이슬람 채권을 발행했고 현재 50개국 이상의 금융사가 이슬람 금융 서비스를 제공하고 있다. 최근 중동의 모습은 수쿠크를 통해 간접적으로나마 금융시장에서 활동하고자 했던 과거의 모습과 크게 달라졌다.

얼마 전 사우디아라비아 국영 석유회사 아람코가 역대 최대 규모의 기업공개[IPO]를 수행한 바 있다. 아람코가 공모가를 기준으로 산정한 기업가치는 1조 7,000억 달러로 우리나라 돈으로 약 2,025조 1,000억 원에 해당하는 금액이다. 우리나라 GDP가 1,500조 수준임을 감안하면 엄청난 규모인 것이다.

또한 아람코의 기업가치는 국내 코스피 시가총액(2019년 종가 기준 1,398조 7,700억 원)과 코스닥 시가총액(225조 2,000억 원)을 합친 것보다도 크다. 사우디 정부는 추후 아람코를 해외 증시에 2차 상장하는 것을 검토하고 있다고 발표했다. 이러한 추세를 고려할 때, 이슬람에서 자구책으로 제시한 금융상품인 수쿠크의 운명도 그 기능이 멀지 않은 듯하다.

종교상의 이유로 수쿠크를 반대하는 것은 분명 납득하기 어렵다. 중동지역과의 협력을 강화하고 오일머니를 유치한다는 측면에서 조세특례제한법 개정은 언젠가는 이루어져야 할 일이다. 다만 두바이 사태에서 수쿠크의 문제점이 드러났다는 주장은 신빙성이 큰 만큼 수쿠크를 무조건 신봉하는 태도를 보여서도 곤란하다. 수쿠크 문제는 결국 경제적 관점에서 신중하게 접근해야 하며 우리도 이를 객관적으로 바라볼 필요가 있다.

면직물 수입 규제에서 비롯된
최초의 산업혁명

— 보호무역 조치 —

국제단체 중에 '커먼웰스 오브 네이션스Commonwealth of Nations'라는
독특한 이름의 단체가 있다. 뜻풀이를 보면 대영제국 시절 영국의
식민지였던 53개 국가들로 구성된 연방체를 가리킨다고 한다. 하지
만 이 단체는 국제법상 인정하는 국가연합체도 아니고 연방은 더더
욱 아니다. 사실 커먼웰스 오브 네이션스는 참여 국가 간의 자유로
운 우호협력과 실리주의에 기반한 단순한 모임에 지나지 않는다. 하
지만 한때 자신들을 식민지로 삼았던 영국과 무려 50여 개국에 달
하는 국가들이 아직까지도 지속적인 상호 교류를 원하고 있다는 점
에서 과거에 영국이 세계사에 얼마나 지대한 영향을 미쳤는지를 새
삼 깨닫게 된다.

영국의 전성기가 유독 길었던 이유

17세기부터 19세기까지는 그야말로 영국의 전성기였다. 15세기 말에는 동서교역의 중심 역할을 담당했던 이슬람제국과 이탈리아가 패권을 쥐고 있었고 그 이후 스페인과 포르투갈 중심의 '대항해시대'를 거쳐 17세기부터 영국의 전성기가 시작되었다.

하지만 앞서 전성기를 경험했던 다른 나라들과 영국의 전성기는 전혀 다른 양상을 보였다. 가장 큰 차이점은 영국의 전성기가 3세기에 걸쳐 지속될 만큼 오랫동안 유지되었다는 점이다. 그 직접적인 원인은 바로 식민지 지배 방식이 앞선 스페인이나 포르투갈과 달랐다는 점을 꼽을 수 있다.

스페인과 포르투갈의 식민지 지배 방식은 식민지를 철저히 수탈하는 형태였다. 그들은 현지인들을 노예로 이용해서 금, 은 등의 채굴, 설탕과 커피의 재배에만 집중했다. 그 결과 스페인과 포르투갈의 식민지는 단일 상품작물 이외의 먹을 것과 입을 것을 모두 수입에 의존하는 형태로 산업구조가 구축되었다. 반면 영국은 식민지 지역에 현지인들과 아프리카인들을 활용하는 플랜테이션 방식을 도입했다. 그래서 영국의 식민지에서는 면화를 만드는 면공업이나 밀 생산을 바탕으로 한 제분산업이 발달하게 되었다.

스페인과 포르투갈의 식민지 운영 방식과 영국의 식민지 운영 방식의 결과는 오늘날 북미 지역과 남미 지역 간 경제 발전의 차이에서도 쉽게 확인할 수 있다. 영국의 식민지였던 북미 지역은 초기

농업과 목축업을 중심으로 산업이 발전하기 시작했으나, 스페인과 포르투갈의 지배를 받았던 남미 지역은 수탈 정책으로 설탕과 커피 외에 이렇다 할 산업이 성장하지 못했다.

물론 예외적으로 아르헨티나에서는 목축업이 발달했는데 이 역시 아르헨티나가 영국의 식량 생산기지라는 역할을 수행하는 과정에서 발생한 예외 상황에 해당한다. 이처럼 영국이 오랫동안 전성기를 이어갈 수 있었던 배경에는 차별화된 식민지 경영방식이 주효하게 작용했다. 그런데 또 하나의 중요한 요인이 있으니 바로 산업혁명이다. 산업혁명을 배제하고 영국의 장기간의 전성기를 설명할 수는 없을 것이다.

세계 최초로 산업혁명이 발생한 배경

영국은 세계에서 가장 먼저 산업혁명을 달성한 국가이다. 많은 학자들은 산업혁명이 영국에서 제일 먼저 시작될 수 있었던 원인으로 영국이 갖고 있던 막대한 자금을 꼽는다. 영국은 17세기부터 막강한 해군력을 앞세워 차지한 식민지를 기반으로 모직물, 상품무역, 노예시장 등을 독점했고 이로써 막대한 부를 축적해 산업혁명을 이루었다는 논리이다. 하지만 스페인과 포르투갈, 네덜란드 같은 나라들도 영국 이전에 세계경제의 패권을 잡고 막대한 부를 창출했지만 산업혁명으로 이어지지는 못했다. 따라서 막대한 부가 산업혁명의 결정적인 계기라고 볼 수는 없다.

16세기 중엽 영국이 직면했던 심각한 에너지 위기가 산업혁명을 촉발시킨 주요 원인이었다고 설명하는 학자들도 있다. 당시 영국은 급속한 인구 증가로 인해 땔감과 목재의 수요가 폭발적으로 늘어났다. 그에 따른 무분별한 벌목으로 가정이나 공장에서 심각한 에너지 위기를 겪고 있었다. 이러한 위기를 벗어나기 위해 영국은 석탄을 에너지원으로 활용하기 시작했다. 17세기 후반 영국의 석탄 생산량이 세계 석탄 생산량의 85퍼센트를 차지했다는 사실만 보더라도 당시 영국이 얼마나 석탄에 의존하고 있었는지를 쉽게 알 수 있다.

그 때문에 영국은 석탄 채굴 과정에서 발생하는 지하수를 제거하는 방법과 채굴한 석탄을 효율적으로 운반하는 방법에 몰두했다. 이 과정에서 1693년 토머스 세이버리Thomas Savery가 펌프를 발명했고, 1705년에는 토머스 뉴커먼Thomas Newcomen이 증기기관을 발명했다. 학자들은 이러한 과정이 누적되면서 영국의 산업혁명이 촉발되었다고 설명한다.

이와 같은 영국사회의 변화가 산업혁명의 중요한 자양분이 되었다는 사실만은 분명하다. 하지만 실제로 영국의 산업혁명은 채굴 산업이나 식민지에서 창출한 막대한 자금보다도 직물공업의 발전이 더 직접적인 계기가 되었다고 볼 수 있다.

산업혁명 이전 영국에서는 모직물 산업이 번창했다. 하지만 1700년 전후로 인도에서 들어온 '캘리코'라는 면직물이 큰 인기를 얻으면서 영국의 직물업자들은 속속 문을 닫게 된다. 캘리코는 인도

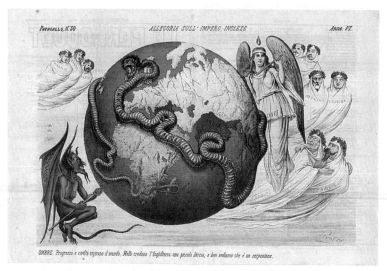

대영제국에 관한 풍자도(아우구스토 그로시, 1878년작)

의 항구 캘리컷을 통해 수입되었다는 이유로 붙은 이름이다. 그리고
이 면직물은 고대로부터 주변 아시아 지역뿐 아니라 멀리 메소포타
미아와 지중해 동쪽까지 수출되었을 정도로 품질이 우수했다. 또 면
직물은 모직물보다 세탁이 편하고 가격마저 상대적으로 저렴하다는
장점을 갖고 있었다.

캘리코가 영국으로 수입되면서 영국 모직산업은 급격히 무너지
기 시작했다. 모직산업에 종사하다 실직 위기에 몰린 직공들이 캘리
코를 입은 여성들을 공격했을 정도라고 하니, 당시 영국의 분위기를
쉽게 짐작할 수 있다. 결국 영국 정부는 캘리코의 수입은 물론 심지
어 착용 자체도 금지하는 법규를 통과시킨다. 즉, 자국 산업을 보호
하기 위한 보호무역 조치를 단행한 것이다.

보호무역은 산업혁명의 중요 요인이었다

보호무역이란 국가가 대외무역에 간섭하고 수입에 여러 가지 제한을 두는 무역 형태를 말한다. 보호무역은 일반적으로 외국보다 뒤떨어진 자국의 산업을 일정 기간 동안 보호하고 육성하고자 하는 목적에 따라 실시하는 경우가 많다. 하지만 어떤 산업을 유치산업으로 설정할 것인지에 대한 문제, 유치산업 선정 시 로비나 정치적 압력이 작용할 수 있다는 문제, 유치산업으로 선정된 산업은 계속해서 보호 조치를 유지하고 싶어 한다는 문제 등이 발생한다. 그렇다 하더라도 자국의 산업을 보호, 육성할 수 있다는 커다란 장점이 있는 보호무역의 유혹에서 벗어나기는 어렵다.

> **보호무역**
> 자국의 산업을 보호·육성하기 위하여 국가가 대외무역을 간섭하고 수입에 여러 가지 제한을 두는 무역 형태

이러한 이유로 오늘날 많은 국가 주력 산업들 중에는 보호무역 정책 등 국가의 집중 육성 전략을 기반으로 성장해온 경우가 많다. 우리나라의 주요 산업 역시 보호무역을 비롯한 정부의 직간접적인 지원을 토대로 성장해왔다.

17세기 영국이 캘리코 수입을 억제한 것도 자국의 경제와 대표적인 산업 분야인 모직물 산업을 보호하기 위해서였다. 물론 이러한 보호무역 조치들로는 영구적으로 캘리코의 수입을 막을 수 없었고 영국의 정치가들 역시 그러한 사실을 잘 알고 있었다. 하지만 그들이 보호무역 조치를 단행한 데는 성난 민심을 다스리려는 이유가

더 컸다. 그와 동시에 일시적이나마 자국의 모직 회사들이 이에 대한 대응책을 갖출 수 있는 시간적 여유를 주려는 의도였다.

이러한 분위기 속에서 영국의 선도적인 자본가이자 발명가인 리처드 아크라이트Richard Arkwright와 사무엘 크롬프턴Samuel Crompton은 캘리코를 모방한 다양한 직기織機를 만들면 큰돈을 벌 수 있다는 사실에 주목했다. 그래서 이들은 방적기(실을 만드는 기계)와 직조기(천을 만드는 기계)를 개발하기 위해 필사적인 노력을 기울였다. 그 이후로도 여러 사람들이 사람의 힘을 이용하지 않아도 되는 증기기관과 기계를 지속적으로 연구한 결과 대량생산이 이루어질 수 있는 환경이 구축되었다. 대량생산 체제가 갖춰지면서 면사 생산량은 이전에 비해 300~400배 수준으로 늘어나게 되었다.

오늘날 보호무역 조치 속에서 성장한 많은 기업들은 혁신적인 기업가정신을 바탕으로 새로운 해결책과 대안들을 통해 발전했다. 당시에도 영국의 많은 사업가들은 인도의 저렴하면서도 고급스러운 면직 기술을 극복하기 위해 기계라는 혁신적 대안을 생각해낸 것이다.

산업혁명이 세계로 전파되다

방적기와 직조기의 발달은 면직물 산업을 넘어 다른 산업 분야에도 큰 영향을 미쳤다. 특히 다양한 분야에 기계와 증기기관이 도입되면서 제련기술이 급속히 발전하고 제철산업이 꽃을 피우게 된다. 이는 산업 전반에 커다란 변화를 가져왔고 결국 철도, 선박 등의 분야로까지 확산되어 산업혁명을 완성하기에 이른다.

영국에서 발생한 산업혁명은 19세기 중엽에 이르러 미국과 독일로 전파되었으며 19세기 말에는 러시아와 이탈리아 그리고 멀리 일본으로 이어졌다. 많은 경제사학자들은 이들 국가의 산업혁명이 영국처럼 민간 주노로 진행된 것이라기보다는 정부 주도의 산업혁명이라는 점을 지적한다. 하지만 앞서 살펴본 바와 같이 영국의 산업혁명 또한 중상주의를 중시하는 정부의 보호정책 속에서 태동할 수 있었다.

오늘날 보호무역을 추구하는 국가들이 모두 자국의 유치산업을 발전시키는 데 성공하지는 못했다. 영국 역시 정부의 보호무역 조치만으로 산업혁명이 태동했다고 말할 수는 없다. 또한 보호무역을 통해 유치산업을 성장시키는 데 성공한 나라라고 해서 그 공훈을 모두 해당 국가의 정부가 가져갈 수만은 없다. 그러한 성공은 기업가의 노력과 혁신이 없다면 불가능한 일이기 때문이다.

정리하면 영국이 세계 최초로 산업혁명을 달성할 수 있었던 까닭은 당시 자국 산업을 보호하려는 정부의 의지 아래, 기업가와 발명가들의 혁신 역량이 뒷받침되었기 때문이라고 말할 수 있을 것이다.

철강왕 카네기는
어떻게 현대 기업의 초석을 다졌나

— 전문경영인 제도의 탄생 —

시장경제가 발달하면서 다양한 형태와 구조를 갖춘 기업들이 나타나고 있지만 여전히 전문경영인, 주주들의 유한책임, 관료적 조직 등은 현대 기업을 구성하는 전형적인 요소들로 여겨지고 있다. 하지만 오늘날 대부분의 대기업이 이와 같은 형태를 취하게 된 결정적인 계기가 철도 때문이라는 사실을 아는 사람은 그리 많지 않은 듯하다.

인류가 처음 철도에 관심을 갖게 된 시기는 그 이전까지 대표적인 운송 수단이었던 말의 가격이 급등하면서부터다. 18세기 말 프랑스와 주변 국가 사이에서 벌어진 전쟁 때문에 말의 수요가 급격히 늘면서 말 가격이 폭등했다. 그래서 광산에서 채굴한 광물의 운송 등 화물 운송에 있어서 말을 대신할 새로운 수단이 필요해졌다.

이때 화물 운송의 새로운 대안으로 개발된 것이 바로 철도이다.

하지만 당시 사람들은 동물이 아닌 기계가 운송 수단으로 사용된다는 혁신적인 생각에 쉽게 수긍하지 못했다. 그래서 초기의 철도는 인기가 없었다. 그럼에도 1813년 조지 스티븐슨^{George Stephenson}이 더욱 개선된 증기기관차를 발명했고, 1830년에는 증기기관차가 화물과 승객을 싣고 시속 20킬로미터로 달리기 시작했다.

철도가 인류에 선물한 혁신

철도가 유럽과 미국 각지에 보급되면서 인류는 커다란 변화를 맞는다. 가장 먼저 기차역을 중심으로 새로운 도시가 형성되면서 항구에서 먼 지역들도 생산물을 쉽게 항구로 운송할 수 있게 되어 발전의 기회가 늘어났다. 대표적으로 미국의 경우 남북전쟁 4년 후에 대륙횡단 철도가 개통되면서 동부 항구에서 멀리 떨어져 있던 서부 지역이 본격적으로 개발되기 시작했다.

이처럼 철도 개발은 인류에게 다양한 혜택을 가져왔다. 그중에서도 철도가 인류에게 선사한 가장 큰 혁신 중 하나는 현대화된 기업구조를 구축하는 모티브를 제공했다는 점일 것이다.

철도산업이 발달함에 따라 과거와는 비교할 수 없을 정도의 정확성이 요구됐고, 긴밀한 상호 협조가 가능한 조직 구조가 필요해졌다. 바로 철도의 정시 출발과 정시 도착 때문이었다. 정확한 시각에 맞춰 철도를 운행하기 위해서는 철도를 유지 관리할 기술자와 승

기차 엔진의 모습(모건앤드컴퍼니, 1874년작)

무원을 체계적으로 관리할 필요가 있었다. 그런데 이는 특정 역만이 아니라 모든 기차역에서 함께 공조해야만 달성할 수 있는 일이기 때문에 조직의 전반적인 장악력도 필요해졌다. 특히 철도는 여러 부분에서 기술적 정밀함을 갖추지 못할 경우 커다란 재난이 발생할 수 있어서 조직의 장악력은 반드시 필요한 역량이었다.

결국 철도회사는 철도 수리공, 기관장, 역장 등을 가장 체계적으로 장악할 수 있는 지위 체계를 고안하게 되었는데, 당시까지 가장 조직 장악력이 높았던 체계인 군사 조직에서 모티브를 얻었다. 지위 계급에 따라 일사불란하게 조직 전체가 움직이는 군대처럼 철도를 원활히 유지 관리할 수 있는 계급구조를 고안한 것이다. 이렇게 해서 현대적인 관료제가 탄생하게 된다.

또한 철도산업이 지속되면서 기존의 직원들에 대한 처우 문제 역시 고민하게 되었다. 철도회사는 기존에 일하던 직원들과 신규 채용한 직원들 간의 관계 설정에 있어서 기존 직원들의 업무 노하우와 경험을 높이 사는 것이 경영에 유리하다고 판단했다. 그래서 기존 직원들을 승진 시 먼저 고려하는 연공서열 제도를 구축하게 된다.

전문경영인 제도의 탄생

현대적 의미의 전문경영인 제도 역시 철도산업에서 시작되었다. 초기의 철도는 특정 지역에 국한되어 개통되었기 때문에 적은 인원으로도 관리가 가능했다. 하지만 점차 철도가 특정 지역을 넘어 국가와 대륙을 횡단하는 수준까지 확대되면서 소규모 개인 철도회사들은 설 자리를 잃어버렸다. 여러 갈래로 갈라지는 철도에서 각각의 열차가 시간 충돌 없이 운행되기 위해 여러 지역의 기차역과 여러 열차들을 효율적으로 운영 관리할 방법이 필요하게 된 것이다. 이에 고안된 개념이 바로 전문경영인 제도이다.

철도회사의 운영자들은 과거처럼 사장이 중앙에서 모든 일들을 직접 통제하고 관리하는 것은 비효율적일 뿐만 아니라 불가능에 가깝다는 사실을 깨달았다. 그래서 각 지역마다 특별히 보고하지 않아도 직접 의사결정을 내릴 수 있는 권한이 부여된 관리자를 두기로 했다. 오늘날로 치면 전문경영인이라 할 수 있다.

1880년대 들어 철도 운행량이 더욱 늘면서 대규모 철도회사들은 모두 전문경영인 제도를 도입하게 되었다. 그리고 오늘날 많은 회사에서 재무, R&D 부서가 별도의 조직으로 구성되어 있는 것처럼 회사 운영에 필요한 회계, 기술 지원 부분에 대해서도 각각의 전문성을 부여하기 시작했다.

철도산업은 주식의 개념에도 크게 기여했다. 철도산업이 점차 거대화되면서 개인의 자금만으로는 운영이 어려워지자 수천 명 규모의 투자자를 모집하는 방식이 생겨났다. 이 과정에서 철도회사는 **유한 책임제**를 도입한다. 철도회사가 파산한다 하더라도 투자자 각자가 자신이 투자한 금액에 대해서만 책임을 지도록 한정함으로써 많은 투자자를 모집할 수 있었다. 이는 주식회사의 주주들이 자신의 지분에 대해서만 의무를 지는 것과 같다. 오늘날 영문 회사명에 'limited'라고 적힌 것을 볼 수 있는데, 바로 이 표현이 유한 책임회사라는 것을 뜻한다.

> **유한 책임제**
> 투자자들이 자신이 출자한 지분에 한해서만 책임을 지는 제도를 말한다. 투자자들은 회사가 파산한다 하더라도 출자한 지분 이외의 추가적인 책임을 지지 않아도 되기 때문에 투자에 참여하기 수월해진다.

철도회사의 경영 방식을 도입한 철강왕 카네기

19세기 말 철도산업은 가장 크게 발달한 산업이었다. 이러한 철도회사의 성장을 지켜본 여타 다른 분야의 회사들 역시 철도회사들의 경영 방식을 차용하기 시작했다. 그래서 다른 산업 분야들도 소규모 개인회사를 벗어나 대규모 회사로 거듭날 수 있는 방법을 학습하게 된다.

그 대표적인 인물이 '철강왕' 앤드루 카네기Andrew Carnegie이다. 카네기는 철도회사에 입사하기 전까지 방적회사에서 실 감는 직공으로 일하거나 전보 배달부로 일하는 평범한 청년이었다. 하지만 그는 펜실베이니아 철도회사에서 일하면서 과학적인 운영과 계획 등을 통해 어떻게 비용을 최소화할 수 있는지 그리고 어떻게 하면 적재량과 운행량을 극대화시킬 수 있는지를 엿보게 된다.

카네기는 당시 철도회사에서 일하면서 어떤 물건의 운송량이 점점 늘어나는지 쉽게 확인할 수 있었다. 이를 통해 그는 해당 회사의 주식에 투자하여 거액을 벌어들였다. 또한 이 과정에서 철도산업의 발달과 함께 철도 레일 등 강철에 대한 수요가 지속적으로 늘어날 것으로 확신하고 철강회사에 투자하기도 했다.

카네기는 1873년부터 자신이 직접 철강회사를 운영했다. 이때부터 카네기가 철도회사에서 배운 현대적 경영기업이 빛을 발하기 시작한다. 카네기는 철도회사에서 배운 효율적인 관리기법을 철강회사에 도입하여 철도 운영처럼 철강 작업 공정을 표준화, 규격화했다. 또한 공정을 일관 작업 공정으로 바꾸고 직원들을 해당 공정 중심으로 배치하여 생산성을 높였다. 이러한 관리기법은 철도회사가 역 중심으로 관리하여 큰 성과를 얻었다는 점에서 착안한 것이었다. 즉, 카네기는 직원들이 맡은 각각의 공정을 하나의 기차역처럼 생각했다.

또한 직원들 사이에 명확하게 직급의 차등을 주어서 각 파트별로 관리자를 두었으며 직원들을 자금 운영담당자, 영업활동자 등 전문 영역별로 나누어 배치했다. 지금은 너무나도 당연한 방식이지만 당시로서는 새로운 경영 방식이었다. 특히 당시 경영자들은 아무 작업에도 직접적으로 참여하지 않고 다른 직원들을 관리만 하는 관리자의 역할을 쉽게 이해하지 못했다고 한다. 이처럼 카네기는 철도회사에서 일한 경험을 토대로 세계 최대의 철강회사를 운영할 수 있었으며 철강왕이라는 칭호를 얻게 되었다.

　물론 철도 건설이 인류에게 혜택만을 가져다주었다고 볼 수는 없다. 철길을 놓기 위한 땅을 확보하는 과정에서 원주민의 땅을 헐값이나 무상으로 매입하고 삶의 터전을 잃은 원주민과의 무력충돌이 일어나는 등의 문제점도 많았다. 하지만 오늘날 우리가 경제적 풍요로움을 누리는 데 결정적인 기여를 한 기업구조의 초석이 철도산업에서 유래되었다는 사실만은 분명하다고 볼 수 있을 것이다.

누군가에게는 하찮은 물건,
누군가에게는 보석

— 총효용과 한계효용 —

역사책을 읽다보면 과거 유럽 국가들이 아프리카와 아메리카 대륙 각지의 원주민을 대상으로 가혹할 정도로 약탈과 착취를 일삼았다는 사실을 심심치 않게 접하곤 한다. 사례 중에는 유럽인들이 순수한 인디언들에게 자신들이 가진 하찮은 물건을 건네고 금이나 보석 같은 값비싼 물품을 얻었다는 이야기도 종종 나온다. 경제 관념에 무지한 원주민들은 자신들이 불공정한 거래를 하고 있다는 사실도 모른 채 기꺼이 이런 '교역'에 나선 것처럼 묘사된다. 그런데 아메리카와 아프리카 대륙의 원주민들은 정말 무지한 사람들이었을까?

원주민들은 결코 무지하지 않았다

유럽인들이 아프리카 대륙에 깊은 관심을 갖게 된 계기는 향신료 교역 때문이었다. 냉장 기술이 발달하지 않았던 중세에는 고기를 오래 저장하는 방법이라고는 소금에 절이는 것밖에 없었다. 하지만 소금에 절인 고기는 질기고 맛이 없었다. 하지만 향신료로 양념을 만들어 요리하니 이런 고기도 맛있게 먹을 수 있다는 것을 알게 된다. 이후 유럽인들은 아시아산 향신료를 맛보고 나서 거의 생활 필수품으로 삼다시피 했다.

유럽 상인들은 지중해를 건넌 뒤 페르시아를 거쳐 인도로 가는 경로를 통해서 향신료를 조달해왔다. 그런데 십자군 전쟁 발발 후 오스만튀르크가 이 무역로를 차단하면서 향신료를 얻을 수 있는 길이 막혀버리게 된다. 유럽인들은 하는 수 없이 인도로 가는 바닷길을 찾기 시작했다. 그리고 포르투갈의 항해자인 바스코 다 가마^{Vasco da Gama}가 아프리카를 둘러 가는 바닷길을 개척해냈다.

그 후로 유럽 국가들은 앞다퉈 아프리카 해안에 무역 기지를 세웠다. 인도로 가는 긴 항해의 중간에 식수와 음식물을 보급받아야 했기 때문이다. 이 과정에서 유럽인들은 휴대하고 있던 흔하디 흔한 물건을 원주민에게 건네주면 금과 보석 같은 값비싼 물건을 얻을 수 있다는 사실을 알게 됐다. 아프리카 원주민과의 교역은 이렇게 우연히 시작되었다.

이러한 행태는 아메리카 대륙을 처음으로 찾은 유럽인인 크리스토퍼 콜럼버스^{Christopher Columbus}의 탐험대에서도 찾을 수 있다. 그들은 서인도제도에서 마주친 원주민들을 대상으로 자신들이 가지고 있던 하찮은 물건을 건네고 대신 금으로 만든 장신구들을 받았다. 원주민들도 그러한 거래에 기꺼이 응했다. 콜럼버스는 일기에 자신의 선원들이 유럽에서라면 버릴 만한 물건을 가지고 아메리카 원주민이 가진 보석과 교환하는 모습에 양심의 가책을 느낀다고 적었다. 그는 선원들에게 그러한 방식의 거래를 하지 못하도록 금지하기도 했다.

하지만 콜럼버스의 생각과 달리 이러한 거래는 원주민들에게도 썩 나쁘지 않았을 것이다. 원주민들에게 금과 보석은 유럽인들이 보여준 물건에 비하면 흔한 물건이기 때문이다. 원주민들 입장에서 금과 보석은 어디에 가면 얼만큼을 구할 수 있는지 아는 물건이었지만 유럽 선원들이 보여준 물건들은 그들이 아니면 구하지도, 얻을 수도 없는 귀한 물건이었을 것이다. 그러니까 원주민들에게 금과 보석은 유럽인들이 교환하자고 한 물건들에 비해서 부존량이 많은 재화들이다. 따라서 부존량이 많아 교환가치가 낮은 재화인 금과 보석을 내주고 구하기 어려운 선원들의 물건과 교환하는 거래 방식은 원주민들에게 결코 손해 보는 장사라 할 수 없었을 것이다.

물과 다이아몬드의 역설

애덤 스미스의《국부론》은 물과 다이아몬드의 역설을 통해서 재화의 가치 측정에 대해 설명한다. 애덤 스미스에 따르면 재화의 가치는 **사용가치**와 **교환가치**로 나눌 수 있다. 그런데 물과 다이아몬드의 경우 항상 이 두 가지의 가치가 일치하지 않는다.

> **사용가치**
> 해당 재화를 사용함으로써 얻게 되는 만족을 의미한다.
>
> **교환가치**
> 해당 물건을 가지고 다른 물건과 교환할 수 있는 구매력을 의미한다.

물은 인류에게 없어서는 안 될 유용한 재화이지만 싼 값에 거래되고, 다이아몬드는 없어도 전혀 문제가 되지 않는 물건임에도 비싸게 거래되기 때문이다.

애덤 스미스가 제기한 이 의문에 명확한 해답을 제시한 사람들은 그로부터 100여 년 지난 1870년대의 한계효용학파들이었다. 한계효용학파에 따르면 상품 가격은 **총효용**이 아니라 **한계효용**에 영향을 받는다.

> **총효용**
> 일정 기간 동안 상품을 소비함으로써 얻을 수 있는 주관적인 만족의 총량
>
> **한계효용**
> 소비량이 1단위 증가함으로 인해 발생하는 총효용의 증가분

한계효용은 재화의 부존량과 소비량이 많을수록 작아진다. 그런데 부존량이 많은 물은 한계효용이 낮기 때문에 없어서는 안 될 사용가치가 높은 재화이지만 교환가치는 낮다. 반면 다이아몬드의 부존량은 물에 비해 극히 적어 한계효용이 높기 때문에 사용가치가 낮은 물건임에도 비싼 가격에 거래된다.

더 큰 이득을 얻은 쪽은 인디언들이었다

특정 재화의 가치는 각 경제주체가 처한 상황에 따라 다르게 평가된다. 일례로 세계 최대 산유국인 사우디아라비아에서는 휘발유보다 물이 귀하게 취급된다. 실제로도 물 1리터가 휘발유 1리터보다 훨씬 비싸다고 한다. 하지만 우리나라에서는 물에 비해 휘발유가 훨씬 비싸다. 이때 사우디아라비아와 한국이 자신들에게는 흔한 물건을 건네주고 상대적으로 귀한 물건을 얻는다면 아무도 잘못된 거래라고 비판하지 않을 것이다. 원주민들과 유럽 선원들의 거래 역시 이러한 관점에서라면 전혀 문제가 되지 않는다.

경우에 따라서는 오히려 유럽 선원들이 큰 손해를 본 경우도 많다. 대표적인 예가 네덜란드인들이 카나시^{Canarsee} 인디언 족에게 지금은 세계에서 가장 비싼 땅 중에 하나인 맨해튼을 60길더(60개의 주석 덩어리)에 구매한 경우이다. 일견 세계에서 가장 비싼 땅인 맨해튼을 주석 따위와 교환한 인디언이 어리석은 것 아닌가 생각하기 쉽다. 하지만 카나시 인디언들은 부동산에 대한 소유권의 개념조차 없었던 사람들이다. 유목 생활을 했던 그들에게 맨해튼은 정착지가 아니라 단순히 이동 경로에 있는 마을 중 하나였다.

당시 카나시 인디언들은 자신의 물건도 아닌 것을 대가를 받고 유럽인들에게 판매하는 수완을 보였다. 더욱이 그들은 당시 네덜란드인들과의 계약 내용에 의거하여, 맨해튼 지역을 떠나지 않아도 되었기 때문에 잃을 것도 없었다. 어찌 보면 당시 인디언들은 유럽인들이 제시한 주석 60개를 단순히 호의적인 선물이라고 생각했을지도 모를 일이다.

하지만 네덜란드인들의 상황이 달라졌다. 그들은 맨해튼 지역을 매입한 이후 본국의 경제적 상황이 어려워져 이를 제대로 관리하지 못했다. 그래서 결국 1674년 영국인들에게 그 땅을 넘겨주었고 이 무렵부터 맨해튼은 뉴욕으로 불리게 되었다.

오늘날은 과거와 비교할 수 없을 정도로 국가 간의 거래가 빈번히 일어나고 있다. 많은 사람들이 수많은 거래 속에서 누가 더 많은 이득을 얻었을지 따져보고 있을 것이다. 그러한 상황에서 잊지 말아야 할 점은 각 지역마다 혹은 국가마다 특정 재화나 서비스를 인식하는 방식이 다르다는 사실이다. 그 때문에 거래의 득실 또한 우리의 셈법이 아닌 다른 셈법에 의해서도 계산될 수 있음을 기억해야 한다.

민주주의의 발달은
금권선거에서부터 시작되었다

— 지니계수 —

　한 나라의 정치체제는 비단 정치뿐만 아니라 해당 국가의 소득 불평등 정도에도 지대한 영향을 미친다. 사실 오늘날 세계 대부분의 국가들이 표방하고 있는 정치체제는 민주주의 제도이다. 한 보도에 따르면 세계 인구의 63퍼센트가 민주주의를 추구하는 국가에 살고 있다고 한다. 이는 19세기 말 민주주의 체제 속에서 살았던 인구가 12퍼센트였다는 사실과 비교할 때 급격한 상승이라고 할 수 있다. 북한의 공식적인 국가명칭도 조선민주주의인민공화국이라는 점을 볼 때 민주주의는 실질적인 이행 여부를 떠나서 이미 모든 국가들이 추종하고 있는 보편적인 정치체제라고 할 수 있을 것이다.

　민주주의 정치체제에서 의사결정 수단으로 채택된 방식이 바로 선거이다. 그러나 오늘날과 같은 공정한 형태의 선거가 자리 잡은 지는 불과 얼마 되지 않는다. 놀랍게도 민주주의의 초기에는 직접 돈을 주고 유권자의 표를 매수하는 행위가 빈번했으며 이것이 사회적으로도 지탄받을 일이 아니었다.

초기 민주주의의 불법 선거 양상

17세기 영국으로 거슬러 올라가보자. 돈을 주고 표를 매수한 기록은 이때부터 이미 목격되고 있다. 이러한 관행은 1883년 영국 의회에서 부정부패행위 방지법이 제정되기 전까지 만연했다고 한다. 미국 역시 마찬가지였다. 19세기 발행되었던 신문들인 〈엘리자베스타운 포스트〉나 〈왓킨스 익스프레스〉 등에서는 유권자의 표가 얼마의 가격에 거래되었다는 등의 기사가 실렸으며, 당시 유권자들이 투표하기 전에 먼저 돈을 받으려고 기다리는 모습 등도 묘사되어 있다.

오늘날의 보편적인 투표 방식인 비밀투표를 미국에서 처음 도입하게 된 것도 이와 같은 관행을 없애기 위한 조치에서 비롯되었다. 비밀투표제도가 도입되면서 정치가들은 돈을 받은 유권자들이 당초 약속한 대로 투표를 했는지 확인하기가 어려워졌다. 이 때문에 돈을 주고 유권자의 표를 사려는 행위가 다소 진정되어 갔다.

하지만 그렇다고 해서 오늘날과 같은 공정선거가 바로 정착된 것은 아니다. 돈을 주고 유권자의 표를 사는 행위가 다른 방식으로 전개되기 시작했기 때문이다. 비밀투표로 인해 약속대로 투표를 했는지의 여부를 확인할 수 없게 되자 이번에는 돈을 주고 기권을 유도하는 방식으로 전개된 것이다. 현대의 민주주의는 이러한 우여곡절을 거친 끝에 완성되었다.

서두에서 말한 바와 같이 현재 거의 대부분의 국가들이 민주주의를 추종하고 있지만 국가마다 민주주의가 성숙된 정도는 확연한 차이를 보인다. 물론 20세기 이전과 같이 직접적으로 금권선거를 치르노록 허용하는 곳은 없어졌다. 하지만 좀 더 자세히 들여다보면 교묘한 방식으로 유리한 선거 결과를 도출해내려는 노력들은 여전히 자행되는 경우가 많다.

일례로 오늘날의 후보자들은 자신들의 공약을 유권자들에게 적극적으로 알리기 위해 TV광고, 브로셔 제작 등을 진행하는데 이 과정에서 많은 광고비를 지출해야 한다. 이 밖에도 유권자에게 긍정적인 이미지를 심기 위해 많은 마케팅 비용을 들이는 상황이다. 민주주의 제도가 발달한 나라들은 이러한 금전적인 차이로 인해서 후보자들이 상이하게 노출되고 그로 인해 선거 결과가 달라지는 현상을 막기 위해서 선거 비용에 대한 한도를 정하거나 국가가 선거 비용을 부담해주는 제도 등을 도입하고 있다.

하지만 민주주의 제도가 성숙하지 못한 나라들은 이러한 제도를 도입하지 못한 경우가 많다. 설령 제도를 도입했다 하더라도 감시와 관리가 원활하게 이루어지지 않아 명목상의 제도에 불과한 나라들도 있다. 이런 경우 과거처럼 직접적인 방식은 아니지만 선거가 여전히 금전적인 부분에 많은 영향을 받게 되어 공정성이 떨어진다. 이러한 현실은 비단 정치체제의 발달을 저해하는 요인일 뿐만 아니라 소득불평등을 불러일으킨다는 점에서 더욱 문제로 지적된다.

개발도상국의 정치체제를 연구한 사회학자들은 부자들이 가난한 사람들의 표를 살 수 있는 나라의 경우 소득불평등을 완화시키기 위한 정책이 제대로 수행되지 않는 경향이 크다는 사실을 지적하기도 했다. 유권자의 표를 돈으로 살 수 있는 정치가들은 올바른 정책을 집행하고 그 결과로써 표를 얻는 데 관심을 두기보다는 다음번 선거에서 유권자의 표를 살 돈을 모으는 데 혈안이 될 가능성이 높다. 돈을 받고 자신의 표를 판매한 유권자 역시 정책에 관심이 없기는 마찬가지다. 그들은 자신의 권리를 돈에 팔아넘겼기 때문에 국정을 감시하려는 노력이나 당선된 사람들의 정책에 대한 기대가 적다. 즉, 국정에 대해 점점 무관심해지는 것이다.

소득불평등도를 측정하는 지니계수

소득불평등도를 측정하는 대표적인 방법 중에 하나가 **지니계수**이다. 지니계수는 이탈리아 통계학자인 코라도 지니Corrado Gini가 고안한 것으로, 수치가 0에 가까울수록 해당 국가의 소득분포 상태는 균등하고 1에 가까울수록 불평등한 상태를 나타낸다.

지니계수의 로렌츠곡선이 45도 대각선에 가까울수록 해당 사회는 더 평등한 상태에 놓여 있다고 말할 수 있다. 따라서 45도 대각선과 실제의 로렌츠곡선 사이의 면적이 얼마나 큰가에 따라 불평등

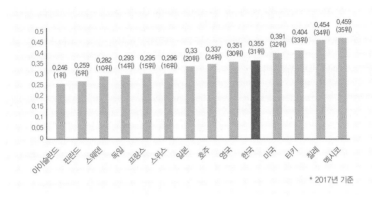

* 2017년 기준

한 정도를 측정할 수 있는데, 이를 이용한 것이 지니계수이다.

OECD에서 발표한 주요 국가들의 소득불평등도를 살펴보면, 비교적 민주주의 체제를 잘 완성한 나라들일수록 지니계수가 높다는 사실을 알 수 있다.

물론 이 나라들의 소득분포상태가 민주주의라는 정치체제에만 영향을 받아 지금과 같은 상태를 보인다고는 말할 수 없다. 소득분포는 정치체제뿐만 아니

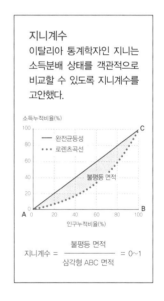

지니계수
이탈리아 통계학자인 지니는 소득분배 상태를 객관적으로 비교할 수 있도록 지니계수를 고안했다.

라 그 나라의 경제적 변화 과정에도 많은 영향을 받는다. 뿐만 아니라 역사적, 문화적 요인에 의해서 크게 좌우되기도 한다.

하지만 분명한 것은 민주주의적 정치체제를 효과적으로 구축

한 나라라면 소득불평등도를 개선할 수 있는 여지가 더욱 많아진다는 사실이다. 이러한 점에서 완성도 높은 민주주의 정치체제를 구축하는 것은 소득불평등도를 개선하기 위한 충분조건은 아니지만 필요조건임은 분명하다.

베이브 루스의 가치가
경기장 하나와 맞먹는 이유

— 경제적 지대 —

야구는 오늘날 가장 인기 있는 스포츠 중 하나이다. 야구를 즐기는 이유는 여러 가지가 있겠지만 그중 백미는 단연 홈런일 것이다. 일상의 답답함을 시원하게 날려줄 홈런 한 방이 있기에 많은 팬들이 야구장으로 모여든다. 이미 전세가 기울어져 다 끝난 경기인 듯 보여도 끝까지 지켜봐야 하는 이유 역시 경기를 뒤집는 홈런 한 방에 있다. 하지만 처음부터 야구에서 홈런이 이처럼 큰 비중을 차지한 건 아니었다.

1910년 야구에 처음 도입된 코르크 공은 이전에 사용된 공에 비해 반발력이 뛰어났다. 코르크 공은 그 뛰어난 탄력성 때문에 이후 야구 경기 스타일에 혁명적인 변화를 가져왔다. 코르크 공이 도입되기 이전까지 야구 경기는 번트와 스틸, 히트 앤드 런 등으로 3점 정도 뽑아내고 난 뒤, 투수를 계속 투입하여 상대의 공격을 막아내는 작전이 주를 이루곤 했다. 그러다 보니 특정 팀이 먼저 3점 정도 차이를 벌리면 역전하기가 쉽지 않았다. 하지만 코르크 공이 도입된 이후 한 방에 큰 점수를 낼 수 있는 홈런의 확률이 높아지면서 야구는 9회말 2아웃까지 섣불리 결과를 예측할 수 없는 스포츠가 되었다.

이처럼 야구 경기가 홈런 위주로 전개되는 데 가장 커다란 공헌을 한 선수가 바로 전설적인 홈런왕 베이브 루스^{Babe Ruth}다. 그가 1927년에 세운 한 시즌 최다 홈런 기록인 60개 홈런 기록은 1998년 마크 맥과이어^{Mark McGwire}가 경신할 때까지 무려 70년 이상 깨지지 않은 대기록으로 남아 있었다.

믿을 수 없을 정도의 대기록을 남기다

지금은 홈런왕으로 불리는 베이브 루스지만 사실 그는 투수로 선수 생활을 시작했다. 그는 1914년 보스턴 레드삭스에 스카우트된 후 마이너리그에서 무려 22승을 거두고 바로 메이저리거로 승격된다. 이후 1915년 메이저리그 첫 시즌에 18승, 다음해에 23승을 올리며 리그 정상의 투수로 우뚝 서게 되었다. 하지만 그의 타자로서의 진면목을 알아본 팀은 뉴욕 양키스였다.

당시 보스턴 레드삭스 구단주였던 해리 프레이지^{Harry Frazee}는 야구에 관심이 별로 없었다. 그래서 보스턴의 영웅인 베이브 루스를 12만 5,000달러의 현찰과 보스턴 구장 펜웨이 파크의 건설 자금

베이브 루스의 모습

30만 달러를 융자해주는 조건으로 뉴욕 양키즈에 팔았다. 선수 한 명을 야구장 건립과 바꾸는 계약을 한 것이다.

뉴욕 양키즈로 건너간 베이브 루스는 그때부터 홈런 타자로서의 역량을 본격적으로 보여준다. 1920년 뉴욕 양키즈의 유니폼을 입은 루스는 그해 54개의 홈런을 때리며 야구계를 흥분시켰다. 그 다음해에는 59개의 공을 담장 밖으로 넘겼고 1927년에 기록한 한 시즌 60개의 홈런은 이후 70년 이상 깨지지 않은 대기록이 된다. 이렇게 전무후무한 기록을 남긴 루스의 연봉 또한 상상을 초월하는 수준으로 올라갔다. 1930년 선수들의 평균 연봉이 7,000달러였을 때 루스의 연봉은 8만 달러에 달했다.

그런데 우리는 여기서 한 가지 의문을 제기할 수 있다. 베이브 루스가 타의 추종을 불허하는 전설적인 선수임은 분명하다. 그렇다면 그에게 지급해야 할 적정 연봉은 얼마일까 하는 점이다. 선수 10명의 연봉에 해당하는 금액을 한 명의 선수에게 주는 계약이나 야구장 건립과 선수 한 명을 맞바꾼 계약이 과연 타당한 것일까?

전용수입과 경제적 지대

우리가 받는 임금을 경제적 관점에서 구분하면 크게 전용수입과 경제적 지대로 구분할 수 있다. 노동력을 현재와 같은 상태로 지속적으로 사용하기 위해 지불해야 하는 최소한의 비용을 전용수입이라고 하고, 전용수입을 초과하여 지급한 비용을 경제적 지대라고 한다.

예를 들어 어느 야구선수의 연봉이 1억 원이고 그의 연봉이 8,000만 원의 전용수입과 2,000만 원의 경제적 지대로 구성된다고 해보자. 여기서 전용수입이 8,000만 원이라는 것은 해당 야구선수가 다른 구단에서 뛸 경우 받을 수 있는 연봉이 8,000만 원이라는 뜻이다. 다시 말해 해당 선수를 계속 지금의 구단에 붙잡아 두기 위해서는 최소한 8,000만 원의 연봉을 지급해야 한다는 말이다.

이는 야구뿐 아니라 다른 직업에서도 흔히 목격되는 현상이다. 만약 어떤 변호사가 현재 3억 원의 연봉을 받고 로펌에서 일하고 있는데 그가 이 로펌을 그만두고 평범한 직장인으로 생활할 경우 5,000만 원을 받는다면 결국 현재 연봉에서 전용수입은 5,000만 원에 해당하고 나머지 2억 5,000만 원은 경제적 지대가 된다.

그렇다면 왜 이러한 경제적 지대를 지불하게 되는 것일까? 해답은 공급에서 찾을 수 있다. 어떤 생산요소의 공급이 완전히 고정되어 있는 경우를 생각해보자. 이 경우 그 생산요소에 지급되는 보수 중 전용수입은 전혀 없다. 즉, 전용수입이 0이 되는 것이다.

어떤 생산요소의 공급이 완전히 고정되어 있다는 말은 지급되는 보수가 줄어도 공급량이 줄어들지 않음을 의미한다. 따라서 이 경우에는 그 생산요소에 지급되는 보수가 0으로 떨어진다 해도 공급량이 전혀 줄어들지 않는다. 이는 기업이 고용하고 있는 생산요소를 붙잡아 두기 위해 최소한으로 지급해야 하는 보수, 즉 **전용수입**이 0이라는 뜻이다.

반대로 어떤 생산요소의 공급이 극단적으로 신축적인 형태를 띠고 있다면 보수를 단돈 1원이라도 적게 주면 생산요소의 공급이 0으로 줄어들게 된다. 이 경우에는 그 생산요소에 지급된 보수 전체가 전용수입의 성격을 갖는다. 현재 지급하는 보수보다 조금이라도 더 적게 주면 곧장 다른 곳으로 옮겨가 공급이 0으로 떨어지기 때문이다. 이때 보수 중 **경제적 지대**는 전혀 없다.

> **전용수입**
> 어떤 생산요소가 현재의 용도에서 다른 용도로 전용되지 않도록 하기 위해 지불해야 하는 최소한의 금액

> **경제적 지대**
> 토지, 노동, 자본과 같이 공급이 제한되거나 비탄력적인 생산요소에서 공급자가 기회비용 이상으로 얻는 추가 소득

인기 연예인의 출연료, 스포츠 스타들의 연봉이 천정부지로 높은 것도 이러한 경제적 지대로 설명할 수 있다. 연예인들이나 스포

츠 선수들은 일반인들에게는 없는 특별한(희소한) 능력을 가지고 있다. 그런 이유로 수많은 대중들이 그들만의 특별한 능력을 보고 즐긴다. 만약에 비슷한 재능을 가진 사람이 많다면 즉, 공급이 많다면 그들이 그렇게 높은 출연료를 받기 어려울 것이다.

베이브 루스가 경기장 하나의 가치와 맞먹는 것도 루스 같은 자질을 가진 다른 선수가 없기 때문에 얻을 수 있는 경제적 지대 덕분이다.

만국 공용어로
네트워크 효과 누리자

— 네트워크 외부성 —

　'세계의 모든 나라 사람들이 같은 언어를 사용하면 얼마나 편리할까?', '그럴 수만 있다면 영어 공부를 안 해도 되고 좋을 텐데.' 학창시절 외국어 공부를 하기 싫을 때, 영어 단어 외우기가 귀찮을 때 누구나 한번쯤 이런 상상을 해봤을 것이다.

　모든 나라에서 함께 사용하는 만국 공용어에 대해 단순히 공상만 하지 않고 직접 실천에 옮긴 사람이 있다. 그 사람이 바로 유대계 안과의사인 루드비크 자멘호프 Ludwig Zamenhof 이다. 자멘호프는 1870년부터 1880년대 초반에 이르는 기간 동안 에스페란토 Esperanto 라 불리는 만국 공용어를 개발했다. 에스페란토라는 말은 '희망하는 사람'이라는 의미를 지니고 있다. 에스페란토가 상징하는 것은 초록별로서 초록색은 평화를, 별은 희망을 나타낸다. 에스페란토를 사용하는 사람들을 '에스페란티스토'라고 부른다.

만국 공용어를 개발하고 희망, 평화 등의 의미를 담고 있는 어원에 기초하여 언어의 이름을 정했다는 사실에서 유추할 수 있듯이, 그는 모든 사람들이 쉽고 편하게 사용할 수 있는 언어를 만들기를 원했다. 그리고 많은 사람들이 이 언어를 함께 사용함으로써 지역 간의 갈등과 분쟁이 없어지고 상호 간의 이해와 신뢰가 형성되길 바랐다.

아무리 만국 공용어라 할지라도 과연 언어 하나가 지역 간의 분쟁과 갈등을 없애고 더 나아가 세계 평화까지 가져올 수 있을까? 만약 그렇다면 그 원동력은 어떻게 설명할 수 있을까?

긍정적 외부효과를 가져오는 만국 공용어

경제학적인 시각으로 보면 외부효과를 통해서 만국 공용어의 효과를 설명할 수 있다. 외부효과란 생산자나 소비자가 어떤 경제행위를 수행할 때 이 경제행위에 참여하지 않는 제3자에게 의도하지 않게 이익이나 손해를 가져다줌에도 불구하고 그에 대한 대가나 벌칙을 받지 않는 경우를 말한다. 외부효과는 이익을 가져다주는지 손해를 가져다주는지에 따라 다시 긍정적 외부효과와 부정적 외부효과로 구분할 수 있다.

개인이 독감 예방접종을 하는 것은 자신이 독감에 걸리지 않기 위한 행동이지만, 이로 인해서 다른 사람들이 독감에 걸릴 확률도 줄어든다. 따라서 자신의 독감 예방을 위한 행위가 다른 사람의 독감 감염 확률을 낮추는 의도하지 않은 긍정적인 효과를 가져다주므로 이는 긍정적 외부효과의 사례에 해당한다.

반면, 반려동물을 키우는 사람의 경우를 예로 들어보자. 자신의 만족을 위해서 동물을 키우는 것이지 이웃에게 피해를 주려고 동물을 키우는 사람은 없을 것이다. 그러나 반려동물 때문에 이웃에게 의도하지 않게 피해를 줬다면 이는 부정적 외부효과의 사례에 해당한다고 할 수 있다.

자멘호프가 시도했던 만국 공용어 사용이 성공했다면 의도하지 않은 수많은 긍정적 외부효과를 가져다주었을 것이다. 많은 사람들이 만국공용어인 에스페란토를 사용한다면 이는 자신들의 편리한 의사소통을 위한 선택일 것이다. 하지만 언어는 각 민족만의 고유한 특성 중에 하나이기 때문에 모두 동일한 언어를 사용하면 민족을 구분 짓는 커다란 기준 하나가 사라진다. 역사를 돌아봤을 때 민족주의라는 기준하에 행해졌던 전쟁들이 얼마나 많았는가? 만약 한국인과 중국인 그리고 일본인이 모두 동일한 언어를 사용하여 서로를 구분하기 어려웠다면 세 나라는 지금보다 훨씬 가까운 사이가 되었을지도 모른다.

만국 공용어가 통용되어 자유롭게 의사소통이 가능했다면 학문적 교류 역시 보다 활발하게 전개되었을 것이다. 지금은 외국에서 발간된 서적이 불과 한 두 달 뒤에 번역되어 국내에 발간되고는 하지만, 과거에는 유럽에서 발간된 책이 우리말로 전달되기까지 수 개월 내지 수 년이 걸린 경우도 허다했다. 즉, 언어적 장벽으로 인해서 각 나라의 학문적 성과를 빠르게 이용하기 어려웠다.

물론 언어학자들이 이야기하듯이 다양한 언어가 공존함으로써 얻는 이점 또한 많다. 하지만 만국 공용어를 사용하는 장점 또한 무시할 수 없다. 특히 만국 공용어의 경우 네트워크 효과까지 더해져 인류가 번영하는 데 더욱 크게 기여할 것이다.

네트워크 외부성이란 어떤 제품을 사용하는 소비자가 많으면 많을수록 그 상품의 사용가치가 더욱 높아지는 현상을 말한다. 많은

> 네트워크 외부성
> 어떤 재화의 사용자가 많아지면 많아질수록 그 상품의 사용가치가 더욱 높아지는 것을 네트워크 외부성, 또는 네트워크 효과라 한다. 페이스북이나 트위터, 인스타그램, 유튜브 등은 전형적인 네트워크 외부성을 갖고 있다. 이들은 사용자가 많아지면 많아질수록 상호교류가 활발해지기 때문에 해당 사이트의 가치가 더욱 높아지는 특성을 갖고 있다.

사람이 같은 방식으로 파일을 저장하고 상호교류할 경우 각각 다른 형식으로 파일을 저장했을 때보다 이용의 편리성이 더욱 높아지는 예를 생각하면 쉽게 이해할 수 있다. 이 경우 같은 방식으로 파일을 저장하는 사람이 많아지면 많아질수록 얻을 수 있는 효용이 커진다.

만국 공용어 역시 마찬가지이다. 같은 언어를 사용하는 사람들의 숫자가 커지면 커질수록 그 언어의 사용가치는 더욱 높아진다. 우리가 외국어로 주로 영어를 배우는 이유도 영어를 사용하는 사람들이 많아 얻을 수 있는 효용이 크기 때문이다.

자멘호프 박사가 1987년에 만국 공용어를 발표하면서 언어의 이름을 '희망자에 의해 제안된 국제어'라는 의미를 담아 지은 데도 만국 공용어가 다양한 긍정적 외부효과를 가져다줄 것이라는 사실

을 인지했기 때문이다. 어쩌면 자멘호프가 궁극적으로 원했던 바는 단순히 의사소통의 원활화가 아니라 만국 공용어 사용으로 인한 외부효과에 있지 않았나 싶다.

"

경제학 이론은
'발명'이 아니라 '발견'에 가깝다.
인류의 삶의 발자취가 고스란히 담겨 있는
인문학이 이를 증명한다.

"